D1721042

Jan Philipp Reemtsma
Helden und andere Probleme

# Jan Philipp Reemtsma

# Helden
# und andere Probleme

*Essays*

WALLSTEIN VERLAG

für Fanny Esterházy

# Inhalt

# »Mother don't go!«
## *Der Held, das Ich und das Wir*

Ein berühmtes Foto: John Lennon und Yoko Ono auf einer Demonstration. Lennon reckt den rechten Arm, ballt die Faust, auf dem Kopf hat er eine (modisch stilisierte) Ballonmütze, die Unterzeile könnte aus dem Refrain eines seiner Lieder stammen:

A working class hero is something to be
If you want to be a hero just follow me

So fängt das Lied an:

As soon as you're born they make you feel small

Aber zu John Lennon kommen wir später. – Zunächst zum Klassiker, wenn man über Helden reden will:

Uns ist in alten maeren   wunders viel geseit
Von helden lobebaeren   von großer arebeit

Uns wird in alten Erzählungen viel Wunderbares berichtet:
Von berühmten Helden, großer Mühsal.

So weit der Beginn des Nibelungenliedes – auf Englisch geht das so:

In stories of our fathers   high marvels we are told:
Of champions, well approvéd   in perils manifold.

Arno Schmidt benutzte diese englische Übersetzung, um das Nibelungenlied in die Zeit nach dem Ende des Zweiten und vor dem Beginn eines Dritten Weltkrieges zu verlegen – erzählt von einem Dichter auf dem Mond, wohin sich die Restmenschheit nach diesem Dritten Weltkrieg von der verstrahlten Erde geflüchtet hat. Und in dieser Nachdichtung wird Siegfried zu

7

»Alabama-Dillert« (einer Figur aus James Jones' *Some Came Running*):

Aber jetz kam er, unverkennbar ER, DER HELD: Alabama= Dillert![1]

– der natürlich irgendwann von einem düsteren »H. G. Trunnion« (man hört: HaGeTronje) hinterrücks erschossen wird. Die ganze Mannschaft wird anschließend anläßlich einer verräterischen Einladung in das russisch besetzte Berlin ebendort niedergemacht:

Und wurden Alle=Alle, ob Folker ob Tankwart, weck= geputzt, ›verheizt‹, Einer nach dem Andern; als Letzter H. G. Trunnion, der ihnen, nicht zu beugen, bis zuletzt sein »Fucking Bolshies!« entgegenschleuderte – : so wurde Dillert endlich gerächt![2]

Vorgetragen wird diese Version des Nibelungenliedes im Radio der amerikanischen Mondstation (es gibt noch eine russische – der Kalte Krieg geht auf dem Mond lustig weiter). – So wird das Ende von den Zuhörern kommentiert:

»Von hintn – : so'n Schwein!«; (Dschordsch; erschtickt): »Das kann kein echter Juh=Eß=Boy gewesen sein, dieser= dieser – – «. : »Well Dschordsch – fair war's natürlich nich. Aber es gab schon bei uns solche Leute: ich hatte ma'n Onkel in Massachusetts …« (Aber er wollte im Augenblick von meiner Verwandtschaft nichts hören: »Und das Alles in Gedichtform, Du: das iss gar nich so einfach!«: »Aber in Börrlinn hat sich der Trunnion dann doch wieder gans vorbildlich benomm', George – ich weiß nich: mir hat er gefalln! Er hat jene frühere ›Tat‹ doch schließlich auch seinem General zuliebe getan: dergleichen Angeschtellte sind nich häufig, Du:

1 Arno Schmidt, Kaff auch Mare Crisium (Bargfelder Ausgabe, Werkgruppe I, Bd. 3), Zürich 1987, S. 80.
2 Ebd., S. 86.

die für'n Scheff n glattn Mord begehn?« (Und das mußte auch George zugebm, daß er, in seinem=Kontor=damals, Keinen von der Sorte gehabt hätte .....[3]

Zu den Heldenliedern hat vielleicht immer die Parodie gehört, sie steckt schon in den Nebenfiguren, den nicht ganz so geratenen Helden, Homer hat mit seinem Thersites wenigstens schon der protestierenden Stimme Raum gegeben. Nehmen wir aus der zitierten Parodie des Nibelungenliedes eine erste Definition dessen, was ein Held ist: Helden repräsentieren Tugenden, die Allgemeingültigkeit beanspruchen (»für den Chef einen glatten Mord begehen«), in extrem gesteigerter, also seltener Form (George hatte »in seinem Kontor keinen von der Sorte gehabt«). Das reicht natürlich nicht. In *Zettel's Traum* finden wir den Seufzer, es sei doch schade, daß Helden nie in der Wiege erdrosselt würden. Sind ihre Tugenden ein öffentliches Unglück, sind sie mörderischer Art?

Susan Neiman bestreitet das in *Moral Clarity*.[4] Sie läßt obige vorläufige Definition für Achill gelten – er repräsentiere die kriegerischen Tugenden der archaisch-griechischen Aristokratie ins Extreme gesteigert (und durchs Extreme gefährdet). Es gebe aber bei Homer auch den Gegenentwurf, nämlich Odysseus. Der repräsentiere jene Tugenden ebenfalls in vorbildlicher Weise, darüber hinaus aber noch viel mehr: Er sei gewissermaßen ein Held des Humanum. In seinen Abenteuern durchlaufe er die Versuchungen und Rettungsmöglichkeiten des Menschen als Natur- wie Kulturwesen, oft problematisch, oft vorbildlich. Odysseus versteht zwar zu töten, ist aber nicht ein Held, *weil* er tötet. Die Frage, die sich anschließt, bezieht sich auf den literarischen Entwurf der *Odyssee*. Wenn Odysseus das Humanum repräsentiert, tut er das in einer durchaus post-archaischen, ja modernen Gestalt: als Individuum, nicht mehr als persona, durch die das Allgemeine in gewissermaßen gesteigerter Lautstärke spricht.

3  Ebd., S. 87.
4  Susan Neiman, Moral Clarity: A Guide for Grown-up Idealists, Princeton/Oxford 2009.

Allerdings bezieht sich das nicht auf den durch das Epos vor unsere Augen gerufenen Odysseus, sondern *auf die von uns interpretierte literarische Figur.* Wir verstehen ihn symbolisch und als unseren Repräsentanten in gesteigerter Form: Darum fängt uns die *Odyssee* ein. Das ist unsere moderne Lektüre. Als Held ist er aber nicht entworfen worden, und wo er, antik, vielleicht doch so empfunden worden ist, ist dies, ebenfalls antik, wütend dementiert worden, von Euripides etwa, in den *Troerinnen,* wo er ein bloßer Mörder ist. Eine Tradition, die sich bis zu Heiner Müllers großartigem *Philoktet* fortsetzt. Aber ich meine nicht so sehr die problematischen Seiten des homerischen Odysseus – die wären nichts Besonderes –, sondern vielmehr, daß die Repräsentanz des universellen Humanum keine Eigenschaft des Helden ist. Helden glänzen – wie und warum, wird zu untersuchen sein –, das Humanum ist nicht glänzend, wir bewundern Helden eben darum, weil sie das konventionelle Humanum *nicht* repräsentieren. Natürlich repräsentieren sie menschliche Potentiale – sie fallen ja nicht vom Himmel –, aber eben ungewöhnliche *Steigerungen* solcher Potentiale. Odysseus repräsentiert das Humanum in seiner Widersprüchlichkeit, seinem Geist, seiner Verführbarkeit, seiner Skrupellosigkeit wie seiner Umsicht, seiner Neugier und seinem Leichtsinn, seiner Fähigkeit auszuhalten. »Polytropos« eben – kein Wunder, daß es keine adäquate Übersetzung gibt. (Oder sollte man so übersetzen: »Erzähle mir, Muse, die Taten jenes changierenden Mannes, / welcher so weit herumkam, nachdem er Troja zerstörte«?)

In *Mittelweg 36,* der Zeitschrift des Hamburger Instituts für Sozialforschung, hat Christian Schneider einen anderen Helden des Humanum vorgestellt: Ödipus.[5] Man staunt. Man könnte meinen, so weit müßten Freudianer (der Verfasser ist Mitarbeiter im Frankfurter Sigmund-Freud-Institut) nicht gehen, daß sie Ödipus gleich zum Helden erklären, denn was hat er getan?: einen Fremden in einer Wegenge erschlagen, nicht wissend, daß es sein Vater war, die Sphinx in einem Rätselwett-

---

5  Christian Schneider: »Wozu Helden?«, in: Mittelweg 36, 1/2009, S. 91–102.

bewerb geschlagen, sich aus Dankbarkeit von der verwitweten Königin heiraten lassen, nicht wissend, daß es seine Mutter war, sich selbst des Vatermords und des Inzests überführt – am Ende schließlich die Selbstverstümmelung.

Daß Ödipus kein »klassischer Heros« ist, gibt Schneider sehr wohl zu, dennoch sei er andererseits »der Held par excellence«.[6] Er sei insofern ein »Held par excellence«, als er, wie Herakles – Held in seinen Taten und Heros als Halbgott –, den Fortschritt des Gemeinwesens durch seine Tat verbürge; im Falle des Ödipus allerdings bestehe dieser Fortschritt in einer Erkenntnisleistung, die zwar nicht die eigene ist, die aber in der späteren theoretischen Verarbeitung der literarischen Figur deutlich werde. Aber schon der primäre Ödipus des Aischylos sei durch sein Agieren gewissermaßen über den klassischen Helden hinaus. Er sei der erste Held, der seine Tat resp. Untat ex post factum bedenke: »Wann etwa haben die Homerischen Helden Gefühle? Wenn ihnen ein Kamerad stirbt oder wenn ihnen ein Unrecht geschieht: eine Trophäe nicht gewährt, ihnen Anerkennung versagt wird. Ihre kriegerischen *Bluttaten* reflektieren sie nie. Auch der erste Held, der nach dem Krieg Leiden und Irrungen anderer Art zu bestehen hat, Odysseus, mag sein Schicksal bedenken, nicht aber seine Taten. Der Erste, der in seiner Tat eine Untat erkennt, ist Ödipus.«[7] – Das ist wohl wahr, aber macht ihn das zum Helden?

Schneider möchte »nach *Universalien des Helden* fahnden, die ihm über Zeiten und Systeme hinweg so etwas wie Identität verleihen«.[8] Diese Identität besteht allerdings kaum in der Fähigkeit zur Reflexion, und Schneider landet auch gleich dort, wo wir uns nicht mehr wundern, bei der Gewalttätigkeit, die dem Helden nicht nur erlaubt, sondern von ihm gewissermaßen gefordert ist: »die archaischste Schicht des Helden ist, dass er die grundlegende Zivilisationsbedingung, das Tötungsverbot, außer Kraft setzt.«[9] Das allerdings ist übers Ziel

6 Schneider, Wozu Helden?, S. 95.
7 Ebd., S. 100.
8 Ebd., S. 92.
9 Ebd., S. 93.

hinaus geschossen: Das Tötungsverbot ist *keine* grundlegende Zivilisationsbedingung. Wenn wir über Zivilisation in Hinsicht auf Gewalt sprechen, sprechen wir über *unterschiedliche Erscheinungsformen von Gewaltverboten*, Gewalt*geboten* und *Erlaubnissen*, gewalttätig zu sein. Wenn Achill Hektor tötet, wird er dafür mit ehrfürchtiger Scheu bewundert. Er verstößt damit gegen kein Verbot, hebt nicht eigenmächtig und für sich ein Zivilisationsgebot auf – nur die Schändung der Leiche des Hektor verletzt den Komment des Gentleman-Warriors.

Ebenfalls ist fraglich, ob es die durch die Tat des Helden angestoßene Kausalität ist, »die die Realität folgenreich umgestaltet«.[10] Das wäre dann ja nicht Ödipus' Mord, sondern seine Reflexion der Tat, die aber (jedenfalls bei Aischylos) gar nicht stattfindet. Gewiß haben die Taten eines Helden Folgen, aber die machen die Heldentat nicht aus. Theseus befreit die Welt vom Minotauros. Das hat Folgen: Athen muß den Tribut der Jungfrauen, die zu ihm ins Labyrinth geführt werden, nicht mehr entrichten. Aber diese erfreuliche Folge macht die Heldentat nicht aus. Tells Schüsse auf den Apfel wie auf Geßler befreien die Schweiz, sagen wir: irgendwie.[11] Ein »Held« ist er, wenn wir ihn so nennen wollen, weil er – wie nennt man das?: – »das Heft des Handelns in die eigene Hand nimmt«.

Übrigens ist Tells Schuß auf Geßler – er erfolgt schließlich aus dem Hinterhalt – als Heldentat oft bestritten worden. Das kann man so sehen, aber kaum Schiller ankreiden, wie Börne und Mehring das tun. Sie wollten einen Revolutionär auf dem Theater, wo Schiller alles andere als einen Revolutionär darstellen *wollte*. Schillers Tell ist kein Revolutionär, er ist ein Desperado, er handelt aus selbstgesetztem Recht. Wir kennen diese Leute, Django gehört dazu, Silence (aus *Il grande silenzio*), der Mann mit der Mundharmonika, Leute, die nicht mit Blick auf das Wohl und Wehe einer Gemeinschaft handeln, sondern wegen einer Mehr-oder-weniger-Privatangelegenheit,

10  Ebd.
11  Vgl. Jan Philipp Reemtsma, »Hat Wilhelm Tell eigentlich die Schweiz befreit? oder: Vom Wesen der Tangentialbegegnung«, in: Literatur in Bayern, Heft 71 (2003), S. 24–32.

einer Rache, eines Traumas oder – im Falle des ersten Italowesterns mit Clint Eastwood – wegen »a fistful of dollars«. Diese Leute handeln aus eigenem Auftrag, sie handeln, weil es ihnen so gefällt – gleichwohl verändert ihr Handeln etwas. Durch Tell kann die Befreiung der Schweiz ohne (weiteres) Blutvergießen vollzogen werden, Django säubert in seinem egozentrischen Rachefeldzug die Stadt von einer Bande texanischer Rassisten (aber er verursacht auch direkt und indirekt den Tod Unschuldiger), der von Clint Eastwood verkörperte Desperado liquidiert zwei rivalisierende Banden, und er befreit Marianne Koch – (schöner war sie nie!) – und läßt sie, obwohl er sie liebt, mit Kind und ihrem Mann, der zu schwach war, sie selbst zu befreien, gehen. – Wir können sie Helden *nennen*, aber wir tun das nicht wegen der von ihnen angestoßenen Kausalität, sondern weil wir sie *bewundern*, weil wir auch gerne wären wie sie. Das heißt nicht, daß wir uns danach verzehren, Helden zu sein, aber doch, daß *irgendwas an ihnen*, von dem wir auch glauben, es sei etwas *in* ihnen, in uns eine Saite zum Klingen bringt. *Welche* Saite? Jedenfalls: Wenn *diese* Saite nicht klingt oder zum Verstummen gebracht wird, verschwindet auch der Status des Helden. Man denke an die Darstellung des Achill in Shakespeares *Troilus und Cressida*, man denke an Schmidts »Alabama-Dillert«.

Wenn wir uns darüber verständigen, was ein Held ist – ob primär gewalttätig oder nicht, ob jemand, der etwas »für uns« tut oder nur für sich –, müssen wir die Ansicht teilen, daß es etwas Großartiges ist, was er tut. Und damit verständigen wir uns wechselseitig über unsere Kultur bzw. darüber, in was für einer Kultur wir leben wollen. Christian Schneider hat recht, wenn er schreibt: »*Was* ein Held ist, wird letztlich durch das soziale Koordinatensystem bestimmt, das die Tat bewertet und auf diesem Weg Heldentum definiert. […] dieselbe Handlung, die einen hier zum Helden werden lässt, kann ihn dort, in einem anderen Koordinatensystem, zum Verbrecher oder Narren machen.«[12] Um diese abstrakte Aussage zu pointieren: Kurz nach dem 11. September konnte man im Fernsehen

12 Schneider, Wozu Helden?, S. 92.

– man fragt sich, warum – ein Interview mit Horst Mahler und Reinhold Oberlercher sehen, in dem *sie* die Gruppe um Mohammed Atta als »Helden« bezeichneten. *Wir* nennen sie üble Mörder. *Wir* nennen Leute, die unter Einsatz ihres Lebens Geiseln befreien, Helden, *die Geiselnehmer* nennen sie üble Mörder. Das klingt nach dem bekannten »Für die einen sind es Terroristen, für die anderen sind es Freiheitskämpfer«. Das ist, anders, als man meint, nicht der schiere Relativismus. »Relativismus« bedeutet ja nicht, die Kontingenz der eigenen Ansichten zu erkennen, sondern bei dieser Einsicht stehenzubleiben. Ich zitiere da gerne Lessings Saladin, der, als er auf seine Frage, welche Religion Nathan am meisten eingeleuchtet habe, zur Antwort erhält: »Sultan, ich bin ein Jud'«, repliziert: »Ein Mann, wie du, bleibt da nicht stehen, wo der Zufall der Geburt ihn hingeworfen; oder wenn er bleibt, bleibt er aus Einsicht, Gründen, Wahl des Bessern.«

Gilt diese Kulturabhängigkeit der Zuschreibung des Heldentums nur für gewalttätige Helden? Hier muß eins vorausgeschickt werden: Held wird man – kulturübergreifend – nur durch eine *Tat*, nicht durch ein *Erleiden*. Roland von Ronceval erliegt einer sarazenischen Übermacht, aber noch im Tode vermag er dadurch, daß er seinen quasi-letzten Atemzug für ein Hornsignal verwendet, das Heer Karls des Großen zur Rache herbeizurufen. In der deutschen Fassung des *Rolandslieds*, die auf eine französische Version des Stoffes zurückgeht, in der Heldentum und Hybris ineinanderfließen, verschwimmt das Heldentum Rolands mit seiner Sehnsucht, sich als Märtyrer zu verewigen. In beiden Fassungen bläst er sein Horn zu spät. Nichtsdestoweniger: Wäre er in der deutschen Fassung ohne einen Schwertstreich gestorben, es hätte zum Helden nicht gereicht. Es ist darum mehr als fragwürdig, wenn heutzutage Lebensgeschichten von Menschen, die nichts anderes waren als Leidende, so rezipiert werden, als wäre die Zuschreibung, sie seien Helden gewesen, selbstverständlich. Bei allem Bekenntnis zum Universalismus: Wer sich in eine Tradition der Eigenschaftszuschreibung einreihen möchte, kann eben nicht aus dieser Tradition ausscheren – allenfalls sie modifizieren. Es geht dabei nicht um Universalien, die unveräußerlich und traditionstranszendent existieren, sondern solche, die sich *in* der Tradition herausgebildet haben. Und dazu gehört im Falle des Helden, wenn nicht die *Tat*, so doch das *Tun*. Wenn das Leid hinzutritt, wird es durch das vorgängige Tun bewußt hervorgerufen oder zumindest bewußt in Kauf genommen.

Das ändert nichts daran, daß wir Menschen, die Außerordentliches erlitten haben – aber eben nur: erlitten –, in mancher Hinsicht für Menschen ansehen, denen wir in besonderer Weise *zuhören sollten*. Sie wissen nämlich etwas über die Welt, das wir in der Regel nicht – oder doch zumindest *so nicht* – wissen. Und dies – so unsere Intuition – nicht nur über jenes Ereignis, das sie zu Leidenden machte, und über dieses Leid selbst, sondern »irgendwie« über die Welt als solche. Das ist der Grund, warum Bücher wie die von Primo Levi, Robert Antelme, Jean Améry, Ruth Klüger solche Autorität haben, daß man, wenn man mit einem Zitat von ihnen einen Aufsatz abschließt, leicht dem ganzen Aufsatz Autorität verleiht (und warum Menschen in solche Schwierigkeiten geraten, wenn sie sich auf Deutungskontroversen wie die zwischen Levi und Améry einlassen – was sie in der Regel vermeiden).

Was für einen Status wir solchen Menschen, die gelitten haben und durch ihre Berichte zu exemplarisch Leidenden geworden sind, auch zuschreiben wollen, »Helden« können wir sie nicht nennen, sonst würde unter diesem Begriff nichts Faßbares mehr begriffen. Zum Helden gehört die *Tat* – muß es eine *Gewalttat* sein? In den alten Maeren schon, aber es hat sich eine Tradition herausgebildet, die Tat und Tod scheidet. Christian Schneider hat insofern unrecht, wenn er den Helden mit der Gewalttat identifiziert: »Mit einem Wort: Wer Held sagt, sagt automatisch Tod. Oder genauer: Mord.«[13]

Schon früh gibt es ganz erstaunliche andere Helden. Im *Historischen Wörterbuch der Philosophie* ist dem Eintrag »Held, Heros« zu entnehmen, daß die ursprüngliche Verwendung des Wortes »Heros« ebenjene Übersteigerung des menschlichen Maßes meinte, um die es mir geht, im Totenkult aber zusehends metaphorisiert wurde – das Wort wurde zu

13  Ebd., S. 93.

einer postumen Ehrzusprechung, bis hin zur Heroisierung von Gründern von Philosophenschulen. Catull heftete das Wort an Geliebte, Ovid an verlassene Frauen, die ihren treulosen Geliebten »epistulae heroides« schreiben. Aber das gehört doch wohl einem anderen (Sie verzeihen das Wort:) Diskurs an, dem des Anheftens von Etiketten aus anderen Sphären – die Frau wird zur »Königin«, zur »Göttin« etc. Dies ist keine Erweiterung der Rede vom Helden, sondern der von der Frau.

Wir kennen heutzutage die Rede von den »Helden des Alltags«, eine Redefigur, die sich gegen die Idee eines Gewalttätigen wendet, aber die des Außerordentlichen bewahrt und betont. Trotzdem ist die Rede merkwürdig schief: War es außerordentlich, dann war es eben kein Alltag mehr. Im Alltag riskiert man glücklicherweise sein Leben nicht. Hat jemand unter Einsatz ihres Lebens jemanden aus einem brennenden Auto befreit, dann war das kein »Alltag«, für keinen der Beteiligten und für die Zeugen der Tat nicht; und wenn ein Wurstbudenbesitzer dem Ansturm hungriger Fußballfans standhält und dreimal mehr Bratwürste serviert als sonst, dann ist er ein Kandidat für das *Guinness Book of Records* und für ein Freiabonnement des Fußballvereins, aber kein Held. Auch diejenigen, die Bundesverdienstkreuze für ehrenamtliche Tätigkeiten bekommen, sind keine Helden, sie sind nützlich, sie sind nötig, sie werden zu Recht geehrt, aber das Wort »Held« ist irgendwie ein Mißgriff: Es fehlt das persönliche Risiko.

Anders verhält es sich mit jenen, denen Susan Neiman in *Moral Clarity* das Kapitel »Heroes of Enlightenment« widmet: »Are they saintly?« schreibt sie. »Not in the least, though you may find them extraordinary. I suspect each would say they are no more than what ordinary men and women can be – if they chose.«[14] Nur: wenn sie wählen, sind sie eben nicht mehr »ordinary men and women«. Und die, die so gewählt haben, wissen das – wenigstens irgendwie. Was sind das für Leute? Sie sind zum Beispiel tätig im Westjordanland, in Afghanistan, haben die Pentagon-Papers veröffentlicht, haben für Rassengleichheit gekämpft. Sie alle sind persönliche Risi-

---

14  Neiman, Moral Clarity, S. 383.

ken eingegangen, sie alle werden übrigens nicht von jedermann als Helden bezeichnet, Daniel Ellsberg nicht von der Nixon-Administration, David Shulman nicht von radikalen israelischen Siedlern, Sarah Chayes nicht von denen, die das afghanische Dorf, an dessen Wiederaufbau sie arbeitet, unter Beschuß nehmen, Bob Moses nicht von der Witwe von Herbert Lee, der erschossen wurde, als er sich, dem Appell von Moses folgend, im Bundesstaat Mississippi in eine Wählerliste eintragen lassen wollte: »You killed my husband!«[15]

Aber welche Saite wird *in uns* zum Klingen gebracht? Man könnte sagen, daß hier Menschen praktisch für Ideale einstehen, die uns – einmal, weil wir in ihre kulturellen Kontexte zufällig hineingeboren oder -gewachsen sind, zum andern, weil wir aus »Gründen, Wahl des Bessern« bei ihnen geblieben sind – besonders bedeutsam erscheinen, weil hier Tun nicht an die Stelle von Reflexion tritt, sondern zu ihr hinzukommt und – in gewissem Sinne – sie einlöst. Und dies unter Inkaufnahme eines nicht geringen persönlichen Risikos. Der frühere Green Beret Lieutenant Colonel Tony Schwalm über Sarah Chayes: »She was risking life and limb to craft a better, freer, more secure way of life for a people that she did not know very long before she started her efforts.«[16] – Das alles ist richtig, aber nicht Alles, denn unsere Bewunderung ist nicht abstrakt – wir sehen nicht ein Notenbild, sondern die Saite klingt tatsächlich. Wir sehen nicht etwas *ein* – das auch –, sondern werden zudem *emotional bewegt*. In welcher Hinsicht?

Susan Neiman zitiert Sarah Chayes: »This is not about self-lessness. For the first time in my life I feel balanced.«[17] Tatsächlich: Ebensowenig wie Schiller und Schopenhauer einem Menschen über den Weg trauen wollten, der dem, dem er hilft, nur hilft, weil eine abstrakte Pflicht es von ihm verlangt, und der nicht irgendeine Sympathie (nicht unbedingt mit dem Individuum, sondern) mit dem Mit-Menschen als Menschen oder vielleicht bloß als Kreatur empfindet, so würden wir einem

15  Ebd., S. 417.
16  Ebd., S. 397.
17  Ebd., S. 400.

sauertöpfischen Wiederaufbauhelfer, Streetworker, Kämpfer gegen Diskriminierungen aller Arten nicht recht trauen wollen, wenn wir nicht annähmen, daß er das, was er tut, auch *gerne* tut. Ebenso, wie es kaum einen Gewalttäter gibt, der das, was er tut, nicht irgendwie (da gibt es viele Möglichkeiten) gerne tut, gibt es keinen, der etwas tut, was wir »gut« nennen, der das nicht irgendwo und irgendwie gerne tut. Neiman schreibt: »Peace work, says Shulman, is mostly boring, long waiting punctuated by occasional bouts of action or fear – much like war. Yet some of his descriptions are so lyrical you want to go off and join him just for the pleasure of it«.[18] Und: »What keeps Shulman going?« Shulman sagt, seine Motive und die derjenigen, mit denen er zusammenarbeitet, seien »wildly obscure, oblique« – aber das gilt für alle Motive, egal, was man tut (weshalb das Reden über »Motive« fast nie etwas bringt und man es besser einfach aufgibt). Aber: »They have come, out of loyalty to one another, to friends; nothing is worse than the shame of letting them down«[19] – much like war? – »We few, we happy few, we band of brothers« – Wie beschreibt Shulman seinen Kampfeinsatz im Libanon?: »The official ideology [...] was of no consequence compared to the ›high‹ we got from one another, from the wild, somewhat unnerving adventure of it all.«[20] Der bereits zitierte Schwalm nennt Chayes »a ballerina in a battlefield«. Also nicht nur ein Bewußtsein des Risikos, das man eingeht, sondern eine gewisse Verachtung des Risikos? Ich bin nicht sicher, daß Chayes recht hat, wenn sie sagt, daß die Bereitschaft der Afghanen, bestimmte Risiken *nicht* einzugehen, auf ihre traumabedingte *Unfähigkeit, sie zu kalkulieren,* zurückgehe.[21] Das kann im Einzelfall so sein, es kann aber auch sein, daß einer vorsichtiger ist als sie, weil er *weiß,* was ihm blühen kann. Ein Trauma kann sowohl realitätsuntüchtig als auch in gesteigertem Maße realitäts*tüchtig* machen. Meistens wohl beides, wenn auch nicht immer gleichermaßen.

18  Ebd., S. 386.
19  Ebd., S. 389f.
20  Ebd., S. 388.
21  Vgl. ebd., S. 400.

Der Einsatz für den Frieden wie im Krieg kann sich, darauf deuten die Indizien, aus denselben oder wenigstens ähnlichen psychischen Quellen speisen. Das entspricht der nicht nur psychoanalytischen Einsicht, daß jedes menschliche Tun die Kanalisierung psychischer Antriebe ist, die mit der Tat oder dem Ziel der Tat erst einmal gar nichts zu tun haben, und der nun spezifisch psychoanalytischen Einsicht, daß jede solche Kanalisierung nicht nur auf etwas hin erfolgt, sondern von etwas weg: Abwehr. Shulman faßt diesen Mechanismus, der meist unbewußt greift, als Ergebnis bewußter Reflexion: »If I look deeply into myself, I can identify – side by side with hope, faith, and a certain embryonic capacity for empathy – the same dark forces that are active among the most predatory of the settlers. I, too, am capable of hate and of polarizing the world. Perhaps the balance, individual and collective, is always precarious. Here is a reason to act.«[22]

Nur werden eben Entschlüsse nicht auf Grund der Vernunft allein bzw. auf Grund der Einsicht in gute Gründe gefaßt, sondern, und eben auch in diesem Falle, auf Grund von besonderen Emotionen: »a breathtaking experience of freedom«. Das ist es, was, ich habe es bereits zitiert, »ordinary men and women can be – if they chose«. Daß etwas eine Saite in uns anschlägt, setzt voraus, daß wir diese Saite haben. Wir können nicht alle Helden sein. Wären wir alle Helden, so gäbe es keine mehr, sie müssen ja, um hervorgehoben zu werden, eine kleine Minderheit sein. Um die Anfangsdefinition wieder aufzunehmen: Helden repräsentieren Tugenden, die Allgemeingültigkeit beanspruchen, in extrem gesteigerter, also seltener Form. Daß wir von den Taten eines Helden bewegt werden (und sie nicht nur abstrakt anerkennen), ist eine wesentliche Erweiterung unseres Verständnisses vom Helden, genauer: *von unserem Akt der Zuschreibung des Heldentums*, denn auf diese Zuschreibung kommt es an: Jemand auf einer einsamen Insel kann tun, was er will, zum Helden wird er nie, und wer nichts als Hohn erntet, muß wenigstens die Bewunderung späterer (oder, noch gewagter, vergangener) Geschlechter phantasieren,

22 Ebd., S. 385.

um sich in der Gegenwart als Held zu *fühlen*. Dabei geht es bei der Bewunderung, die wir zollen, wie gesagt, weniger um die *Resultate* seines Tuns – in deren Licht sind seine Taten manchmal nicht mehr als ein Rütteln an den Gitterstäben der Weltgeschichte: »Ich will hier raus!« – als um sein *Tun selbst*.

Es muß hier wohl das Wort »Narzißmus« fallen. Das Problem: In der Psychologie (welcher Ausrichtung auch immer) ist das natürlich ein wertfreier Begriff, in der Alltagskommunikation ist er in der Regel pejorativ konnotiert (synonym mit »eitel« bis »rücksichtslos«). Nehmen wir das Buch von Laplanche und Pontalis *Das Vokabular der Psychoanalyse* zur Hand; dort finden wir: »Der primäre Narzißmus bezeichnet einen frühen Zustand, in dem das Kind sich selbst mit seiner ganzen Libido besetzt. Der sekundäre Narzißmus bezeichnet eine Rückwendung der von ihren Objektbesetzungen zurückgezogenen Libido.« Und: »Diese Begriffe werden in der psychoanalytischen Literatur und selbst in Freuds Werk sehr unterschiedlich aufgefaßt, was eine einheitliche und genauere Definition als die von uns vorgeschlagene verbietet.«[23] Das eröffnet die Möglichkeit, auf eigene Faust den Narren zu spielen; zudem versteht sich, daß, wenn im Folgenden von »Narzißmus« die Rede ist, allein der »sekundäre Narzißmus« gemeint ist.

Den Begriff »Narzißmus« wertfrei zu halten hat seinen guten Grund. Denn eine in ihrem Leben permanent (oder immer mal wieder) narzißtisch angetriebene Person kann ebenso auf die Mißbilligung wie auf die Bewunderung ihrer Umwelt stoßen. Wenn jemand ein Buch schreibt, so ist das ohne narzißtischen Antrieb nicht zu machen. Zwar: sich nur am Anblick des eigenen Namens auf einem Buchumschlag zu erfreuen ist ein wenig billig, aber ganz ohne geht es nicht. Es gehört zum Set an narzißtischen Bestätigungen, die der Autor anstrebt, braucht, um weiterzumachen. Nicht nur der Autor. Welcher Schauspieler, er ginge noch so in seiner Rolle auf, wäre »nur Hamlet«? Er ist immer derjenige (so hofft er irgendwie), der

23 J. Laplanche/J.-B. Pontalis, Das Vokabular der Psychoanalyse, Frankfurt am Main 1973, S. 320f.

Hamlet so spielt, wie er noch nie gespielt worden ist – und wenn ihn am Ende der Applaus wie eine Welle hochhebt, auf der er ein paar Minuten surfen kann, dann hat er, was er sucht. Nur leider zu kurz, er wird versuchen, den Moment zu verlängern – findet sich in der Kantine ein Fan? –, und dann geht er nach Hause oder ins Hotelzimmer und hat den Katzenjammer: Er hat sich verausgabt und nur einen Bruchteil von dem, was er gegeben hat, zurückbekommen. Aber es war doch gar kein give-and-take, er hat doch nicht für das Publikum gespielt, sondern für den Applaus des Publikums? Das Beispiel mag lehren, daß man zwar aus narzißtischen Antrieben handeln kann, aber am Ende so handelt, wie wenn man es bloß »für andere« getan hätte, und diese anderen wie man selbst empfinden es so.

Umgekehrt: Ein Buch kann Tausende erfreuen, belehren, Trost oder Einsicht in ihr Leben bringen, und wir lieben die Autorin oder den Autor darum, ja, bei manchen Büchern haben wir das Gefühl, es sei (und das mag vor Jahrhunderten geschehen sein) nur für uns geschrieben worden. Wir bewundern den Autor oder die Autorin, die vielleicht jahrelang über diesem Buch gesessen haben, und wir bewundern auch das Moment der Askese während der Abfassung des Buches. Seine oder ihre Familie, die Peers etc. mögen das ganz anders sehen: Er/sie vernachlässigt die anderen, zieht sich zurück auf eine (weitere) Emanation seines Ich, der sie/er, wenn nicht alles, so doch bemerkenswert viel unterordnet, auf den zweiten oder dritten Platz verweist. Kreativität (ich meine nicht: Häkelkurse oder »creative writing«) bedarf des Narzißmus und *einer gewissen A-Sozialität* – sprich: Abzug der Libido von den Objekten, Umlenkung auf das eigene Ich und seine Hervorbringungen.

Es gibt eine Fernsehserie des Mitteldeutschen Rundfunks – eine der erfolgreichsten Serien des Deutschen Fernsehens überhaupt – mit dem Titel *In aller Freundschaft*. Das Rezept dieser Serie ist einfach: In jeder Folge wird wenigstens ein mehr oder weniger komplizierter Fall in ein Krankenhaus in Leipzig (die »Sachsenklinik«) eingeliefert, um den sich das Serienpersonal, Ärzte und Ärztinnen, Schwestern und Pfleger, zu kümmern hat, und meist geht es gut aus. Nebenbei (in manchen Folgen nicht nur nebenbei) geht das Privatleben der

Protagonisten mit Ehekrisen, Liebschaften (zeitweise glücklichen, manchmal notorisch unglücklichen) weiter, und das ist es, was uns bei der Stange hält wie bei jeder Serie: Wir wollen wissen, wie es weitergeht. Hält es diesmal? Wie kommt das Ehepaar Heilmann (Heilmann heißt der Chefarzt – just think of that!) über den Tod ihrer Tochter und ihres Schwiegersohns hinweg? Wird Frau Dr. Globisch endlich den Richtigen finden? Wird Frau Dr. Eichhorn ewig die Melancholikerin vom Dienst bleiben müssen? Kommen der Assistenzarzt Dr. Brentano und Schwester Arzu wieder zusammen? Ich nenne die Titel immer mit, weil die Ärzte sich auch untereinander stets mit ihren Titeln anreden: »Könnten Sie sich das mal ansehen, Dr. Kreuzer?« »Gerne, Dr. Brentano!« Dabei ist es doch ein akademischer Fauxpas, wenn Gleichbetitelte einander mit Titeln versehen – jedenfalls heutzutage, Groddeck nannte Freud »Herr Professor«, und Freud replizierte: »Herr Doktor«, nun, er war aus Wien.

Dieser liebenswerte Unsinn der Serie mag uns aber auf die richtige Spur führen. Die Konflikte, mit denen uns die Serie heimsucht, sind im Kern fast immer Konflikte um den Narzißmus der medizinischen Protagonisten. Dr. Kreuzer ist ehrgeizig und hält sich für den besten und modernsten Arzt der Klinik und gefährdet dauernd die Freundschaft mit seinen Kollegen; Dr. Brentano muß für seine Prüfungen lernen, und Schwester Arzu bleibt allein zu Hause und schmollt: Sie sei ja nur »eine kleine Krankenschwester«; die Ehe der Heilmanns steht dauernd unter Streß, weil er Verabredungen, Hochzeitstage etc. vergißt, weil er in der Klinik aufgehalten wird. Er müsse schließlich Leben retten, sagt er; er wolle ihr damit wohl sagen, sie sei bloß Friseurin, antwortet sie darauf und dreht sich zur Wand. Es ist aber so, daß diejenigen, die die »Sachsenklink« nach strapaziösen und komplizierten Operationen (»Ich kann ihn nicht mehr halten, Blutdruck sinkt! Er wird tachykard!« »Defi, schnell! Weg vom Bett!« »Wir haben ihn wieder. Das war knapp.«) gesund wieder verlassen (das ist jedenfalls die Regel), dies der Tatsache, daß die Ärzte ihrem Beruf mehr Aufmerksamkeit schenken als ihren Lebenspartnern, verdanken (das gilt nicht nur für die männlichen Ärzte, bei den männlichen entspricht es nur mehr dem Klischee, weshalb es dort mehr ausgewalzt wird).

Interessant ist, daß es in dieser Serie ab und zu (und häufiger, wie mir scheint, als die Wahrscheinlichkeitsrechnung erlaubt) vorkommt, daß Chirurgen und Chirurginnen ihre eigenen Verwandten oder Partner auf dem Operationsplan vorfinden. In der Regel wollen sie – gegen alle Professionalität – selbst operieren, worauf dann der Klinikchef einschreiten muß (»Sie wissen doch …«). Klar: dem betroffenen Operateur könnte die Hand zittern, wenn er seine eigene Frau aufschneiden soll und wenn es an ihm hängt, ob er ihr Leben retten kann oder nicht. Wäre die Serie etwas weniger sentimental, könnte auch die Ambivalenz gegenüber dem geliebten Objekt zur Sprache kommen sowie der Umstand, daß nur der ein guter Chirurg ist, der *gerne* Körper aufschneidet (ich jedenfalls würde mich keinem Chirurgen anvertrauen, der kein Vergnügen an seinem Beruf hätte). Wichtiger aber scheint mir, daß durch den Verwandten auf dem Tisch *die narzißtische Steuerung der Berufsausübung* gestört wird – die Objektbeziehung (wie immer sie auch beschaffen sein mag) kommt ihr in die Quere. Der Chirurg muß sich vor zu großer Identifizierung – in Liebe oder Haß – mit seinem Patienten hüten. Er muß stolz auf die Präzision seiner Arbeit sein – und damit auf sich. Das Signal dafür ist in der Serie, daß die Chirurgen und Chirurginnen einander dauernd wechselseitig bestätigen (auch wenn sie einander zuvor in den Haaren gelegen haben), wie gut sie sind (»Ausgezeichnete Arbeit, Frau Kollegin!«).

Aus dem Nähkästchen geplaudert: Ich habe einmal ein kleines Buch geschrieben, das in die öffentliche Debatte, ob unter bestimmten Umständen die Wiedereinführung der Folter legitimierbar und mit dem Grundgesetz-Artikel I,1 vereinbar sei, eingreifen sollte. Das Buch wurde, obwohl zu Teilen rein juristisch argumentierend (was sich Juristen von einem, der nicht vom Fach ist, selten gefallen lassen), positiv angenommen. Nun ergab es sich, daß ein führender Jurist dieses Landes, mit dessen Ausführungen ich mich kritisch beschäftigt hatte, irgendwann einen Aufsatz schrieb, der mir eine Korrektur seiner früheren Ansichten auszudrücken schien. Ich merkte nun, daß mich das nicht nur *von der Sache her* interessierte, sondern daß mir die Phantasie – mehr war das nicht –, diese Veränderung *sei auf Grund der Lektüre meines Büchleins* erfolgt, außerordentlich gefiel. Nicht nur: die Situation hat sich verbessert, sondern: *ich* habe sie verbessert. Ohne solche Phantasien – die ich mir natürlich nicht immer bewußt gemacht habe, die man sich generell nicht immer bewußt macht – hätte ich das Buch gar nicht geschrieben. An einer Sache, die man für gut hält, bloß mitzuwirken, ist in der Regel kein zureichender Grund zum Handeln, sondern man will einen *entscheidenden* Beitrag leisten. (Und die Wirklichkeit kommt dem narzißtischen Antrieb entgegen: Da man, handelnd, keinen großen Überblick hat, sondern nur den Ausschnitt der Welt sieht, in dem man gerade tätig ist, vergrößert sich das eigene Tun notwendigerweise. In der Notaufnahme kann so – bei aller nervtötenden Routine – jeder angelegte Verband zu einem Beitrag zur Rettung der Welt werden. Und für den, der den Verband bekommt, ist das auch so.)

Worauf das hinausläuft, ist das Folgende: Der Held ist jemand, der seinen Narzißmus in einem Maße lebt, das der Alltag normalerweise nicht zuläßt (und vor allem: uns nicht gestattet, und das von uns im Alltag selten anderen gestattet wird). Der Held ist jemand, der dennoch Anerkennung, Bewunderung, Liebe erhält, ja zum Übermenschen (»Heros«) verklärt wird. Nicht *trotz*, sondern *wegen* seines Narzißmus, dessen Ausleben wir in unschuldiger Bewunderung ansehen können und der in uns die besagte Saite zum Klingen bringt, weil er einen a-sozialen Trieb als Antrieb für Handlungen nützt, die sozialen Tugenden entsprechen. Man könnte von einem »schuldlosen Narzißmus« sprechen, aber es ist wohl eher unsere Bewunderung, die uns schuldlos vorkommt, weil wir meinen, die sozial produktiven Tugenden zu bewundern, wo wir doch sein wollen wie der, der sich über die Welt der anderen erhebt. Wäre das anders, wir würden eben die Resultate schätzen, nicht die Taten und den, der sie vollbracht hat, bewundern. Die *Resultate* repräsentieren das gemeinschaftliche Gute (wenn wir uns – kulturell – einig sind, was das ist, was, siehe oben, oft nicht der Fall ist), *Helden* das über die Gemeinschaft sich Erhebende, die extrem gesteigerte, also seltene Form des Handelns für das Allgemeine – und so gibt es immer eine Kluft zwischen dem, was wir schätzen, weil es dem Allgemeinen zugute kommt, und der Bewunderung für den Helden.

Susan Neiman hat in ihrem Kapitel über die »Heroes of Enlightenment« Sätze zitiert, die das sozial Produktive der narzißtischen Antriebe dokumentiert. Sarah Chayes: »I sometimes feel I'm laying my body down as a bridge over the chasm that Bush and Bin Laden are trying to open.« Der nächste Satz lautet: »Not that I suppose my efforts are large enough to make a difference.«[24] Wäre dieser zweite Satz nicht, der erste wäre purer Größenwahn. Aber wäre der erste nicht, der zweite wäre pure Resignation. Es braucht das Realitätsprinzip des zweiten Satzes kombiniert mit der narzißtischen Phantasie des ersten, um etwas auszurichten – und um unsere Bewunderung zu erzeugen. – »I don't want to act for the record!« schreit Shulman einen Mitarbeiter an und dementiert expressis verbis den Helden-Status (oder das Bedürfnis, nach ihm zu streben). Doch dann folgt nicht etwa: »This misery has to come to an end«, oder: »We have to help to end this misery«, sondern: »I just want this misery to end.«[25] Es braucht solche Gedanken, solche Sätze. »You are not going down there to try to be heroes [...] You have a job to do«,[26] sagt Bob Moses zu den weißen Freiwilligen, die bei der Kampagne in Mississippi mitmarschieren wollen. Das war nötig, um die Aktionsbereitschaft einzuhegen. Gleichzeitig wird berichtet, daß Moses ein hinreißender Redner war, dem es gelang, Martin Luther King als Redner zu deklassieren. Niemand ist ein guter Redner, der sich nicht als Redner genießt.

Ohne unsere Sehnsucht, unseren Narzißmus bewundern zu lassen (und dieses in der Identifikation zu phantasieren), gäbe es keine Helden. »Es erscheint«, schreibt Freud, »[...] daß der Narzißmus einer Person eine große Anziehung auf diejenigen anderen entfaltet, welche sich des vollen Ausmaßes ihres eige-

24  Neiman, Moral Clarity, S. 392.
25  Ebd., S. 389.
26  Ebd., S. 408.

nen Narzißmus begeben haben [...] der Reiz des Kindes beruht zum guten Teil auf dessen Narzißmus, seiner Selbstgenügsamkeit und Unzugänglichkeit, ebenso der Reiz gewisser Tiere, die sich um uns nicht zu kümmern scheinen, wie der Katzen und großen Raubtiere, ja selbst der große Verbrecher und der Humorist zwingen in der poetischen Darstellung unser Interesse durch die narzißtische Konsequenz, mit welcher sie alles ihr Ich Verkleinernde von ihm fernzuhalten wissen.«[27] – Man bedenke, wie diese Charakteristik des Narzißmus – Selbstgenügsamkeit, Gleichgültigkeit – der klassischen Definition des »Erhabenen« entspricht.

Wäre das anders, könnten wir keine Helden bewundern, die Dinge tun, die uns moralisch eigentlich nicht in den Kram passen oder die wir wenigstens selber nicht tun würden. In den *Rocky*-Filmen muß der Protagonist von seinem Trainer (und ganz zuletzt, als letzter Anstoß, von seiner Frau) narzißtisch aufgerüstet werden, er muß nur noch den Kampf und den Triumph am Ende sehen, nicht mehr die Familie oder was auch immer. In *Rocky IV* kommt es dahin, daß sein Gegner, ein linientreuer Sowjetbürger, der für die Glorie des Vaterlands der Werktätigen in den Ring steigt, am Ende seinem Publikum zuruft:»Ich kämpfe für mich! – für mich!«, was den oberflächlichen politischen Sinn hat, daß der im Kollektiv Großgezogene endlich erkennt, daß jeder seines eigenen Glückes Schmied ist, aber vor allem bedeutet, daß er ohne Mobilisierung seiner narzißtischen Energien nicht durchhalten kann. Rockys Ecke rüstet dessen Grandiosität mit Appellen an seine Aggressivität auf: »Schlag den russischen Affen tot!« Nach dem Kampf folgt, natürlich, ein Appell für Frieden und Völkerverständigung, und Gorbatschow applaudiert, aber das ist Zugabe.

Nun aber zu Achill, der nie fehlen darf, wenn es um Helden geht, und zu einem Film, der mit einem gewissen Recht keine guten Kritiken bekam, der aber in zwei Szenen sehr genau das wiedergibt, was der griechische Inbegriff des Helden ist, Wolfgang Petersens *Troja* mit Brad Pitt als Achill. In der ersten

---

27  Sigmund Freud, »Zur Einführung des Narzißmus«, in: Gesammelte Werke Bd. X, S. 155.

dieser zwei Szenen wird Achill (die Sache spielt vor dem Feldzug nach Troja, aber Achill ist schon als, wenn das Oxymoron erlaubt ist, freiwilliger Held vom Dienst für Agamemnon tätig) von einem Knaben aus seinem Zelt, wo er dekorativ nackt unter einer Felldecke mit einer namenlosen Frau in postkoitalen Träumen versunken ist, geholt: Er solle gegen den besten Krieger des gegnerischen Heeres antreten, alle warteten auf ihn und so weiter. Achill eilt aus dem Zelt, rüstet sich, steigt aufs Pferd, der Knabe sagt, der ihn erwarte, sei der größte Mann, den er je gesehen habe, »ich würde nicht gegen ihn kämpfen wollen.« Achills Antwort: »Darum wird sich auch niemand an deinen Namen erinnern.«

Darum geht es, daß man sich an seinen Namen erinnert, koste es, was es wolle. Der zweite Ausschnitt zeigt die Landung der Griechen an der Küste Trojas mit optischen Anspielungen auf den Film *The Longest Day*, aber sonst archaisch-griechisch. Der riesigen griechischen Flotte voraus eilt ein Schiff mit schwarzem Segel, es ist das Achills und seiner Krieger, der Myrmidonen. Der Strand ist wohlbewehrt, Hindernisse, angespitzte Pfähle und so weiter, vor allem voller kampfbereiter trojanischer Krieger.

Kamera auf Brad Pitt, der mit dem Schwert auf den Strand weist: »Wißt ihr, was euch da erwartet?«, und wir Zuschauer, die wir Kriegsfilme gewohnt sind, erwarten etwas wie »Die Hölle!« und »Haltet durch, Männer!«, aber das wäre nicht griechisch, Achill ruft: »Die Unsterblichkeit! Holt sie euch!« Hier hat man den Narzißmus eines mörderischen Helden, der einer Kriegerkultur entstammt. Auch den eines todesbereiten Helden, denn er weiß, daß er vor Troja fallen wird, nur nicht wann. Solchen kriegerischen Narzißmus kann *nur* der Pazifist *ganz* zurückweisen. In Kriegen – ungerechtfertigten wie gerechtfertigten – braucht es solche Leute wie Winkelried, der die Lanzen der Gegner packt und sich das Bündel in die Brust stößt, um eine Gasse zu brechen, wie diejenigen, die als erste die Festungsmauer ersteigen – mit meist letalem Ausgang, und wenn nicht, mit einer der höchsten Auszeichnungen bedacht, die Rom zu vergeben hatte. Spielberg widmete dem D-Day ein Heldenepos (*Saving Private Ryan*).

Im Falle Achills nun zeigen sich die Risiken eines *narzißtisch übersteuerten* Helden der Gewalt. Seine in der *Ilias* geschilderte Zeit vor Troja ist ein Wechselbad von narzißtischen Kränkungen und destruktiver Raserei. Zunächst zieht er sich vom Kampf zurück, weil er nicht standesgemäß behandelt wird. Der Heerführer Agamemnon nötigt ihm seine Kriegsbeute, die schöne Briseis, ab, dann wird sein Liebhaber und minor-size-hero Patroklos von Hektor mit ihm verwechselt, dann kämpft Achill wieder, wütet unter den Trojanern, doch kurz bevor er Aeneas erschlagen kann, wird dieser von den Göttern vom Schlachtfeld entrückt, er wütet umso mehr, und nach allerlei kämpferischen Großszenarien stellt er Hektor, tötet ihn, sagt dem Sterbenden, er werde dessen Leichnam die konventionellen Ehren nicht erweisen, und statt mit den übrigen Griechen die Stadt zu erstürmen, kehrt er ins Lager zurück, um dem Leichnam des Patroklos ebenjene dem Hektor verweigerten Ehren zu erweisen, und schleift die Leiche Hektors hinter seinem Streitwagen her. Er hat damit – ich sagte es schon – den Komment des Gentleman-Kriegers verlassen. Homer macht deutlich, daß für ihn das Gemetzel an den Trojanern ebensowenig schrecklich oder gar verwerflich ist (man denke: ein Mann gegen Hunderte!) wie der Sieg über Hektor – erst bei der Behandlung des Leichnams beginnt der Abstieg aus den Sphären des Heldentums.

Daß Achill sich zuvor vom Kriege zurückgezogen hatte, ist wie sein Wiedereintritt in den Kampf das Thema der *Ilias*: »Singe, Göttin, den Zorn des Peleiaden Achilleus« (Latacz hat für Zorn »Groll«), und zwar ist die Behandlung, die ihm vom Heerführer Agamemnon zuteil wird, geeignet, den aristokratischen Krieger zu kränken – aber geht er in seiner Kränkung nicht zu weit, wenn er den Griechen Niederlagen wünscht, damit sie wissen, was sie an ihm haben? Nun, jedenfalls ist diese Bitte aus dem Geiste narzißtischer Übersteuerung zu verstehen, und wie um diese zu strafen, fällt ihr ja auch Patroklos zum Opfer, was zum Wiedereintritt Achills in den Kampf und zu seinem endlichen Aus-der-Rolle-Fallen nach Hektors Tod führt.

Eigentlich ist Achill ja kein Held, wie wir *heute* meinen,

daß er im Buche stehe. Zunächst versucht er, dem Krieg zu entgehen, indem er sich auf den Rat seiner Mutter hin als Frau verkleidet unter Frauen versteckt und erst durch eine List des Odysseus entlarvt wird, dann beschwert er sich permanent bei seiner Mutter, der Meergöttin Thetis, über die Kränkungen, die er über sich ergehen lassen muß.

> Mutter, weil du mich nur zu kurzem Leben gebarest,
> Schuldete mir der Olympier wohl besondere Ehre,
> Zeus mit donnernder Macht! Doch jetzt gewährt er mir gar nichts!
> Siehe, des Atreus Sohn, der gewaltige Fürst Agamemnon,
> Hat mich entehrt und behält mein Geschenk, das er selbst mir entrissen!
> Also sprach er mit Tränen; ihn hörte die herrliche Mutter

– er klagt nämlich so laut, daß man es bis auf den Meeresgrund hört.

> Eilend tauchte sie auf aus den schäumenden Fluten wie Nebel,
> Setzte sich dann dem bitterlich weinenden Sohn gegenüber,
> Streichelte ihn mit der Hand und sprach ihm zu mit den Worten:
> Liebes Kind, was weinst du, und was betrübt dir die Seele?

Er erzählt seiner Mutter, was vorgefallen ist, und sie sagt:

> Wehe mein Kind [...]
> Jetzt aber stirbst du so bald und mußt noch leiden wie niemand!

*Sie* ist es, die dem Sohn empfiehlt, sich vom Kampf fernzuhalten. Als Patroklos fällt, jammert Achill so, daß man fürchtet, er werde Selbstmord begehen, und wieder so laut, daß man es bis auf den Grund des Meeres hört. Thetis eilt zu ihrem Sohn und wiederholt die schon bekannten Worte:

téknon, ti klaíeis …
Liebes Kind, was weinst du, und was betrübt dir die Seele?

Weder das Weinen und Klagen noch die Anrede »Mein Kind« müssen uns befremden. »Mein Kind« (téknon) ist die Anrede der Eltern ihren Kindern gegenüber, auch wenn sie erwachsen sind. Und das Weinen?: Nun, die griechischen Heroen reagierten durch die Bank primärprozeßhaft und nicht nach unserem heutigen Rollenverständnis.

Thetis ist es, die für die Rüstung sorgt, in der Achill später Hektor besiegt. Das alles ist, griechisch, nicht befremdlich. Eher befremden könnte uns, daß die Ehrverletzung schwerer wiegt als der baldige Tod, aber das zeigt uns nur, daß wir von einer aristokratischen Kultur lesen – auch bei uns hat sich der Brauch des Duells, wo ebenfalls das Leben wenigstens riskiert wurde, um eine Kränkung aus der Welt zu schaffen, lange gehalten. – Nun bewahren aber die Mythen und die Hypostasierungen aristokratischer Gesellschaften zu heroischen Zeitaltern in Geschichten, die man Pseudo-Erinnerungen nennen könnte, allerlei psychologische Wahrheiten – direkt und indirekt. Direkt: Freud deutete nicht den Ödipus-Mythos, sondern wies darauf hin, daß in Sophokles' *König Ödipus* der ödipale Konflikt im Medium der Traumdeutung bereits erwähnt wird. Indirekt: In der Konstellation Achill/Thetis wird die Ambivalenz der Mutterliebe dargestellt. Einerseits die Liebe, die so weit geht, daß der Sohn sich lächerlich machen soll, wenn er nur der Mutter erhalten bleibt (seine Verkleidung als Frau unter Frauen, aus der ihn Odysseus erlöst, indem er ihm Waffen zeigt, zu denen Achill sofort greift); auch die Anteilnahme an der Kränkung des Sohnes hat, durch den Rat, sich des Kampfes zu enthalten, diesen Zug, aber eben auch, daß die Kränkung des durch die Mutter wenigstens halb-göttlichen Sohnes mehr wiegt als der gesamte Krieg, der ohne ihn, so das Orakel, nicht gewonnen werden kann. So oder so – er ist unentbehrlich, und es ist nicht zuletzt die Mutter, die ihm das unermüdlich sagt.

Daß Achill Briseis nicht bekommt, stört ihn nicht wegen des verlorenen Objekts, sondern wegen der Kränkung. In Patroklos liebt er den Achill-Look-alike. Die Mutter stabilisiert ihn, indem sie ihn tröstet und indem sie seinen Narzißmus anheizt – auf mütterlich ambivalente Weise: Sie möchte einen Helden-Sohn und gleichzeitig einen, der sich nicht in Gefahr begibt. Am Ende führt Achill nicht zu Ende, was er begonnen hat. Er kämpft nach dem Sieg über Hektor den Kampf nicht bis zum Sieg über die Stadt, die er doch entscheidend geschwächt hat, er erobert nicht Troja an der Spitze des griechischen Heeres, sondern wendet sich ab, um Patroklos, seinem Alter ego, eine Zeremonie der Verklärung zu widmen und um den Leichnam des Hektor zu schänden. Aus dem latent *a-sozialen Helden* wird ein *anti-sozialer Berserker*.

Helden kann es nicht geben, ohne daß ihr Ich in ungewöhnlichem Maße ihre Person bestimmt. Daß man sich an seinen Namen erinnern werde, sagt Achill in dem Film *Troja*, und Susan Neiman sagt über David Shulman und die anderen Friedensaktivisten, die palästinensischen Familien helfen, ihre agrarische Subsistenz aufrechtzuerhalten: »they will remember who helped them stay«.[28] Helden kann es nicht geben, wo sie nicht als Personen bewundert werden. Und Helden kann es nur geben, wenn sie jene narzißtische Saite in uns zum Klingen bringen, die kräftig anzuschlagen wir normalerweise nicht die Gelegenheit haben oder eben allenfalls in der Phantasie, »something outside the usual routine« zu tun.

Ich habe zu Beginn den Begriff des Helden aus einer Parodie des Nibelungenliedes zu gewinnen gesucht – nun endlich zu John Lennon. »Working Class Hero« beginnt mit der eingangs zitierten Zeile:

As soon as you're born they make you feel small

und geht weiter mit:

By giving you no time instead of it all
Till the pain is so big you feel nothing at all

28 Neiman, Moral Clarity, S. 389.

und dann folgt der Refrain, der durch den Sound und den Vortrag so klingt, als wäre tatsächlich nichts plausibler als das:

A working class hero is something to be.

Das ganze Lied ist eine Aufzählung von Demütigungen, Schmerzen und die Schilderung einer Abrichtung hin zu einem funktionierenden, ja auch durchaus erfolgreichen Gesellschaftsmitglied –

When they tortured and scared you for twenty-odd years
Then they expect you to pick a career
When you can't really function you're so full of fear
A working class hero is something to be.

Was ist das? Der Held der Arbeiterklasse als Ausweg aus einer demütigenden Kleinbürgerkarriere? Redet so ein Held der Arbeiterklasse, vielleicht im Rückblick? Redet so ein Held? Nein, so reden Helden nicht, die einen nicht wie die andern. So reden die, die Helden sein wollen und denen die Phantasie so weit durchgeht, daß sie meinen, sie wären wirklich welche. John Lennon war ein wunderbarer Musiker (einer der besten Rock'n'Roll-Sänger, die es gegeben hat, hören Sie sich noch einmal »Twist and Shout« an), der allerlei erfreuliche und unerfreuliche Streiche in der Öffentlichkeit gespielt hat, aber »a working class hero«? Wollte er selbst das *auch* sein? »Just follow me« – man stelle sich das eingangs beschriebene Bild vor Augen: gereckter Arm, geballte Faust, Ballonmütze – ein Working-class-hero-look-alike. Kein Achill, nicht einmal ein Patroklos. Aber ein zeit seines Lebens narzißtisch Übersteuerter, bis hin zu seiner Selbstabschließung im New Yorker »Dakota«, gewiß in der Meinung, die Welt drehe sich ohne ihn wenigstens anders – »singe, Göttin, den Zorn ...« –, einer Selbstabschließung, aus der er (wie Montaigne aus seiner Exklusion mit den *Essais*, in denen er »Ich« sagte wie keiner vor ihm) mit einigen betörend schönen Liedern, besser aussehend denn je, wieder auftauchte und in seinem letzten Interview seinen früheren Allüren den Laufpaß gab – und dann wurde er erschossen, und der gewaltsame Tod der großen Narzißten verklärt sie immer, er mag so banal sein wie der Autounfall von Albert Camus.

Doch einen Augenblick noch. Der Song vom »Working Class Hero« ist doch eigentlich eine deprimierte Selbstauskunft. Von der Pose mit Ballonmütze und geballter Faust bleibt nur das Eingeständnis, woher es kommt. Das Geständnis, daß auf der Couch des Analytikers gemacht werden könnte, Lennon aber der ganzen Welt macht, das Geständnis, daß da einer so klein gemacht worden ist, daß er sich selbst verloren hätte, hätte ihn nicht eine Phantasie aufgefangen. Er habe sich immer gewundert, hat er später erzählt, daß niemand bemerkt habe, daß er ein Genie sei. Lennon hat übrigens Auskunft gegeben, wie das alles anfing. Seine Mutter hatte ihn früh bei seiner Tante in Pflege gegeben, von deren Haus er auf das Waisenhaus, das den Namen »Strawberry Fields« trug, blickte, und als sich die Mutter wieder um den Halbwüchsigen kümmern wollte, wurde sie von einem betrunkenen Polizisten totgefahren. Das Lied »Mother« mit seiner Refrain »Mother don't go / Daddy come home!«, gesteigert bis zu einem heiseren Schrei, gibt deutlicher Auskunft über frühen und schrecklichen Objektverlust (wie man so sagt) als viele Texte anderer Leute, die auch von so etwas handeln.

»Mother don't go / Daddy come home!« – der Stoff, aus dem die Helden sind? Der Stoff, mit dem unsere Helden-Phantasien befeuert werden? *Manche* Helden gewiß, *manche* Phantasien auch. Bei manchen wird die Unmöglichkeit, die Leere zu füllen, das Scheitern der Kompensation zu mörderischer Wut. Das sind vielleicht die, von denen die großen Geschichten erzählen. Das muß aber *so* nicht sein. Entscheidend ist, was die Helden – mit solchem Hintergrund oder ohne ihn – aus sich machen. Und was sie uns bedeuten, hängt an unseren narzißtischen Bedürfnissen – *und unseren zivilisatorischen Präferenzen.*

# Dietrichs mißlungene Brautwerbung
## *Über Heldengeschichten*

»Dietrichs mißlungene Brautwerbung« hieß eine Zwischen-
überschrift der Nacherzählung der Sagen um Dietrich von
Bern in Gerhard Aicks *Deutschen Heldensagen*. Ich mochte
die Passage nicht. Einmal gehörte eine solche Brautwerbung
– sie findet durch einen Abgesandten statt, einen »Rosenkava-
lier« sozusagen – nicht in eine »Heldensage«, wie mir damals
schien, und zweitens schon gar nicht als mißlungene. Aber
ignorieren konnte ich sie nicht – sie brachte in den melancho-
lisch-endzeitlichen Ton, der die Dietrich-Sage ausmacht und
ihre literarische Qualität begründet, einen privaten, gleichsam
bürgerlich-traurigen Zug hinein, der – das weiß ich nun – unerläßlich dazugehört. »Dietrichs mißlungene Brautwerbung«
– ich habe diesen Zwischentitel nie vergessen, sprechen wir
über ihn, wenn wir von »Helden« sprechen.

Worum ging's dabei? Dietrich von Bern, der, wie die Sage
immer wieder sagt, größte der Helden seiner Zeit, ein Mann, der
eine seltsam intermittierende Heldenbiographie hat, beschließt
irgendwann zu heiraten, sucht – das heißt, läßt suchen – nach
einer passenden Frau, und ihm wird »Hilde von Bertangaland«
– ich folge hier der Fassung von Therese Dahn – genannt, die
Tochter von König Artus. Er schickt einen Werber, Herburt,
der an den Artushof reist, sich in Hilde verliebt, seinem Auftrag aber treu bleibt und diesen ihr vorträgt. Sie will wissen,
wer und wie Dietrich denn sei, und ich zitiere:

»Was für ein Mann ist Dietrich?«
»Er ist der größte Held der Welt und der mildeste[1]
Mann.«
»Vermagst du wohl, Herburt, mir an die Steinwand hier
sein Antlitz zu zeichnen?«
»Das kann ich leicht: und jeder, der Dietrich einmal sah,

---

[1] Verneudeutschung des mittelhochdeutschen »milte«, was nicht
»milde« bedeutet, sondern eine Herrschertugend, etwa »leutselig«.

würde ihn an diesem Bild erkennen.« Und er zeichnete ein Antlitz an die Wand, groß und schrecklich.

»Sieh, hier ist's, Jungfrau: und so ein Gott mir helfe, – König Dietrichs Antlitz ist noch schrecklicher.«

Hilde erschrak und rief: »Niemals möge mich dies elbische Ungeheuer erhalten!«[2]

Sie fragt, warum er nicht für sich selbst werbe, und da er seinen Auftrag erledigt hat, kann er es tun und tut es erfolgreich.

Das Bewegende an der Geschichte ist – und man muß aus dem ersten Lesealter heraus sein, um sich bewegen zu lassen –, daß Dietrich selbst durch die Werbung aus seiner Sphäre hinauswill und nur ein König sein will unter anderen. Am Ende sind alle um ihn herum, alle, die nicht unbedingt ihm gleich, aber doch aus seiner Sphäre waren, Hildebrand, Wittich, Heime, tot. Er sitzt allein im Schloßhof wie ein Rentner auf der Parkbank. Da wird er auf einem überirdischen Pferd entrückt, und seitdem führt er das »wilde Heer« an, einen fürchterlichen Gespensterzug, vor dem sich die Leute in ihre Häuser flüchten. Ja, ein Ende für den fürchterlichen Helden, der zuvor hatte ein Ehemann werden wollen, aber es hatte nicht sollen sein.

Was ist die Sphäre der Helden?

*

Als er den »Produktionsprozeß des Kapitals« beschrieben/ analysiert hatte, stand Marx vor der Frage, wie es denn zum Kapital bzw. dem Kapitalismus gekommen sei. »Kapital« war in seiner Analyse immer das, was vorausgesetzt werden mußte, damit Kapital produziert werde, die Entwicklung des Kapitalismus setzt den Kapitalismus voraus: »»Man hat gesehn, wie sich Geld in Kapital verwandelt, durch Kapital Mehrwert und aus Mehrwert mehr Kapital gemacht wird. Indes setzt die

---

2 Walhall. Germanische Götter- und Heldensagen für alt und jung am deutschen Herd erzählt von Felix Dahn und Therese Dahn, geb. Freiin von Droste-Hülshoff, in: Felix Dahn, Gesammelte Werke. Erzählende und poetische Schriften, Erste Serie, Bd. 8, Leipzig o. J., S. 527. – »Elbisch« heißt hier so viel wie »nicht-menschlich«.

Akkumulation des Kapitals den Mehrwert, der Mehrwert die kapitalistische Produktion, dieser aber das Vorhandensein größerer Massen von Kapital und Arbeitskraft in den Händen von Warenproduzenten voraus. Diese ganze Bewegung scheint sich also in einem fehlerhaften Kreislauf herumzudrehn, aus dem wir nur hinauskommen, indem wir eine der kapitalistischen Akkumulation vorausgehende, ›ursprüngliche‹ Akkumulation (›previous accumulation‹ bei Adam Smith) unterstellen, eine Akkumulation, welche nicht das Resultat der kapitalistischen Produktionsweise ist, sondern ihr Ausgangspunkt.«[3]

Was war, bevor das war, was wir kennen und gewohnt sind? Das ist nicht nur eine historische Frage, sondern oft eine systematische, haben sich doch unseren Techniken des Verstehens an dem geschult, was wir um uns herum vorfinden. Über das, was »vorher« gewesen, erzählen wir farbige Geschichten. Marx erzählt eine Geschichte von Raub und Zwang, von Betrug und Trick, von Krieg und Hasard – nein, nicht eine Geschichte, viele Geschichten, die Szenarien entwerfen, wie es zum Aufhäufen riesiger Vermögen gekommen ist, die schließlich irgendwie nicht anders weiter gemehrt werden konnten als durch Ausbeutung von zuhandener Arbeitskraft, die ihrerseits eben einfach irgendwann »da« gewesen ist, nachdem die Subsistenzmittel ihrer Eigentümer ruiniert worden waren. Marx erzählt uns in diesem 24. Kapitel seines *Kapital* eine große Oper von Untergang und Aufstieg, von ubiquitärem Verbrechen, gesetzfreiem Rauben, von Herumgetriebensein und Sklaverei und Mord, bis alles zueinander findet und die Schätze zu Kapital, die Sklaven und Herumstreunenden zu Lohnarbeitern werden.

Es gibt andere Geschichten, die dieser an Farbigkeit nicht nachstehen, die aber näher an Märchen und Legende sind. Da sind die Teufelsbündler, die einen Beutel haben, der nie leer wird (harmloser der Goldesel), Hauffs »Das kalte Herz«, die Erfindung des Papiergelds durch Mephistopheles im *Faust II*

3 Karl Marx, Das Kapital. Kritik der politischen Ökonomie, Erster Band, Erstes Buch: Der Produktionsprozeß des Kapitals (Karl Marx/ Friedrich Engels, Werke, Bd. 23), Berlin 1962, S. 741.

oder das Treiben des Heathcliff in Emily Brontës *Wuthering Heights* oder, vielleicht, Alexandre Dumas' Graf von Monte Christo, dessen Schätze allerdings nur einmal zu etwas Kapitalähnlichem werden, als er ein untergegangenes Schiff nachbauen läßt, um einer ruinierten Reederei wieder auf die Füße zu helfen. – Georg Simmel fragt, was denn Gesellschaft erst zur »Gesellschaft« und somit zum Objekt einer eigenen Wissenschaft gemacht habe, und antwortet: die »praktische Macht, die im neunzehnten Jahrhundert die Massen gegenüber den Interessen des Individuums erlangt« hätten, und die Distanz der Klassen zueinander, die es der höheren, beobachtenden nahegelegt habe, die untere als gesichtslos, eben »Masse« wahrzunehmen,[4] ein politisch-psychologischer Abscheu, der sich zur Methode modelt – ein Gestaltwandel sui generis.

Wie ist es zu unserer Gesellschaft der Institutionen, des Rechts, der monopolisierten Gewalt gekommen? Seit alters her sind es die Heldengeschichten, die hier die bunte Antwort geben. Einst war Bedrohung und Willkür, der Mensch von unserer Art war zu schwach, sich vor den Bedrohungen zu schützen, aber dafür gab es die Helden. Sie schafften die Bedrohungen aus der Welt, unsere Vorfahren bauten dann Athen oder Rom oder Dodge City.

Vor den Zeiten irgendwie gefügten Miteinanderlebens steht nicht etwas wie der »Naturzustand«, wie Thomas Hobbes ihn aus didaktischen Gründen imaginiert hat, gleichwohl eine gefährliche Zeit, in der Dörfliches, Familiales, in Ansätzen Urbanes stets von Regellosigkeit bedroht war oder phantasiert wurde, eine Zeit, die in der Literatur in der Heldensage ihre Phantasiegestalt erhält, in der Wirklichkeit … da kann man streiten, sagen wir so: Wenn man das Räuberunwesen nach den Napoleonischen Kriegen nicht mehr durch Vertrauen auf einen »guten« Schinderhannes abzuschaffen trachtet, sondern durch Polizei oder Militär, wenn man in Gotham City alles wieder

---

4 Georg Simmel, »Das Problem der Soziologie«, in: ders., Soziologie. Untersuchungen über die Formen der Vergesellschaftung, hg. von Otthein Rammstedt (Georg Simmel, Gesamtausgabe, hg. von Otthein Rammstedt, Bd. 11), Frankfurt am Main 1992, S. 13.

ins Lot bringen kann, ohne auf Batman zurückzugreifen, dann sind wir dort sicher angekommen, was wir »Moderne« nennen.

Sprechen wir also von der phantastischen Zeit der Helden, die uns das schufen, was wir ohne sie in Gang halten müssen – Euripides blickt darauf in seinem »Wahnsinn des Herakles« zurück: Herakles, so meinen sein (irdischer) Vater Amphitryon, seine Frau Megara und seine drei kleinen Söhne, sei von seiner letzten Aufgabe, den Kerberos aus dem Hades zu holen, nicht wiedergekehrt. Der Chor blickt am bereiteten Grab darauf zurück, was einem Gemeinwesen ein Held bedeutet hat:

Zeus' nemeischen Hain
Befreit er vom Löwen,
Legt sich das Fell um die Schultern,
Drückt sein jugendlich Haupt mit dem blutigen Rachen.

So sind die Herakles-Statuen, die wir kennen; Euripides ruft das allen geläufige Bild auf.

Wildem Kentaurenvolk,
Brut, die in Schluchten haust,
Brachte gefiederter Pfeil,
Mordender Bogen den Tod.
[…]
Nahe an Pelions Hang,
Nah seiner Zwingburg,
Tötet sein Pfeil den Kyknos,
Der die Wandrer erschlug am Flusse Anauros.
[…]
Er stieg in die Schlüfte des Meeresfürsten,
Brachte den Schiffern die Frieden der Fahrten.
[…]
Reiterhorden der Amazonen
Jagte er auf in den stromreichen Steppen.[5]

5 Euripides, Der Wahnsinn des Herakles, in: ders., Sämtliche Tragödien und Fragmente, übersetzt von Ernst Buschor, hg. von Gustav Adolf
Seeck, Bd. III, München 1972, S. 119 ff.

Wilde Tiere, Monstren, Wegelagerer, Raubritter und kriegerische Horden von irgendwoher – das muß besiegt, das muß ab- und aus der Welt geschafft werden, damit die Zivilisation der Dörfer und Städte herrsche, die dann, wenn möglich geregelt, Krieg gegeneinander führen können. Für den braucht's keine Helden, vielleicht aber Heldengeschichten – wir kommen noch darauf. Die griechischen Sagen haben noch andere »Zivilisationshelden«, also solche, die das Feld bereiten für ein Zusammenleben, in dem man sie nicht mehr braucht: Theseus, der den Wegelagerer Prokrustes tötet, dann den Minotauros überlistet, Perseus, der die Medusa und den Meerdrachen schlägt. In der traditionellerweise »germanisch« genannten nordeuropäischen Heldensage ist es Thor, der besonders menschennahe Gott, der sich dem Kampf gegen die Riesen verschrieben hat, Siegfried tötet einen Drachen, Dietrich Riesen und Wegelagerer – es ist dasselbe Muster.

Interessant, daß Dietrich, unbestritten der größte der, wie man so sagt, »deutschen« Helden, als König eine ambivalente Gestalt ist; er ist unbeherrscht, seine »Gesellen« wechseln zuweilen den Herrn, politisch ist er nicht erfolgreich, lange Zeit muß er im Exil bei den Hunnen verbringen, am Ende mißlingt ihm die Gründung einer Dynastie (oder sagen wir bürgerlich: die Gründung einer Familie), und er ist allein. Vor dem Tod stöbert er noch einen ebenfalls überständigen Riesen auf, tötet ihn, aber die Zeiten der Helden sind vorbei. Und wenn ihre Zeiten vorbei sind, haben sie auch keinen Ort mehr.

Zwar wird Theseus König von Athen, aber auch er scheitert an dem Versuch, aus dem Status des Helden in den eines normalen Staatsoberhaupts zu wechseln; als er sich dann auf die väterlichen Güter zurückziehen will, gehören die längst einem andern, und er wird vom neuen Besitzer umgebracht. Das Ende des Herakles kennen wir in manchen Varianten. Euripides gestaltet es so: Nachdem er wider Erwarten heil aus dem Hades zurückgekehrt ist, überfällt ihn der Wahnsinn, er tötet Frau und Kinder, ein ans Töten Gewöhnter kann nicht ablassen.

Mit den Helden ist nichts anzufangen, wenn ihre Arbeit getan ist. Schlimmer: Sie können mit sich nichts anfangen.

Am besten, sie kommen irgendwie um, bevor sie Schaden stiften und das in Gefahr bringen, was sich dank ihrer Taten in leidlicher Stabilität als durch Recht und Institutionen gefügtes Gemeinwesen etabliert hat. – Heldengeschichten sind zwar das, woran wir immer zuerst denken, die großen Kämpfe und strahlenden Siege, aber auch die Folgegeschichten gehören dazu, wo es keinen rechten Ort mehr für sie gibt – im schlimmsten Fall müssen sie erschlagen werden, damit das Leben – spitzen wir es zu: das zivile Leben, das erst als Folge ihrer Taten sich gefügt hat – weitergehen kann.

*

Man hat das Film-Genre des »Western« oft als eine moderne Neuerzählung der alten Heldengeschichten bezeichnet. Das ist nicht falsch; vor allem finden wir immer wieder den prekären Status des Helden. Der berühmteste Western *High Noon* beginnt mit – einer Hochzeit und den Vorbereitungen einer Hochzeitsreise. Der Sheriff (Gary Cooper) zieht sich mit Frau (Grace Kelly) in sein Privatleben zurück. Aber die Nachricht trifft ein, daß eine Verbrecherbande, deren Chef er einst ins Gefängnis gebracht hat, sich an ihm, vor allem: in »seiner« Stadt rächen will. Während der Kutschfahrt wird ihm klar, daß er seine Stadt nicht im Stich lassen kann, und kehrt um. Übrigens ohne mit der neben ihm sitzenden Frau darüber zu sprechen. Wieder angekommen, will er sich den Gangstern stellen (ihr Zug kommt um zwölf Uhr mittag an) und sucht nach Unterstützung. Nun ist er als Sheriff zuständig – er repräsentiert das Monopol auf die Gewalt –, aber er ist allein, der Sheriff ist als Einzelperson fast mehr Symbol der monopolisierten Gewalt als ihre reale Verkörperung. Er kann zwar Deputies ernennen, also gewissermaßen das Gewaltmonopol aufrüsten. rekrutieren kann er sie aber nicht, er ist auf Freiwillige angewiesen. Die findet er nicht. So hat er nur sich und seinen Revolver. Wir haben also die Situation, daß die Sicherheit der Stadt auf etwas angewiesen ist, das sie nicht nur nicht garantieren kann, sondern auch nicht will. Die Weigerung der Bürger, die gemeinsame Sache zu der eigenen zu machen, wirft die Stadt in den vorzivilisatorischen Stand zurück, in dem es Helden braucht. Jedoch so einfach ist das nicht. Der Bürger *muß* den Helden ja nicht spielen, für seinen Schutz hat er den Sheriff, und zum Deputy *muß* er sich eben nicht ernennen lassen. *Der Bürger hat das Recht und Privileg, kein Held zu sein.* Er darf auch ein Feigling sein. Wenn … ja, wenn es denn klar wäre, was da los ist, in welcher Zone der Gewalt und der Befriedung sich die Stadt befindet. Die Institution des Sheriffs (dieser Art) ist ja ein Notbehelf; sie markiert den Schritt hin zu einem ordentlich institutionalisierten Gewaltmonopol (mit ihm als Chef eines noch so kleinen Polizeiteams). Wo diese provisorische Institution nicht funktioniert (oder nicht funktionieren kann), wäre nach der Auffassung von Thomas Hobbes an jeden die Verantwortung für Sicherheit und Leben rückübertragen. Entweder sieht jeder, wo er bleibt, oder … es findet sich ein Held. So wird der Sheriff zum auf sich gestellten Helden. Und er ist erfolgreich – fast. Den letzten Schuß, der ihm das Leben rettet, gibt seine Frau aus einem Fenster ab. Sie ist Heldin an seiner Seite, was noch einmal unterstreicht, zu welcher Zone der Regellosigkeit die Stadt sich gewandelt hat, denn sie agiert ja nicht etwa als Deputy mit dem Stern am Brautkleid, sondern als Frau, die ihren Mann retten will, ganz privat. Am Ende steht die unterbrochene Fahrt in die Flitterwochen – und die Geste, mit der der Ex-Sheriff seinen feigen Mitbürgern den Stern vor die Füße wirft. Menschlich verständlich, aber, wie gesagt, es gibt ein Bürgerrecht auf Feigheit, und wenn er beschlossen hat, als Held zu agieren, so tut er das auf eigene Verantwortung und nicht einmal mehr als Vertreter der Stadt, sondern eben als Held, und das heißt nur für sich allein.

Ein Held steht nämlich nicht für das »Gute« (was immer das sein mag), sondern nur für sich und allenfalls seinen Ruhm. Als Gary Cooper die Kutsche wendet und seiner Frau nicht sagt, warum, kappt er die bürgerlichen Bande. Er kündigt die Pflichten aus dem Bund auf, den er eben geschlossen hat, und kehrt, wie sich zeigen wird, auch nicht als *Pflichtbewußter* zurück, sondern als einer, *der nicht feige sein will.* Auch er *muß* ja nicht. Wenn er keinen Deputy findet, ist er nicht gehalten, ein Selbstmörder zu werden, denn ultra posse nemo obligatur.

*

Helden sind nicht nur auf sich selbst gestellt, sie agieren auch nicht im ideellen Dienste von irgend etwas. Auch Wilhelm Tell hat nicht die Schweiz befreit, sondern sein Händel mit Geßler ist ausschließlich privat, mag eine Eidgenossenschaft, zu der er, wie Schillers Stück herausstreicht, nicht gehört, auch von seinem Agieren profitieren.[6] Mag Schiller seinen Tell vor allem als sorgenden Hausvater präsentieren, so führt doch auch bei ihm kein Weg daran vorbei, ihn als (wenn man so will: phallischen) Narzißten zu porträtieren. Seine Armbrust trägt er so notorisch mit sich herum, daß er im Personenverzeichnis als Tell-mit-der-Armbrust figuriert. Tell tötet Geßler wie ein wildes Tier, das die Herden bedroht, aus dem Hinterhalt. Achill gehört zwar nicht zu den Zivilisationshelden, er ist ein Krieger, aber seine Heeresfolge ist auf keine soziale Verpflichtung gestellt. Er betont das selbst im Streit mit Agamemnon: Er habe keinen Streit mit den Troern, sie hätten ihm nichts getan, er wolle Agamemnon helfen, seine Ehre wiederzuerhalten. Umso ehrempfindlicher ist er, als Agamemnon Achills Ehrengabe – die schöne Briseis – beansprucht, weil er die seine zur Besänftigung Apolls zurückzugeben bereit ist. Achill ist der Krieg als solcher so gleichgültig, daß er achselzuckend in Kauf nimmt, daß sein Rückzug aus der kämpfenden Truppe das Heer in Schwierigkeiten bringt, auch Versuche, ihn der gemeinsamen Sache wieder gewogen zu machen – Rückerstattung der genommenen Beute, kompensatorische Geschenke – weist er zurück. Maß des Akzeptablen ist für ihn allein sein verletztes Ehrgefühl. Und als er in den Krieg wieder eintritt, tut er das, um den Tod seines Freundes Patroklos zu rächen und sich vor anderen auszuzeichnen. Achill, so kann man pointieren, handelt nicht in einem sozialen Raum, er schafft

---

6 Übrigens macht Schiller allerlei Umstände, um Tells Handeln als unpolitisch herauszustellen.

sich einen eigenen, gewissermaßen vorsozialen, den die anderen zu akzeptieren gezwungen sind, und aus diesem Grund kann man ihn einen Helden nennen, einen spätzeitlichen.

Dietrich von Bern ist auch ein spätzeitlicher Held. Er tut noch, was ein Held tut, beseitigt allerlei Riesen, aber sonst ist er König. Ein geachteter, aber nicht immer ein vorbildlicher. Auch hinsichtlich seines Status als unüberwindlicher Held ist er nicht ganz stabil. Den Kampf mit seinem späteren Gefolgsmann Wittich verliert er beinahe wegen dessen besserer Bewaffnung (Wittich ist der Sohn des berühmten Schmiedes Wieland), und um diese Scharte auszuwetzen, macht er sich erneut auf, um einen Outcast zu stellen, und ist wieder nur knapp erfolgreich. Es ist etwas wie eine Regression. Da dieser Waldläufer ihn, Dietrich, zum Kampfe hatte stellen wollen, hätte er sich comme il faut zur Berner Burg begeben müssen und dort dem König den Kampf antragen. So aber geht Dietrich ins Ungebahnte und behauptet sich nur mit Mühe.

Der Western hat für die Verfassung des Helden ein Redensart gewordenes Schlußbild gefunden: Er reitet – allein – in die untergehende Sonne, sprich: in den Westen, wo die Zivilisation noch nicht hinreicht. Dort, wo er heldenhaft gehandelt hat, gehört er nun nicht mehr hin. Er hat die Bedingungen geschaffen, daß dort etwas anderes gebaut werden kann, in dem er dann nicht mehr gebraucht wird und im Zweifelsfall aneckt oder die Leute erschreckt. James Fenimore Coopers »Lederstrumpf« Natty Bumppo, wiewohl kein Held im Sinne der großen Taten, aber ein Virtuose des siegreichen Agierens im Ungebahnten, landet in der Stadt der Ansiedler am Susquehanna wegen Verletzung der Schonzeitbestimmungen kurzzeitig im Gefängnis und verläßt dann die Zivilisation in Richtung Westen, wo nur Büffel sind und unbesiegte Reiterstämme (und manchmal ein Treck auf der Durchfahrt). Dort wird er sterben, ohne eine andere Spur zu hinterlassen als die Geschichten über ihn.[7]

*

7 Shakespeare hat das Muster umgekehrt, was es nicht weniger deutlich macht. Sein Prinz Henry gehört einer Bande sich selbst ermächtigen-

In *Der Mann, der Liberty Valance erschoß*, dem nach meiner Meinung klügsten (und schönsten) Film seines Genres, kommt ein Rechtsanwalt namens Stoddard (James Stewart) in eine Grenzstadt – eine Stadt an der Grenze zwischen dem »Draußen«, wo noch das Recht von Faust und Feuerwaffe gilt, also keines, und dem einigermaßen zivilisierten Hinterland. Der Sheriff dieser Stadt kann und will sich gegen die sporadisch einbrechende Bande des Desperados Liberty Valance nicht wehren. Der Anwalt versucht, das Gesetz gegen die Übergriffe des Straßenräubers, dessen Opfer er gleich bei seiner Ankunft geworden ist, in Stellung zu bringen, aber mehr als Rhetorik kann es nicht sein, und die Zeitungsredaktion wird prompt verwüstet, das Schild seiner Ein-Mann-Kanzlei bald abgerissen, und so beginnt er irgendwann, sich das Revolverschießen beizubringen, das heißt, sich darauf vorzubereiten, das »Gesetz in eigene Hand zu nehmen«, wie man sagt, also außerhalb des Gesetzes zu handeln bzw. sich auf den Zustand vor der Einführung des Gewaltmonopols einzulassen. Die Gegenfigur des Anwalts ist der außerhalb der Stadt lebende eigentliche Held Tom Doniphon (John Wayne (nicht im Sinne der ersten dramatis persona, das ist James Stewart)), der dem Anwalt klarmacht, daß die Welt, die er vorfindet, noch nicht die ist, in der es Anwälte braucht, und der ihm auch klarmacht, daß er nicht der sein wird, der Liberty Valance erschießen kann. Es kommt (ich kürze das alles sehr ab, ich bitte um Verzeihung) dennoch zum Showdown – Valance wird erschossen, Stoddard hat geschossen. Damit beginnt die öffentliche Karriere des Anwalts als »der Mann, der Liberty Valance erschoß«, die ihn bis in den Washingtoner Senat führt. Die Geschichte wird als Rückblende und Erzählung Stoddards an Tom Doniphons Sarg erzählt. Er will ihm mit seiner Frau, die damals das Leben mit ihm dem mit Doniphon, dem sie eigentlich versprochen

der Straßenräuber und -schläger an (*Henry IV*); als er König wird (*Henry V*), muß er diesen Lebensstil aufgeben, zieht in den Krieg gegen Frankreich und läßt einen ehemaligen Kumpan hängen, als der gegen einen Befehl, der regelloses Plündern verbietet, verstößt. »Kriegsheld« ist der König dann sehr wohl, aber das ist etwas anderes als der Held, den wir hier beschreiben.

schien, vorgezogen hatte, das letzte Geleit geben. Stoddard berichtet seinen Zuhörern, darunter einem Journalisten, der die Geschichte von der Heimkehr des Senators an den Schauplatz seiner Ruhmestat schreiben will, daß ihm Doniphon einst die wahre Geschichte erzählt habe: Er habe in dem Augenblick, als Stoddard abdrückte, Valance aus dem Dunkeln erschossen. Der Anwalt habe keine Chance gehabt, ein Duell wäre Mord gewesen, und so habe er eben den Desperado erschossen – auch das war Mord.

Der Journalist will die eigentliche Geschichte nicht schreiben und der Öffentlichkeit mitteilen, der Westen brauche diese Heldengeschichten für seine Identität, Stoddard sorgt dafür, daß Doniphon mit seinen Stiefeln begraben wird, und fährt zurück nach Washington – in den Osten, in die andere Richtung. In der Bahn überlegt er mit seiner Frau, ob sie nicht Washington verlassen und in den Westen – den nunmehr zivilisierten notabene, es geht um eine Rentneridylle – zurückkehren, aber der Billetkontrolleur unterbricht die Gedanken, er will ihm die Hand drücken, ihm, dem »Mann, der Liberty Valance erschoß«. So fährt Stoddard denn zurück nach Washington – er ist übrigens nicht nur Senator, sondern war auch Botschafter in London, eine Anspielung auf Thomas Jefferson – zusammen mit seiner Frau, die der einsam gestorbene Tom Doniphon einst liebte. Helden sterben nicht verheiratet, und pensioniert werden sie auch nicht.

\*

Heldengeschichten sind Geschichten, in denen sich Gesellschaften ihre Vergangenheiten ausmalen. Es sind keine »Erinnerungen«, kein »kollektives Gedächtnis«, ohnehin eine verunglückte Metapher. Es sind fiktive Geschichten, in denen man sich Zeiten ausmalt, in denen es noch hoch herging. Über Theseus kann man keine Dokumentarreportage mehr verfassen, über Wyatt Earp schon. Die ist dann interessant, aber keine Heldengeschichte mehr. Die TV-Serie *Deadwood* hat versucht, einen Grenzort, eben jenes »Deadwood«, das es tatsächlich und mit diesem Namen gab – nicht mehr ungebahnter

Westen (»Indianerland«) und noch kein Teil der Vereinigten Staaten und also tatsächlich gesetzlos –, abzubilden, und sie ist (wenigstens in der ersten Staffel, die zweite und dritte sind weniger gelungen) ein faszinierendes Stück gedankenspielender Soziologie geworden, das mit der Frage umgeht, wie sich in einer noch nicht institutionenverfaßten Gemeinschaft jene absehbaren Machtroutinen herausbilden, die es braucht, um für ihre Mitglieder das herzustellen, was man »soziales Vertrauen« nennt, also ein geteiltes Prognosevermögen, wie es denn gemeinsam »weitergeht«. Im Falle Deadwoods sind es gewaltgestützte Routinen, gewiß, aber doch nicht allein gewalt*basierte*. Erstaunlich (und plausibel), wie viel Aushandlungssache ist. Für Helden ist auch dort kein Platz mehr. Der Sheriff, den der mächtigste Mann am Ort, der den historischen Quellen entnommene Bordell- und Saloon-Besitzer Swearengen, gewissermaßen anstellt, damit der Ruf Deadwoods als gesetzloser, aber doch wegen Goldvorkommen attraktiver Ort nicht dazu führt, ihn in die USA einzugliedern und ihm den Rechtsstaat zu verpassen, ist keiner, der aufräumt (obwohl er den klangvollen Namen »Seth Bullock« trägt), sondern bastelt vielmehr daran, die gesetzlosen (vorgesetzlichen) Deadwood-Routinen etwas mehr an das anzupassen, was östlich davon Routine unter dem Gesetz ist: So gehört zu seinen ersten selbstverordneten Aufgaben, die Toten, die zuweilen herumliegen, manchmal gegen Bares dem Chef des Chinesenviertels übergeben werden, der mit ihnen die Schweine füttert, auf einem Friedhof mit ein wenig Bibellesung unter die Erde zu bringen. Ja, die Zivilisation fängt vielleicht dort an, wo man weiß, wo die Toten liegen. Mit Realismus kann man keine Heldengeschichten erzählen.

Heldengeschichten sind Geschichten, in denen das erzählt wird, was »hinter uns« liegt: Gott sei Dank! Wir malen uns gern Helden aus, weil wir gerne in der Phantasie Abenteuer erleben, die uns die Wirklichkeit erspart. Es ist wie bei der Marlboro-Reklame, als es die im Kino noch gab. »Der Geschmack von Freiheit und Abenteuer«? – achwo, vielleicht ein kleines Kälbchen auf dem Arm, dann Feierabend, Gartengrill, Bier, 'ne Zigarette. – Schon *Ilias* und *Odyssee* sind Spätzeitgeschichten. Achill zeigt, eine wie prekäre Existenz ein narzißtischer

Heerführer ist, der prätendiert, aus eigenem Heldenrecht zu agieren, und Odysseus gelingt es zwar, dem Riesen Polyphem, nachdem der einige seiner Gefährten gefressen hat, mit Hilfe der Überlebenden sein eines Auge auszustechen, aber er ist kein Held, weil er stärker ist – kein Herakles, kein Theseus, kein Dietrich –, sondern weil er intelligenter ist, meinethalben schlauer, weil er postheroische Tugenden erfolgreich repräsentiert. Am Ende kommt er nach Hause und – ist wieder König und hat seine Frau wieder. Kein Held.

Kleist gibt uns in seinem *Prinzen von Homburg* einen, der ein Held sein möchte *und* eine Frau kriegen. Er schlägt sich in der Schlacht zwar gut, aber befehlswidrig, wodurch er zwar eine Art heldenhafte Draufgängerei an den Tag legt, aber, weil man in kriegerischen Dingen keine Helden braucht, sondern ein koordiniertes Vorgehen, den Schlachtplan vermasselt. Am Ende steht etwas wie eine Scheinhinrichtung und eine Abkehr von individuellen Ambitionen: »in den Staub mit allen Feinden Brandenburgs!« Das Stück ist auch ein Wink: Du sollst dir keine Lorbeerkränze winden, heutzutage gehört der Lorbeer in die Küche. – Ernst Jünger inszeniert seine Kriegserlebnisse nicht als neubeatmete Heldengeschichten, seine Phantasie ist der entindividualisierte Held (beschreiben tut er den durchhaltenden und den traumatisierten Soldaten).

*

Wo Heldengeschichten gern und mit Vergnügen gelesen werden oder in Kinos locken, wird man – und das ist trivial – sagen können, daß sie einem Bedürfnis nachkommen, die Kinos blieben sonst leer, die Bücher ungelesen. Ob einer einem Gestellungsbefehl oder einer Mobilmachung oder einem Werbeslogan à la »Uncle Sam needs You!« bereitwilliger folgt, wenn er zuvor Blickkontakt mit einer Rolandsäule genommen hat? Kaum. Die Heldengeschichte hat keinen propagandatauglichen Einsatzort, auch wenn das Nibelungenlied ein Metaphern- und Gleichnisschatz in den deutschen Kriegen des 20. Jahrhunderts gewesen ist (vom (Kalauer!) »Siegfrieden« über den »Dolchstoß« bis zu »Etzels Halle« (Stalingrad)), aber schon das Nibelungenlied selbst ist eine Sache für sich und jedenfalls keine Heldengeschichte im hier behandelten Sinn.

Egal, wie ihr politisches Umfeld beschaffen ist, Heldengeschichten leben oder leben immer mal wieder auf, und sei es in der grandiosen, komplex-raffinierten Dekonstruktion (endlich kann man dieses Wort einmal benutzen) durch Clint Eastwoods *Unforgiven*, oder, ganz etwas anderes, in Silvester Stallones *Rambo*. Auch dieser Film ist eine Geschichte, in der der Held eigentlich nicht mehr funktioniert. Rambo ist ein Vietnamkriegsveteran, dem es nicht gelungen ist, sich ins Zivilleben zu integrieren – in der deutschen Nachkriegsliteraturgeschichte heißt er »Beckmann« (ja, die Hauptfigur von *Draußen vor der Tür*) –, und wird von einem Sheriff, der keine Landstreicher mag, übel behandelt. Er erleidet einen Flashback (er war in vietnamesischer Gefangenschaft gefoltert worden), und nachdem er zunächst versucht hat, sich im Wald zu verstecken, und dann seine Verfolger erfolgreich, aber mit letalem Ausgang abwehrt, verwüstet er am Ende die Stadt, die ihn nicht will – er ist zu der Kampfmaschine geworden, zu der man ihn ausgebildet hat. Zwar mag der Zuschauer nach Hause gehen und sich sagen, daß die USA den Krieg gewonnen hätten, hätte man nur genügend Rambos gehabt (und die machen lassen), aber das ist nicht der Schluß des Films. Rambo gibt weinend auf (und auch in den folgenden Filmen bleibt er bei aller ihm hier oder da zuteil werdenden Anerkennung eine aus der Zeit gefallene Figur, im letzten Teil wird er zum sinistren Schlächter, der zwar die Richtigen umbringt, aber nicht einmal das sieht man mehr gerne).

Die Pointe der klassischen Heldengeschichte, die Unintegrierbarkeit des Helden in die Welt, die zu schaffen es ihn gebraucht hatte, legt sich wie ein Schatten über die Versuche, neue Helden zu erschaffen. Superman ist zwar stark und bunt, aber ein Waisenkind, und Lois Lane bekommt er nicht, auch der Status des Pensionärs winkt ihm nicht. Batman ist ein schwer traumatisierter Junge, der sich in einer Stadt des Verbrechens ein düsteres Under-cover-Rächer-Königreich schafft, aus dem er zu Sieg um Sieg aufbricht, aber seine Zivilexistenz (der Millionär Bruce Wayne) und seine selbstauferlegte Traumabearbeitung können nicht zusammenkommen und er darum nicht zu den Frauen, die er liebt.[8] Der Hulk ist durch seinen skrupellosen Vater, der einen Supermann züchten wollte, zu einem Atomkrüppel geworden, der allerdings, wenn er zornig wird, zu einem unglaublich riesigen Riesen aufschwillt und mit Hubschraubern um sich werfen kann. Am Ende – hatten wir erwähnt, daß ihn eine Frau liebt, aber es kann naturgemäß nichts daraus werden? – flieht er in den unwegsamen südamerikanischen Dschungel, wo er irgendwas Nützliches treibt, immer bis er Rauschgiftschmugglern begegnet, denen er dann in Hulk-Gestalt den Garaus macht. So lebt er als eine Art prähistorisches Sumpfmonster, wenig erfolgreich, denn Heroin und Kokain gibt es bekanntlich immer noch. Der Hulk ist ein besonders trauriger Nicht-Held, als habe die Trauer des Drehbuchs, aus so einer Erfindung keinen Helden machen zu können, auf die Figur, nunja: abgefärbt. – Auf die Schwemme der sogenannten »Superhelden«-Filme will ich nicht eingehen, die Tatsache der Schwemme signalisiert, daß da etwas leerläuft. Wenn es Heldenfilme sind, werden sie mal mehr, mal weniger gelungen das klassische Schema wiederholen oder so abwandeln, daß man es wiedererkennt, oder es sind Filme über sehr starke oder sehr brutale Leute, von denen man nicht so genau weiß, was sie sollen. Etwa wie »Wonderwoman«, aber zu ihr später. Letztlich sind die »Superhelden«-Filme aus dem Genre der Kasperle-Geschichten entstanden. Eine Hauptfigur mit einem besonderen Attribut, das sie befähigt draufzuhauen (bei Kasperle: die »Pritsche«), und ein Krokodil oder ein Räuber, die am Ende gehauen werden. Kasperle kann auch einen Gefährten haben, Seppel, bei Kara ben Nemsi ist es Hadschi Halef Omar. Bei Old Shatterhand wird Seppel zum homoerotischen

---

8 Das Thema des Traumas beherrscht den ganzen Film *Batman Returns*: Batmans Gegenspieler ist ein verkrüppelter, ausgesetzter, von Pinguinen aufgezogener Unhold, der am Ende ein Regiment sprengstoffgürteltragender Selbstmordpinguine in Marsch setzt; Batman muß sich außerdem mit einer Frau herumschlagen, die hinterhältig aus dem Fenster eines Hochhauses gestoßen wurde und nur überlebt hat, weil sie von Katzen aufgezogen wurde, und nun als »Catwoman« eine nächtliche Existenz führt.

Begleiter, der dann aber beseitigt werden muß, denn es kann nur einen Kasper geben.[9]

*

Ich gebe jetzt meinen Gedanken über Helden(-Geschichten) eine etwas andere Wendung und greife das Stichwort des Narzißmus auf, das oben im Zusammenhang mit Wilhelm Tell und Achill gefallen ist.[10] Narzißmus ist nicht das, was der Alltagsgebrauch des Wortes will, Kennzeichnung enervierender Selbstverliebtheit oder (bei Machtmenschen) nicht ungefährlicher Selbstbezogenheit. Narzißmus ist, zunächst, eine Selbstbezogenheit, ohne die Menschen nicht überleben. Er ist, zum zweiten, die Triebkraft, Besonderes zu leisten, sich, wie man sagt, »hervorzutun«. Keine kulturellen Leistungen ohne den Narzißmus ihrer Urheber. Die Kultur des sogenannten »alten Griechenland« war eine, die den Narzißmus extrem belohnte. Das Lebensmotto der adligen Krieger in der *Ilias* (nicht nur Achills) war: »Sich hervortun und die anderen übertreffen«, bei den olympischen Spielen galt nur der Sieger etwas, ein Motto wie »Dabeisein ist alles« hätte man mit einem Kopfschütteln zur Kenntnis genommen.

Narzißmus gehört zur menschlichen Ausstattung, manche Kulturen – Kriegerkulturen – pflegen ihn und belohnen extreme Ausformungen, aber dann sprechen wir nicht mehr von einem, wenn man so will, basalen Narzißmus, der zum Überleben schlechthin gehört, sondern von einem, der sich auf diesen gleichsam draufsetzt. Mit ihm erkennt das Kind, daß es etwas Besonderes ist, und weil es in einer Phase ist, in der es entdeckt, was es alles kann, wähnt es, schlechthin alles zu können. Man nennt das »Omnipotenzgefühle«. Diese Omnipotenzgefühle werden durch die Umgebung des Heranwachsenden unterschiedlich aufgenommen und an die Reali-

---

9 Man müßte einmal nachsehen, wann Batman seinen Robin bekommt und was das für den Helden heißt.

10 Vgl. auch den Beitrag »›Mother don't go!‹. Der Held, das Ich und das Wir« in diesem Band.

täten angepaßt. In narzißmuspflegenden Kulturen, wie, um nicht immer die Griechen zu nennen, den Indianerkulturen Nordamerikas, bleibt ein Stück Omnipotenzgehabe auch beim Erwachsenen erhalten, jedenfalls wenn es einhergeht mit anerkannten Leistungen: Großsprecherei wird zur Tugend (wenn etwas dahinter ist, aber dann vermag der Stamm stundenlang den Gesang-Erzählungen von Kriegstaten zu lauschen). In solchen Gesellschaften haben Heldengeschichten ihren sozialen Sinn – das heißt, wenn sich solche Gesellschaften gewissermaßen als Fortsetzung jener »alten Zeiten« empfinden bzw. das, wovon erzählt wird, gar nicht als »alte Zeit«, sondern als jüngstvergangene Gegenwart empfunden wird (in gebührender Unklarheit der Distanzen wie bei Thomas Manns Joseph, wenn der etwa von Abraham und Elieser hört).

Gesellschaften, die sich institutionell mehr gefestigt haben, geben Alleingängen (zumal auf Kosten anderer) weniger Raum, hier wird, wenn nötig, der Narzißmus im Dienste individueller Grandiosität des Besserseins umgelenkt in Dienste an der Allgemeinheit, aber Heldentum ist das dann nicht mehr. Zu diesem Umbau des Belohnungssystems der Gesellschaft gehört die Frustration des Grandiositätsbegehrens, in das sich das infantile Omnipotenzgefühl gewandelt hat. Die sich grandios fühlenden Adoleszenten oder Postadoleszenten müssen, wenn sie keinen Erfolgsort in der Gesellschaft haben, gestutzt und angepaßt werden. Darum sind die Heldengeschichten am Ende immer so traurig. Helden haben keinen Platz mehr, wenn ihr Ort, das phantasierte »Früher« oder »Dort-draußen«, vergangen ist. Eine Pensionärsparkbank ist für sie, wie gesagt, nicht vorgesehen, und eine Frau kriegen sie nicht, ihre Taten mögen erzählt werden, aber kennenlernen möchte man sie nicht, man wendet sich – Dietrichs mißlungene Brautwerbung – von ihnen ab. Vielleicht ist die Melancholie der Heldengeschichten etwas wie ein Trost. Deine narzißtischen Wünsche werden nicht erfüllt, das ist traurig, aber wenn du heiratest, ist alles vorbei.

\*

Weibliche Helden – Heldinnen – gibt es nicht. Nicht in der Bedeutung des Wortes, um die es hier geht. Gesellschaften, die Kriegerideale pflegen, für die Heldengeschichten Seelenfutter, wenn auch unrealistisches, sein konnten, Soziotope, die Selbstberauschung an Brutalität und Großsprecherei züchteten, waren extrem machistische Gesellschaften. Die Belohnung kindlichen Omnipotenzgehabes mit anerkennend-amüsierten Blicken wird auch bei uns männlichen Kindern länger zuteil als weiblichen. Der rüpelhafte Schulhofnarzißmus ist eine männliche Angelegenheit, wie wir wissen und wie sich nicht zuletzt aus den neulich bekanntgewordenen Äußerungen eines Lehrers einer anerkannten Schule hören ließ, der das Quälen von Mitschülern als übliche Rangwettstreite seiner »jungen Löwen« bezeichnete. Wieviel von den unterschiedlichen Wegen, Aggressionen sozial zu leben, die Jungen oder Mädchen einschlagen, auf die Kultur, soziales Umfeld, Gewohnheiten, kulturunabhängige oder -übergreifende Modi geschlechtsspezifischen Heranwachsens zurückzuführen ist, kann hier getrost undiskutiert bleiben. Jedenfalls: Es gibt keine weiblichen Helden. Pippi Langstrumpf ist kein Held, vor allem ist sie genau betrachtet auch nicht weiblich.[11] Nicht, weil sie nicht ist wie Annika (ein aus Kontrastgründen etwas *zu* weibliches Kind), sondern weil ein so überstarkes Mädchen, um literarisch zu befriedigen, doch etwas anders wäre als ein überstarker, aber freundlicher Junge, der aussieht wie ein Mädchen. Pippi Langstrumpf ist ein Freak, mit dem wir uns, anders als mit dem Hulk, wohlfühlen können. Jeanne d'Arc mag man »Heldin« nennen, aber sie ist keine. Sie ist eine religiös verwirrte Kriegerin, dann eine Märtyrerin (oder Hexe, je nachdem). Sie gehört nicht dem Personal an, aus dem die Helden gemacht sind. Daß man aus Frauen keine Helden in dem Sinne, um den es mir hier geht, machen kann, sieht man peinlich genau an dem Versuch, mit »Wonderwoman« eine zu erfinden. Der Mythen- und Geschichtseintopf, der in diesem Film serviert wurde, zeigt die schiere Verzweiflung der Drehbuch- und Regieteams vor dieser übermenschlichen Aufgabe.[12]

11  Diesen Hinweis verdanke ich Ann Kathrin Scheerer.
12  Man müßte über Enid Blytons »George« aus den *Fünf Freunde-*

Es bleibt dabei: Heldengeschichten sind Jungsgeschichten mit dem eingebauten schalen Trost: Aus der Sache mit den Helden wird nichts, aber vielleicht wird aus euch was, und mit dem Heldengetue kriegt ihr auf Dauer doch keine Frau. (Und an die Seitenblicke, die ihr abkriegt, wenn ihr wieder mal mit halb leuchtenden, halb weinenden Augen aus einem Western kommt oder eurer Geliebten erzählt, wie es euch zumute war, als ihr von Dietrichs mißlungener Brautwerbung last, habt ihr euch doch längst gewöhnt, nicht wahr?)

Büchern nachdenken. George, eigentlich Georgina, ist ein Mädchen, das keins sein will. Sie hätte eine weibliche Gestalt sein können, die das Zeug zur Held*in* hat, nebst aller sozialen Dramatik, die das für die kleine Personenkonstellation gehabt hätte, und aller Dramatik der personalen Entwicklung, die darin bestanden hätte, die Gruppe bis in die Adoleszenz zu führen. Das Abenteuer, dessen es bedurft hätte, um wirklich eine Heldin auftreten zu lassen, hat die Autorin ihren fünf Freunden erspart. Aber: »George« kann man lesen als den in der Phantasie und in der Realität des Buches in der Vorpubertät arretierten Versuch Enid Blytons, eine Heldin zu schaffen – ein realer Wunsch – vielleicht –, der sie – vielleicht – antrieb, wie eine Berserkerin Bücher zu schreiben.

# Untergang
## *Eine Fußnote zu Felix Dahns* Ein Kampf um Rom

Am 27. April 1945 ließ Adolf Hitler den Schwager seiner Le-
bensgefährtin Eva Braun, wenig später verheiratete Eva Hitler,
erschießen. Dieser Schwager hieß Hermann Fegelein und war
ein Vertrauter Heinrich Himmlers gewesen, hatte im Sommer
1944 Eva Brauns Schwester Margarete geheiratet und war zum
Generalleutnant der Waffen-SS befördert worden. Er gehörte
zur engeren Umgebung Hitlers, hatte aber am 26. April den
Bunker unter der Reichskanzlei verlassen und war in seine
Wohnung in der Bleibtreustraße gefahren. Er hatte erklärt,
er habe »entschieden nicht die Absicht, in Berlin zu sterben«.
Von seiner Wohnung aus rief er – sturzbetrunken – Eva Braun
an: »Eva, du mußt den Führer verlassen. Sei nicht so dumm,
jetzt geht es um Leben und Tod.« Fegelein wurde abgeholt,
ein sofort einberufenes Standgericht mußte »wegen anhalten-
der Volltrunkenheit« des Angeklagten abgebrochen werden.
Fegelein wurde ausgenüchtert, »scharf verhört« und dann,
auf Befehl Hitlers, der die Bitten Eva Brauns ignorierte, ohne
weitere Verhandlungen erschossen. Daraufhin heiratete Hitler
Eva Braun, machte sein Testament, und beide begingen Selbstmord. Die Leichen wurden oberirdisch verbrannt. Zu seinem
Nachfolger hatte Hitler den Großadmiral Dönitz ernannt und
ihm den Auftrag erteilt, den Kampf über seinen Tod hinaus bis
zum Untergang fortzuführen.

Den Versuch, das Ende dieses verbrecherischen Regimes
zum tragischen Opfertod zu stilisieren, hat niemand gemacht.
Daß, wie die letzten Radiomeldungen es wollten, Hitler in
Berlin kämpfend gefallen sei, haben wohl wenige geglaubt,
aber weit wichtiger: Es hat niemanden gegeben, der es den
Leuten hätte einreden können. Niemand war nach dem Ende
des Regimes da, der es hätte verklären können oder dürfen.
Die in Frage gekommen wären, waren tot, versteckt oder in
Haft. – Als das Regime noch an der Macht gewesen war, hatte
es versucht, die Katastrophen, die dem gesamten Reichsbank-
rott bereits vorleuchteten, mythisch aufzupulvern. Göring be-

mühte den Untergang der Nibelungen in Etzels ausgebrannter Halle, um Stalingrad mit dem nötigen Pathos zu versehen. Ein Minimum an Plausibilität war insofern da, als der Kriegsschauplatz im Osten lag, es gegen eine Übermacht gegangen war, und der Untergang hatte sich hingezogen. Vor allem: Der Stoff war den Lesern und Radiohörern präsent, aus Kinderbuch und Schullektüre, schließlich auch aus Fritz Langs Nibelungenfilm. Ohnehin war der Nibelungenstoff der deutsche Stoff schlechthin und über die Zeiten mit unterschiedlichen Identifikationsgehalten gehandelt worden: die reine, betrogene Kriemhild, der nur durch Verrat besiegbare Held Siegfried, dessen Name ja das Weltkriegs-Kriegsziel »Siegfrieden« geadelt hatte, wenn er auch das Ende durch Speer- bzw. Dolchstoß hinterrücks bereits ahnen ließ, und schließlich Hagen, der im Untergang Unbeugsame.

Joachim Fest, dessen Schilderung des Untergangs im Bunker ich eben gefolgt bin,[1] meint, daß ungeachtet der Tatsache, daß niemand ihn nachträglich hat mythisch verklären können, das ihn begleitende Gefühl des Unter*gehens* durchaus nicht ohne Pathos gewesen sein mag.

Daß die NS-Rhetorik stark nekrophil war und nicht nur gegen andere, sondern auch gegen sich selbst gerichtete Destruktionsbegehren hatte, weiß man, und schon 1939 erging Hitlers Aufforderung an die Soldaten, »bis zum letzten« ihre Pflicht zu erfüllen.[2] Am Ende stand dann auch Goebbels' zweifellos aufrichtiges Bedauern, nicht mehr »kaputtgeschlagen« zu haben,[3] eine etwas profanisierende Wiederaufnahme von Hitlers Phantasie aus den frühen 30er Jahren über den kommenden Krieg als Untergang, in dem »wir selbst untergehend die halbe Welt mit uns in den Untergang reißen« werden.[4] Kurz, das Potential war da, und Joachim Fest meint, daß es, wenigstens bei den Truppen des »inneren Verteidigungsbereichs« durchaus aktualisiert

1 Joachim Fest, Der Untergang. Hitler und das Ende des Dritten Reiches. Eine historische Skizze, Berlin 2002.
2 Klaus Vondung, Die Apokalypse in Deutschland, München 1988, S. 487.
3 Fest, Untergang, S. 129.
4 Ebd., S. 37.

worden sei: Man könne »ziemlich sicher sein, daß nicht wenige von ihnen sich im Schlachtgewühl der letzten Tage auf seltsam verworrene Weise entschädigt fühlten. Was dem Widerstand in ihren Augen über jede Vernunft hinaus zur Rechtfertigung verhalf, war nicht nur die tiefverankerte Vorstellung, daß alles wirklich Große in der Welt erst durch Tod und Untergang beglaubigt werde. Vielmehr fühlten sie sich auch zu handelnden Figuren im Schlußakt einer welthistorischen Tragödie berufen oder gar erhoben, und Tragödien solchen Ausmaßes, hatten sie gelernt, verleihen selbst dem sinnlos Scheinenden einen höheren Sinn. Das Vernarrtsein in ausweglose Lagen gehörte lange schon zu den charakteristischen Zügen zumindest einer Spur des deutschen Denkens.«[5]

Denn es gebe eine »lange philosophische Tradition«, die den »›heroischen Pessimismus‹ als Erbteil zumal der germanischen Völker ausgemacht« habe.[6] Dieser Hinweis Fests zielt auf einen, vielleicht den berühmtesten (= populärsten) Vertreter dieser Haltung, und es ist derjenige, der den nach dem Nibelungen-Tod wohl berühmtesten deutschen Untergang als Dichtung gestaltet hat: Felix Dahn nämlich in seinem Roman *Ein Kampf um Rom*, dem Roman über das Ende des Goten-

---

5  Ebd., S. 79. – Eine hier nicht zu untersuchende Frage ist, inwieweit nicht nur dem distanzierten Beobachter von heute, sondern jedem nicht in das Pathos unmittelbar Hineinverklebten dessen Komik hat deutlich werden müssen. So gab es u. a. ein Mysterienspiel *Tod durch Leben*, in dem es hieß: »Wenn einer von uns fällt / Tritt stumm der Nächste hin. / Wenn alle brechen, weht / Das Blut noch in dem Tuch / Der Fahne zeugend fort.« Die Komik solcher Verse, die ja danach schreien, während exzessiven Saufens an der Theke gelallt zu werden (»Wenn alle brechen ...«), hat dem Pathos ebensowenig im Wege gestanden, wie die mangelnde Bildung, die den begeistert-ergriffenen Sängern den Umstand verschloß, daß die Worte des Horst-Wessel-Liedes »Die Fahne hoch, die Reihen fest geschlossen« sich einer kryptomnetischen Übernahme aus Christoph Martin Wielands *Oberon* verdanken, dem Pathos abträglich gewesen wären: »Doch Hüon hielt getreu an seiner Ordensregel, / Dem Satan selber nicht den Rücken zuzudrehn. / ›Hier‹, denkt er, ›ist kein Rat als mitten durch die Flegel / Geradezu auf's Pförtchen los zu gehen.‹ / Den Degen hoch, die Augen zugeschlossen ...« Charlie Chaplin hat es mehr irritiert, daß er wie Hitler aussah, als umgekehrt.

6  Ebd., S. 79.

reiches in Italien. Er galt als einer der prominentesten Vertreter des »heroischen Pessimismus« sowie als ein Prediger germanischer Traditionen. Daß es heißt, Hitler habe den *Kampf um Rom*, gar eine Dahn-Werkausgabe, in seinem Bücherschrank gehabt, ist zwar als on dit überliefert, aber nicht erwiesen. In Hitlers Äußerungen spielt Dahn, anders als Wagners *Rienzi*, auch so eine Untergangs-Dichtung,[7] keine Rolle, um es gleich vorweg zu sagen. Allerdings wurden Auszüge aus dem Roman »im ›Reichslesebuch‹ veröffentlicht und von der NS-Kulturgemeinde publiziert«.[8] Die deutsche Rückzugslinie in Italien hieß offiziell die »Gotenlinie«, und wer wußte, was damit gemeint war, hat es zuerst von Felix Dahn und dann aus dem Geschichtsbuch gelernt.

Ich gehöre zu einer Generation, bei deren männlichen Vertretern der *Kampf um Rom* sich noch mit einer gewissen Verläßlichkeit spätestens zur Konfirmation einfand und für die die spätere Information aus der *Blechtrommel*, die Mitglieder einer Jugendbande hätten Namen wie »Totila« oder »Teja« getragen, ebensowenig befremdlich ist wie die Schmidtsche Charakterisierung eines martialischen Altphilologen als »'n Kerl wie der Schwarze Teja, […], nischt wie BüfflHaut & EisnBlech«.[9] Dahn, so der Editor einer neuen Ausgabe des *Kampf um Rom*, die durch Datum und Erscheinungsbild ins Kielwasser der Neuübersetzung von Gibbons *Untergang des römischen Reiches* gesetzt ist, habe zum literarischen Establishment der Gründerzeit des neuen Reiches nach 1871 gehört und sei einer ihrer repräsentativen Autoren gewesen: »Seine herausragende Stellung belegen nicht nur die stupenden Verkaufszahlen seiner zahlreichen und wahrlich nicht billigen Bücher – deren populärstes, eben ›Ein Kampf um Rom‹, es

7 Vgl. Egon Voss, Nachwort zu: Richard Wagner, Rienzi, Stuttgart 1983, S. 68, Fn. 3.

8 Vgl. Hans-Rüdiger Schwab, »Helden hoffnungslos. Felix Dahns ›Ein Kampf um Rom‹ als gründerzeitliche Schicksalstragödie«. Nachwort zu: Felix Dahn, Ein Kampf um Rom, München 2003, S. 1068, Fn. 38.

9 Arno Schmidt, Die Schule der Atheisten (Bargfelder Ausgabe, Werkgruppe IV, Bd. 2), Zürich 1994, S. 163.

bis zum Vorabend des Ersten Weltkrieges in zwei verschiedenen Ausgaben auf insgesamt 126 (!) Auflagen gebracht hatte. Gleiches bestätigen Stichproben aus dem Bereich einer für die faktische Breitenwirkung noch wichtigeren Institution, den Leihbibliotheken.«[10]

*Ein Kampf um Rom* also – zunächst die historischen Fakten: Der Ostgote Theoderich, als adlige Geisel am byzantinischen Hof erzogen, hatte als *magister militum* in byzantinischem Auftrag den germanischen Heerführer Odowakar, der in Italien von meuternden germanischen Söldnern zum König ausgerufen worden war, in drei Schlachten besiegt und auf eigene Rechnung während der Friedensverhandlungen ermordet. Theoderich gründete das Ostgotenreich in Italien, das 60 Jahre lang Bestand haben sollte, und versuchte, ein germanisches Bündnis gegen Byzanz instand zu setzen, was aber vor allem deshalb mißlang, weil sich das Frankenreich unter Chlodowech als unzuverlässiger Partner herausstellte. Das Ostgotenreich beruhte auf einer Apartheitspolitik, Ehen zwischen Germanen und Italienern waren verboten, die Goten bildeten die Militärverwaltung und überließen die Zivilverwaltung den Römern. Neben der Politik ethnischer Trennung spaltete der religiöse Gegensatz zwischen den arianischen Goten und athanasischen (katholischen) Römern das Reich, das nach Theoderichs Tod (526) unter seinen Nachfolgern rasch zugrunde ging. Diesem Untergang des Gotenreichs ist Dahns Roman gewidmet. In sieben Büchern behandelt er die letzten Tage Theoderichs, seine Nachfolge unter seinem frühermordeten Enkel Athalarich, seiner bald ermordeten Tochter Amalaswintha, dem unwürdigen, schurkischen und dann abgesetzten Theodahad, schließlich in je einem Buch den Kampf der letzten drei Gotenkönige Witichis, Totila und Teja gegen Byzanz – unter Witichis bereits beinahe bis zu Niederlage, unter Totila aber siegreich gegen den heldischen, aber ein wenig buffohaften Feldherrn Belisar, unter Teja dem Kriegstechnokraten Narses und seiner Übermacht in wenigen Monaten unterliegend. Tejas und der Goten letztes Gefecht

---

10  Schwab, Helden hoffnungslos, S. 1066.

am Fuße des Mons lactantius, eines Berges in der Nähe der Hänge des Vesuv, bildet den Schluß des Romans, und es soll laut Auskunft Dahns ebendieser Kampf gewesen sein, der das seit Jugendtagen gehegte Motiv zur Abfassung des Tausendseiters geliefert habe. Das Herzstück dieses Kampfes vermag auch Harro Müller, der Verfasser des Artikels »Historische Romane« aus dem sechsten Band von *Hansers Sozialgeschichte der deutschen Literatur vom 16. Jahrhundert bis zur Gegenwart*, dem Leser nicht vorzuenthalten. »In dem noch heute gelesenen, umfangreichen und ereignisstarken historischen Roman ›Ein Kampf um Rom‹«, schreibt er, habe sich vermutlich die folgende Textstelle besonders intensiv in das Gedächtnis ihrer Leser eingegraben:

»Und nun verteidigte Teja, den Engpaß mit seinem Leib und seinem Schilde deckend, geraume, sehr geraume Zeit, ganz allein, sein Gotenvolk [...] Alle schleuderten und stießen auf ihn die Lanzen: er aber fing die Lanzen sämtlich auf mit seinem Schild: und er tötete in plötzlichem Ansprung einen nach dem andern. Unzählige. Und wenn der Schild so schwer von Geschossen starrte, daß er ihn nicht mehr halten konnte, winkte er dem Schildträger, der ihm einen neuen reichte: so stand er, nicht sich wendend und etwa auf den Rücken den Schild werfend und weichend: sondern fest, wie in die Erde gemauert, stand er: dem Feinde mit der Rechten Tod bereitend, mit der Linken von sich den Tod abwehrend und immer dem Waffenträger nach neuen Schilden und neuen Speeren rufend [...] Da fuhr Cethegus aus seiner langen Betäubung auf. ›Syphax, einen frischen Speer! Halt‹, rief er, ›steht, ihr Römer! Roma. Roma eterna!‹ Und hoch sich aufrichtend schritt er gegen Teja heran [...] Aber auch Teja hatte diese Stimme erkannt. Von zwölf Lanzen starrte sein Schild: – er konnte ihn nicht mehr halten: aber da er den Heranschreitenden erkannte, dachte er nicht mehr des Schildwechsels. ›Keinen Schild! Mein Schlachtbeil! Rasch!‹ rief er. Und Wachis reichte ihm die Lieblingswaffe. Da ließ König Teja den Schild fallen und sprang, das Schlachtbeil schwingend, aus dem Engpaß auf Cetehegus. ›Stirb,

Römer!‹ rief er. Scharf bohrten die beiden großen Feinde noch einmal Aug' in Auge. Dann sausten Speer und Beil durch die Luft: – denn keiner dachte mehr an Abwehr. Und beide fielen.«[11]

Für Müller ist diese Textstelle *die* Stelle schlechthin, die die Begeisterung der Leserschaft an historischen Romanen überhaupt zu erklären vermag, zugleich aber kann man an ihr die Arbeitsweise Dahns verdeutlichen. Die Quelle Dahns ist die unter dem lakonischen Titel *Das Buch über die Kriege* von Prokopios von Caesarea verfaßte Geschichte der Feldzüge gegen die Perser, Vandalen und Goten unter Belisar, als dessen juristischer Berater Prokop an diesen militärischen Unternehmungen teilnahm. Es heißt dort im letzten Kapitel des achten Buchs, er wolle nun eine bemerkenswerte Schlacht schildern und die Rolle eines Mannes darin, die er nicht für geringer erachte als die irgendeines der Heroen der überkommenen Sagen, die des Teja. Und nun schildert er, was auch Dahn beschreibt: wie Teja mit nur wenigen Getreuen an der Spitze seiner Krieger den Engpaß verteidigt, bewaffnet mit Speer und Schild, die Speere mit dem Schild auffängt und in kurzen Ausfällen seine Gegner tötet. Ist der Schild mit steckengebliebenen Speeren überladen, tauscht er ihn gegen einen neuen aus, dabei weiterkämpfend, nie sich in Sicherheit bringend (hier geht der Bericht Dahns in eine beinahe wörtliche Übersetzung des Prokopischen Originals über), bis er schließlich einmal doch beim Schildwechsel einen Teil seiner Brust unglücklich entblößt und tödlich getroffen wird. Der Kampf hat, laut Prokop, ohne Unterbrechung vom frühen Morgen bis zum späten Nachmittag gedauert.[12] Das also ist die Quelle. »Völlig frei erfunden ist die Gestalt des römischen Helden der Erzählung, des Cethegus Cäsarius«, des anderen großen Toten im, ebenfalls frei erfun-

11  Harro Müller, »Historische Romane«, in: Hansers Sozialgeschichte der deutschen Literatur seit dem 16. Jahrhundert, Bd. 6: Bürgerlicher Realismus und Gründerzeit. 1848–1890, hg. von Edward McInnes und Gerhard Plumpe, München 1996, S. 690.
12  Procopius, History of the Wars, Books VII.36–VIII, with an English translation by H. B. Dewing, Cambridge 2000, S. 412ff.

denen, finalen Zweikampf, wie Dahn im Vorwort ausdrücklich betont.[13] Dieser Cethegus, auf den ich noch zurückkommen werde, ist in mehrfacher Hinsicht als Gegenfigur zu Teja aufgebaut, mit ihm endet Rom – das eigentliche, römische Rom – ebenso wie das Gotenreich mit Teja, und es triumphiert das moderne, politische, intrigenreiche, katholische, bigotte und bürokratische Byzanz.

Teja ist durch das ganze Buch mit zwei Attributen versehen, der Harfe und dem Schlachtbeil; die Harfe muß er ablegen, das bei Prokop unerwähnte Beil zum endlichen Show-down zur Hand nehmen. Quellentreue also einer-, dramatische Steigerung andererseits. Dahn ist es um etwas wie historische Wahrheit zu tun, aber er verschmäht keineswegs kompositorische und stilistische Mittel, die der Erregungssteigerung dienlich sind.

Der Krieg, den Byzanz gegen das italische Gotenreich führte, war, was man einen »transkulturellen Krieg« nennen könnte – in Dahns Optik und auch den historischen Tatsachen gemäß. Ob man nun das kurzlebige Gotenreich nur als eines jener lebensunfähigen Gebilde, die im Zuge der Völkerwanderung entstanden und vergingen, ansehen oder, der besonderen Gestalt Theoderichs wegen, als Ausnahmeerscheinung bewerten will, die etwas wie eine immanente Chance gehabt hätte, wäre sie nicht durch Krieg zunichte gemacht worden – jedenfalls war dort ein eigenständiges kulturelles Gebilde entstanden, nicht bloße Verfallsform des römischen Italien, nicht bloßes Heerlager durch Europa vagabundierender Stämme, und der Krieg gegen das Gotenreich wurde, ähnlich wie zuvor der gegen das Vandalenreich in Nordafrika, mit einer wütenden Vehemenz geführt, die jenseits politischer Flurbereinigung steht. Es ging nicht nur um die Beseitigung von Machtfaktoren im Territorium des ehemaligen Westrom, sondern um das Ziel kultureller Homogenisierung, die kriegsförmig genozidalen Charakter annahm, wie die heutige Geschichtsschreibung

13  Felix Dahn, Ein Kampf um Rom, Erster Band (Gesammelte Werke. Erzählende und poetische Schriften. Neue wohlfeile Gesamtausgabe, Erste Serie, Bd. 1), Leipzig o. J., o. S.

feststellt. Dieses besondere Element zumindest ethnischer Säuberung, das speziell die letzte Phase des Gotenkriegs auszeichnet, wird von Felix Dahn in seinem Roman ausdrücklich betont, und zwar unter Einsatz des zu seiner Zeit keineswegs geläufigen Begriffs des Völkermords (»Mordkampf der Völker«). Diese Charakterisierung stammt von Dahn, nicht von Prokop, den er auf sie hin extrapoliert. Ähnlich, wie er die zitierte Schlußszene dramatisiert, dramatisiert er das Ende der Goten überhaupt, allerdings, wie man heute meint, in dieser Hinsicht historisch durchaus angemessen. Damit aber wird der Untergang der Goten zu einem Untergang schlechthin, zur Adaptionsvorlage für Endzeitkatastrophen brauchbar. Und sonderbar: Der glühende Nationalist Dahn schreibt einen Germanenroman voll Blut und Untergang, obwohl er doch der Reichsgründung entgegenhofft; und als das so gegründete Reich, das sich zuvor mit allem Germanenzubehör ausstaffiert hatte, in Blut und Schutt untergeht, ist es zugleich das Ende eines völkermörderischen Krieges, der eben von jenem Reich, das sich als Erbe unter anderem der untergegangenen Goten stilisiert hatte, ausgegangen war. Eine sonderbare Trias von Geschichtszahlen: 522 – 1859/76 (Entstehungszeit des Romans) – 1945. Eine ebenso Zeiten wie Kulturen übergreifende Konstellation. Untergang also – aber es geht mir um einen anderen Untergang. Ich muß weit ausholen, ich bitte um Geduld.

Zunächst: Wer war dieser Felix Dahn? Will man dem Krönerschen *Lexikon der Weltliteratur* folgen, so war er der Verfasser von »Professorenromane[n] aufgrund umfangreicher hist. Kenntnisse ohne künstler. Werte und von rein stoffl. Interesse. Völk. Pathos und gelehrtes kulturgeschichtl. Detail ohne seel. Vertiefung, hohle Menschengestaltung u. tendenziöse Schwarzweißzeichnung mit theatral. Spannungsmomenten.«[14]

Professorenroman: also einer, der mit historischer Gelehrsamkeit gefüllt, aber von einem unkünstlerischen, ästhetisch inkompetenten Menschen geschrieben ist, einem Schriftstellerimitator sozusagen. Vom Vorsatzblatt seines *Ein Kampf*

---

14 Lexikon der Weltliteratur, hg. von Gero von Wilpert, Stuttgart 1963.

*um Rom* blickt uns tatsächlich der deutsche Professor des 19. Jahrhunderts an: gelichtete, aber noch vorzeigbare weiße Haare, Brille mit leicht ovalen Gläsern und dünnem Stahlrand, die Kragen- und obere Reverspartie von Hemd, Weste und Anzugjacke von einem langen, weißen, nicht sehr dichten und also an den Rändern flusig ausgreifenden Bart verdeckt. Auf der Straße wird er einen breitkrempigen Hut tragen, vermutete ich und hatte recht: Den trägt er auf einem anderen Bild – die fliegenden Schöße des Gehrocks muß man sich dazudenken.

George L. Mosse schreibt in seiner Studie über »die geistigen Wurzeln des Nationalsozialismus«, betitelt *Die völkische Revolution*, über Dahn dieses:

> Dahn, ein Professor für Geschichte in Königsberg, hatte die frühe deutsche Geschichte zu seinem Spezialgebiet gemacht. Von der Idee des Volkes inspiriert, beschrieb er lebhaft die frühen Versuche und Leistungen des deutschen Volkes [...] Durch seinen Bericht von dem Kampf um die Vorherrschaft zwischen den Goten und den Römern versuchte er jenen gefeierten nationalen Mut darzustellen, der den Goten – dieser Begriff konnte gegen Germanen ausgetauscht werden – zum Sieg verholfen hatte. Im Hinblick auf die germanische Eroberung Italiens im frühen Mittelalter war der Protagonist des Romans die ganze gotische Nation. Ihr blondes, männliches Aussehen spiegelte eine Reinheit der Seele wider, die allein schon ausreichenden Grund für den Sieg darstellte. (Symbolisch ist hierfür im Roman, daß die »italienisierte« Tochter König Theoderichs von den römischen Ausschweifungen verführt wurde und schließlich in einem römischen Bade ertrank.) In der Reinheit der Rasse waren auch jene Elemente von Aufrichtigkeit und Mut enthalten, die im Kampf gegen die Vernunft und die berechnende Schläue des Präfekten Gethegus zur Niederlage des Römers führten.[15]

---

15 George L. Mosse, Die völkische Revolution. Über die geistigen Wurzeln des Nationalsozialismus, Frankfurt am Main 1991, S. 80f.

Und so weiter. So kann es einem gehen, wenn man das bloß Wahrscheinliche ohne weitere Prüfung für das Wirkliche hält. Man kann nicht alles kennen, man muß Felix Dahn nicht kennen, gewiß nicht, aber man muß sich doch auf seine Informanten verlassen können. Mosse muß falsch informiert worden sein, denn weder behandelt der Roman den Sieg der Goten über Rom (sondern ihre Niederlage gegen Byzanz) noch ihren Sieg über Cethegus (der stirbt, wie wir lasen, zusammen mit dem letzten Gotenkönig), noch ist der letzte König der Goten blond, sondern er ist schwarzhaarig, außerdem huldigen jedenfalls Dahns Goten nicht dem Ideal der Rassereinheit, sondern ihr vorletzter König heiratet eine Römerin und protegiert, dem Beispiel Alexanders in Persien folgend, Mischehen. Theoderichs Tochter Amalaswintha stirbt nicht vom Luxus entnervt im Bade, sondern wird nachts unter einem Vorwand in ein Badehaus gelockt und dort ermordet. Und Dahn war kein Professor für Geschichte, sondern Jurist.

Felix Dahn wurde am 9. Februar 1834 in Hamburg als Sohn des Schauspielers und Theaterregisseurs Friedrich Dahn und der Schauspielerin Marie Dahn-Hausmann geboren. Er studierte Jura und Philosophie in München und Berlin, war dort Mitglied des Schriftstellerzirkels »Tunnel über die Spree«, dem auch Fontane angehörte. In München wurde er Privatdozent für Deutsches Recht, Rechtsphilosophie, Handelsrecht und Staatsrecht; dort schloß er sich dem literarischen Zirkel »Das Krokodil« an. 1863 wurde er Professor in Würzburg, 1872 in Königsberg, 1888 in Breslau. Am Ende war er Dr. jur., phil. et med. h. c. In zweiter Ehe war er mit Therese Dahn, der Nichte von Annette von Droste-Hülshoff, verheiratet. Die beiden Gedichtbände der Gesammelten Werke sind von beiden gemeinsam verfaßt, die Nacherzählungen der germanischen Göttersagen von ihr geschrieben, von ihm eingeleitet. Dahn starb am 3. Januar 1912 in Breslau.

Dahn war von stupendem Fleiß. Sein Werkverzeichnis im *Deutschen Literaturlexikon* umfaßt beinahe drei komplette Spalten, darunter juristische Werke, historische Abhandlungen, Gedichte verschiedener Genres, Romane, Erzählungen, Theaterstücke und Opernlibretti.

Ich habe

schrieb er, und man kann es glauben,

> vom vierzehnten Jahr an täglich meist mehr als zwölf, sehr
> oft mehr als vierzehn Stunden gearbeitet, richtiger gesagt
> mit Ausnahme von sieben Stunden Schlaf und sehr knapper
> Essenszeit [...] in Wahrheit den ganzen Tag.[16]

Seine juristischen, rechtshistorischen, historischen und politischen Werke sind vielfältig[17] und unterschiedlich umfangreich.

16  Zitiert nach Schwab, Helden hoffnungslos, S. 1075.

17  Zum Beispiel: Über die Wirkung der Klagverlängerung bei Ob-
ligationen; Vorträge zum Handelsrecht, Privatrecht und Lehensrecht;
Die Vernunft im Recht, Grundlagen der Rechtsphilosophie; Deutsches
Rechts-Buch, ein Spiegel des heutigen bürgerlichen Rechts in Deutschland; Prüfungsaufgaben aus dem deutschen Privatrecht, Handels-, See-
und Wechselrecht; Über den Begriff des Rechts; Das Kriegsrecht, kur-
ze, volkstümliche Darstellung für Jedermann; Eine Lanze für Rumänien,
eine völkerrechtliche und geschichtliche Betrachtung; Moltke als Erzieher, allerlei Betrachtungen, nebst Anhang: Betrachtungen über den Entwurf eines Volksschulgesetzes in Preußen; Fürst Bismarck, Zum acht-
zigsten Geburtstag des Fürsten Bismarck; Studien zur Geschichte der
germanischen Gottes-Urtheile; Westgothische Studien, Entstehungsgeschichte, Privatrecht, Strafrecht, Civil- und Straf-Proceß und Gesammt-
kritik der Lex Visigothorum, Fehde-Gang und Rechts-Gang der Germanen; Das Weib im altgermanischen Recht und Leben; Die Landnot der
Germanen; Die Germanen, volkstümliche Darstellungen aus Geschichte, Recht, Wirtschaft und Kultur; Die Könige der Germanen (12 Bände,
enthaltend: 1 u. 2 Die Könige der Germanen, 3 Die Verfassung des ost-
gothischen Reiches in Italien, 4 Die Edicte der Könige Theoderich und
Athalarich und das gothische Recht im gothischen Reich, 5 Die politische Geschichte der Westgothen, 6 Die Verfassung der Westgothen –
Das Reich der Sueven in Spanien, 7 Die Franken unter den Merowin-
gern, 8 Die Franken unter den Karolingern, 9–12 Über die Alamannen,
Bayern, Thüringer, Burgunden, Langobarden); Prokopius von Cäsarea,
ein Beitrag zur Historiographie der Völkerwanderung und des sinkenden Römertums; Langobardische Studien (2 Bände); Die Alamannen-
schlacht bei Straßburg; Armin der Cherusker, Erinnerungen an die
Varusschlacht im Jahre 9 n. Chr.; Urgeschichte der germanischen Völker
(4 Bände); Deutsche Geschichte (2 Bände); Germanische Götter- und
Heldensagen.

Ein Buch über die Varus-Schlacht hat keine 50, die *Urgeschichte der germanischen Völker* und die *Könige der Germanen* zusammen über 5.000 Seiten. – Es kommen dazu: fünf Bände Memoiren und das schriftstellerische Werk im engeren Sinne:

- diverse Gedichtbände (von der Lyrik bis zur Ballade, vom Widmungs- bis zum Weihegedicht, eine Verserzählung *Rolandin*)
- Opern: *Armin, Der Fremdling, Theano, Der Schmidt von Gretna-Green*
- Theaterstücke: *Deutsche Treue. Ein vaterländisches Schauspiel, König Roderich. Ein Trauerspiel, Die Staatskunst der Frau'n. Ein Lustspiel, Sühne, Skaldenkunst, Der Kurier nach Paris. Lustspiel, Fünfzig Jahre. Festspiel*
- Romane und Erzählungen aus Mittelalter und Neuzeit: *Kämpfende Herzen* (3 Erz.); nordisch: *Sind Götter?, Die Halfred-Sigskaldsaga, Odhins Trost, Friggas Ja, Skirni, Odhins Rache, Sigwald und Sigridh, Die Finnin*; allgemein: *Die Kreuzfahrer* (2 Erz.), *Bis zum Tode getreu. Erzählung aus der Zeit Karls des Großen, Welt-Untergang, Herzog Ernst von Schwaben, Meine wälschen Ahnen. Kleine Erzählungen, Was ist Liebe?*
- Romane und Erzählungen aus der Völkerwanderungszeit:[18] *Ein Kampf um Rom* (4 Bände), *Kleine Romane aus der Völkerwanderung* (13 Bände: *Felicitas, Bissula, Gelimer, Die schlimmen Nonnen von Poitiers, Fredigundis, Attila, Die Bataver, Chlodovech, Vom Chiemgau, Ebroin, Am Hof Herrn Karls* (4 Erz.), *Stilicho, Der Vater und die Söhne*), *Julian der Abtrünnige* (3 Bände)

Aber bevor wir zum Verfasser des *Kampf um Rom* zurückkommen, wäre zu fragen, wie ernst zu nehmen der Jurist und Historiker Dahn eigentlich war. Daß wir heute keinen Bezug mehr zum Zivilrechtler Dahn haben, liegt schlicht daran, daß seine Arbeiten vor das Inkrafttreten des BGB fallen und

---

18  Der Begriff umfaßt bei Dahn die Anfänge germanischer Rebellionen gegen Rom bis zur Konsolidierung des Frankenreiches als sozusagen Kerneuropa unter Karl dem Großen.

insofern von keinem dogmatischen Interesse mehr sind. Als Historiker ist Dahn heute überholt, als Rechtshistoriker wohl zu Unrecht aus dem Blick geraten.[19] Hervorheben muß man auf jeden Fall seine Studie über Prokopios von Caesarea,[20] in der er durch akribische Untersuchungen zu Stileigentümlichkeiten und Worthäufigkeiten den Nachweis führt, daß der Verfasser der *Kriege* und der *Bauten* auch der Verfasser der *Anekdota*, eines geheimen Skandalbuchs über die Herrschaft des Justinian, gewesen ist – eine Ansicht, die zu seiner Zeit noch äußerst umstritten war, heute aber, wohl auf Grund von Dahns Schrift und dem Umstand, daß es ihm gelungen war, den zunächst zweifelnden Theodor Mommsen zu überzeugen, wissenschaftlicher Konsens – wenn man auch vergessen zu haben scheint, wem man ihn verdankt.[21]

Dahn war Nationalist, Bismarck-Verehrer der vorletzten Stunde (und stolz darauf, dieser Verehrung erst nach Bismarcks Zwangspensionierung öffentlichen Ausdruck gegeben zu haben), er nannte sich in seiner Autobiographie »großdeutsch, aber gerichtet gegen die Ultramontanen und blauweißen Particularisten, wie gegen die Gothaer«.[22]

Daß Dahns Germanenstudien und -romane etwas mit dem Versuch der Unterfütterung des deutschen Nationalismus mit völkischer Ideologie zu tun gehabt habe, wie der zitierte Mosse meint, ist ein – von heute aus möglicherweise naheliegender – Irrtum. Dahn ist keineswegs völkisch gesinnt. Für ihn ist nicht das ethnisch reine Volksganze, sondern der Staat – ob ethnisch homogen oder nicht – die Organisationsform der Spezies Mensch, auf die die Geschichte zusteuert. Allein der Staat kann den Zusammenklang von Recht und Frieden (nach innen wie

19 Vgl. H. Uecker, »Dahn als Schriftsteller und Historiker« (§ 1), sowie: A. Hruschka: »Dahn als Rechtshistoriker« (§ 2), in: Reallexikon der Germanischen Altertumskunde, hg. von Johannes Hoops, Berlin/New York 1984, S. 179–185.

20 Felix Dahn, Prokopius von Cäsarea. Ein Beitrag zur Historiographie der Völkerwanderung und des sinkenden Römerthums, Berlin 1865.

21 Vgl. Metzler Lexikon antiker Autoren, hg. von Oliver Schütze, Stuttgart 1997.

22 Felix Dahn, Erinnerungen, Bd. 4, Leipzig 1894, S. 24.

nach außen) herbeiführen, und es ist gerade die Unfähigkeit zu staatlicher Organisation, die seinen Roman-Germanen (neben genereller Disziplinlosigkeit und habituellem Alkoholismus) immer wieder zu schaffen machen wird.

Dahns beinahe manisch zu nennende Beschäftigung mit dem europäischen Frühmittelalter hat mit völkischer Schwärmerei wenig zu tun. Einmal hat sie eine individuellen, biographischen Ursprung. Dahn hatte eine träumerische Kindheit:

> wir sahen ja schon den Zwölfjährigen in den Ritterspielen [...] schwärmen,[23]

schreibt er über die Quelle seiner Gesinnungen, und als er über die Bedeutung des Kriegsausbruchs von 1870 für seine geistige Verfassung berichtet – er macht eine Phase schwerster Depression durch, aus der er sich in Kriegsbegeisterung rettet –, heißt es:

> War doch jetzt eine Saite in mir angeschlagen, die unter Allen von dem Ritterspiel des Knaben an bis heute am Mächtigsten ertönt: die deutsch=nationale, die »heldenhafte«: wie viel stärker noch ist sie in mir als der Eifer für Recht, Philosophie, Poesie und selbst für Geschichte. Alles Andre in mir – Alles ohne Ausnahme! – ward zurückgedrängt durch die Begeisterung, durch das Bangen und Hoffen für diesen Kampf.[24]

Wie es mit dem dann aussehen wird, werden wir noch sehen – hier kann man festhalten, wie sehr Dahn die Wonnen der Unterkomplexität, die ja den Helden ausmachen, zu genießen versteht: Sie machen den Grüblerisch-Depressiven manisch genesen.

Aber sehen wir von diesem Motiv der psychischen Selbsterregung vorläufig ab, denn die kann sich ja, gerade weil sie der Kindheit entstammt, als Infantilität mit allen möglichen

---

23  Ebd., S. 110.
24  Ebd., S. 219.

Ideologemen verbinden. Es gibt einen anderen, ganz anders-
artigen, einen systematisch-intellektuellen Grund für Dahns
Völkerwanderungsinteresse. Dahn rechnete sich dem modernen Flügel der historischen Rechtsschule zu, deren bekannte-
ster Vertreter Friedrich Carl von Savigny (1779–1861) war. Er
teilte die Ablehnung der Naturrechtslehre, war ein Kritiker des
Rechtspositivismus und war gleichfalls inspiriert von der Polemik gegen ein am französischen Vorbild des Code Napoleon
orientiertes Recht:

> Kein Volk und keine Zeit kann die Tyrannisierung seines
> Denkens ertragen, welche darin läge, sich [...] diese Fragen
> von einer anderen Nation oder Zeit beantworten zu lassen,
> so daß hier auch nur eine »Reception« des von anderen Ge-
> dachten vorläge.[25]

Gleichwohl waren für ihn »das Volk« und seine Rechts-
bräuche nur eine Quelle des Rechts, nicht deren permanen-
ter Rechtsgrund;[26] entsprechend war für ihn – anders als für
Savigny – das Gewohnheitsrecht zwar die »älteste Form aller
Rechtsbildung«, mit seiner Lieblingsmetapher: »kristallisierte
Sitte«,[27] aber erst der Staat (einschließlich einer eigenen Gilde

---

25   Felix Dahn, »Zur Lehre von den Rechtsquellen, insbesondere vom
Gewohnheitsrecht«, in: ders., Bausteine. Gesammelte kleine Schriften.
Reihe 4, Schicht 1: Rechtsphilosophische Studien, Berlin 1883, S. 235.
– »Savigny sprach zuerst den Grundsatz der neuen historischen Schule
aus, daß das Recht nicht durch den Gesetzgeber ohne Weiteres wie eine
Rechnung gemacht werde, sondern daß es ein Stück des Volkslebens
und mit diesem in der Entwicklung des Nationalcharakters wachse: am
schärfsten bei Gelegenheit der von Thibaut angeregten Frage über Bedürfnis und Fähigkeit der Zeit, nach dem Fall der Franzosenherrschaft
in Deutschland ein gemeinsames Recht herzustellen, welche Savigny ver-
neinend beantwortete.« (Felix Dahn, »Rechtsschulen«, in: ebd., S. 138).
26   »dem römischen Recht bleibt dabei seine Fortdauer gesichert,
sofern es deutsches Recht geworden ist, abgesehen davon, daß es, wegen seiner eminenten begrifflichen Ausbildung, für immer, auch in seinen specifisch römischen Bestandtheilen, die beste Propädeutik für alles
Rechtsstudium bleiben wird.« (Dahn, Rechtsschulen, S. 140).
27   Felix Dahn, »Vom Werden und Wesen des Rechts«, in: ders.,
Rechtsphilosophische Studien, S. 305.

der Fachleute, der professionellen Juristen) und seine Rechts-
kodifizierung nebst der von ihm repräsentierten »Sicherheit
der Vollstreckung«[28] bilden »die Voraussetzung für sichere,
reichliche und volle Realisierung der Rechtsidee«:[29]

> Das Normale [...] ist das im Stat erwachsene, vom Stat ge-
> schützte und durchgeführte Recht.[30]

Will man Dahn richtig verstehen, muß man ihn als Vertreter
des sich im 19. Jahrhundert herausbildenden, aber erst in jüng-
ster Zeit philosophisch wirklich respektierten philosophischen
Pragmatismus verstehen. Seine Polemik gegen die Idee eines
Naturrechts und gegen überzeitliche Menschenrechte ruht auf
demselben Argument, das heutzutage Richard Rorty gegen
diese Idee ins Feld führt. Dahn argumentiert wie Rorty entschieden anti-essentialistisch:

> Es gibt keine objektive Natur der Sache: vielmehr ist jedes
> Rechtsideal ein relatives – man lege Vertretern verschiede-
> ner Rechtstraditionen ein Problem vor und sie werden alle
> eine verschiedene »Natur der Sache« in sich spiegeln: d. h.
> sie werden die gleichen objectiven Verhältnisse verschieden
> auffassen, und vermöge der Verschiedenheit ihrer durch den
> verschiedenen Nationalcharakter bedingten Rechtsideale,
> zu verschiedenen Ergebnissen gelangen.[31]

Diese Bindung aufheben zu wollen, ist nach Dahn vergeblich,
denn jeder Versuch, diesen Relativismus zu überwinden, sei
seinerseits an Ort und Zeit des Versuchs gebunden.

Recht ist etwas historisch Vorgefundenes, und bei aller
Bedeutung, die Dahn dem seiner Ansicht nach auf nichts zu-
rückführbaren »Nationalcharakter« und lokalen Ursprung des
jeweiligen Rechtsdenkens beimißt, ist doch letztlich der Kern

---

28 Dahn, Zur Lehre von den Rechtsquellen S. 246.
29 Dahn, Vom Werden und Wesen des Rechts, S. 303.
30 Dahn, Zur Lehre von den Rechtsquellen, S. 246.
31 Ebd., S. 241 f.

seiner Auffassung der, daß alles Recht historisch-kontingent ist und mithin kein Rechtsdenken per se anderem vorzuziehen sei. Zwar dürfe einem Volk kein fremdes Recht oktroyiert werden, aber ebensowenig könne es sich mit dem begnügen, was historisch einmal gewachsen sei. Selbstverständlich sei der Prozeß der Rechtsbildung nie abgeschlossen. Es bedürfe darum der Rechtsphilosophie, um Kritik und Fortentwicklung des bestehenden Rechts zu leisten, die aus der Auslegung des positiven Rechts ja nicht erwachsen könne – nur die Methode der Fortbildung des Rechts liege nicht in der abstrakten Spekulation:

> Absolutes vermag auch die Philosophie in diesen Fragen nicht zu erreichen: auch ihre Erfassung der Idee des Rechts ist stets eine individuell, national, zeitlich bestimmte: aber klarer, ruhiger, objectiver wird das Ergebniß sich immer gestalten als die Auffassungen der Parteileidenschaft oder der reflexionslosen Weiterbildung des Überkommenen.[32]

Um dies zu leisten, müsse die »Rechtsphilosophie« empirisch »vergleichende Rechtsgeschichte«[33] werden, und diese Rechtsgeschichte muß nach Dahn »universell« sein, das heißt, dürfe sich weder auf »die drei großen arischen Culturvölker Europas: Hellenen, Römer, Germanen (welchem etwa angefügt werden mag, was von Slavischem und Keltischem bekannt ist)«, noch auf den um die »reichst entwickelten orientalischen Reiche« erweiterten Kulturkreis beschränken. »In Wahrheit müssen die Rechtsbildungen aller uns bekannten Stämme beigezogen werden, auch der minder reich angelegten, auch der in der Stufe der Vorcultur beharrenden, auch der sogenannten ›Naturvölker‹ oder der ›Wilden‹.« Erst dann könne von einer »Geschichte der Menschheit« gesprochen werden.[34] – Dahns Konzept einer historisch-empirischen Basis der Rechtstheorie läuft letztlich auf die Vorstellung von nationalen Rechtskon-

---

32  Dahn, Vom Werden und Wesen des Rechts, S. 293.
33  Ebd., S. 294.
34  Ebd., S. 297f.

zepten als historisch gewachsenen Problemlösungsstrategien hinaus, die mit der Veränderung der historischen Rahmenbedingungen veralten können und weiterentwickelt werden müssen. Diese Weiterentwicklung soll durch transhistorischen und transnationalen Vergleich mit anderen Rechtskonzepten geschehen.

Dahn will nun mit seiner rechtshistorischen Beschäftigung mit der Völkerwanderungszeit seinen Beitrag zur (Rechts-)Geschichte der Menschheit leisten, indem er den kulturellen Zusammenstoß von römischer und germanischer Tradition beschreibt, dokumentiert, analysiert. Es ist dabei nur konsequent, daß er nicht nur Rechtsgeschichte betreibt, sondern die Fragen der Rechtsentstehung seinerseits historisch kontextualisiert. Ob dieses überzeugend geschehen ist, kann hier unerörtert bleiben. Jedenfalls geht es Dahn nicht darum, die Überlegenheit einer Volks-Tradition über die andere zu erweisen, sondern den konfliktreichen Prozeß der Verbindung beider Traditionen zu rekonstruieren.

Die Zeit des Uebergangs der Antike in das Mittelalter ist anziehend, inhaltvoll und wichtig, wie nicht leicht eine andere Periode. Arbeitet doch die ganze Geschichte Europa's seit anderthalb Jahrtausenden an der Aufnahme, Durchdringung, Verbindung und Auseinandersetzung der Ueberlieferungen der alten Welt gegenüber den Kräften, welche die neuen Völker und Völker=Mischungen seit dem Verfall des römischen Reiches mitbrachten und erzeugten. In allen Gebieten des menschlichen Geisteslebens vollzog und vollzieht sich noch heute der Prozeß der Anziehung, Vermischung und Ausscheidung zwischen den Elementen der Antike und denjenigen Bildungen, welche die nördlichen Völker theils rein aus sich, theils in Folge der Berührung mit der Antike geschaffen haben […] Ungefähr fünf Jahrhunderte […] begränzen die Ausdehnung dieses Vor=Mittelalters, in welchem die Grundlinien unserer ganzen Kultur gezogen wurden […] Damals wurden die Faktoren bestimmt, mit welchen die Weltgeschichte siebenhundert Jahre zu rechnen hatte […] Mich aber hat, wie ich zuerst an eine quellenmäßige Erforschung der Geschichte des deutschen Staatslebens und Staatsrechts herantrat, die Ueberzeugung ergriffen, daß ohne eine erschöpfende Kenntniß ihres Anfangs eine richtige Beurtheilung ihres Verlaufs unmöglich ist. Ihr Anfang aber liegt offenbar in dem Zusammentreffen der einfachen, noch wenig entwickelten rein=germanischen Verfassung mit der römischen Staatsidee [...].[35]

Wenn wir uns nun auf Dahns diesbezügliche Romanproduktion beziehen, so sieht sein Panorama der Völkerwanderung, in der an der beschriebenen Zeit orientierten Titelfolge, so aus: *Die Bataver* – gemeint ist der den letzten Abschnitt von Tacitus' *Historien* bildende Bataver-Aufstand im Jahre 69; *Julian der Abtrünnige*, spielend in den Jahren 337–363, eine sehr differenzierte, und zwar von Sympathie getragene, aber doch das Don-Quijoteske der Figur treffend zeichnende Romanbiographie; *Bissula*, 378, über den Kampf der Alamannen gegen Rom; *Stilicho*, 406ff., über Sieg und Niederlage des germanischen Feldherrn im Dienste des Römischen Reiches; *Attila*, 453, Beschreibung eines historischen Störfalls; *Felicitas*, 476, eine Episode der zerfallenden Römerherrschaft an der Donau; *Chlodovech*, 481–511, über den Begründer der Dynastie der Merowinger; *Gelimer*, 534, der Untergang des Vandalenreiches in Nordafrika, an Prokops *Vandalenkrieg* entlang erzählt; *Ein Kampf um Rom*, 526–549, der Untergang des Gotenreichs, wie erwähnt ebenfalls aus der Quelle Prokop geschöpft; *Vom Chiemgau*, 596; *Fredegundis*, das Leben der berüchtigten Merowingerkönigin; und schließlich *Ebroin* über das wechselvolle Schicksal eines der letzten Hausmeier der Merowinger.

Die Romane sind von unterschiedlicher Qualität; es ist nicht ungerecht, daß nur der *Kampf um Rom* überlebt hat, jenes, wie Marcel Reich-Ranicki zu Recht sagte, »mit Kontrasteffekten glänzend operierende Riesenfresko«, allenfalls den *Julian* sollte man im Kontext der Jahrhunderte umspannenden literarischen Behandlung dieser Figur zur Kenntnis nehmen, und wer sich speziell für Dahns Interpretation der Völkerwanderung als

35  Dahn, Prokopius von Cäsarea, S. 1ff.

einer verpaßten historischen Chance interessiert, kann noch den *Stilicho* hinzunehmen. Ich wünschte, ich könnte hier, nach der Lektüre von rund viertausend Seiten, andere Auskunft geben. Ich erwähne das auch bloß deshalb, weil mir während der Lektüre der unheimliche Gedanke gekommen ist, ich könnte der letzte sein, der das gemacht hat, und ich könnte es denen, die künftig da fehlen, nicht übelnehmen, denn weiterempfehlen kann ich die Romane eben nur mit zu großen Abstrichen. Allerdings muß man gerecht sein. Dahn ist kein bloßer Vielschreiber, und er ist technisch gesehen alles andere als ein Dilettant. Er weiß mit sicherem Griff das am Stoff zu packen, was dramatisch reizvoll ist, und das ihm hinzuzufügen, was der Steigerung der Dramatik dient, bzw. abzuschneiden, was man nicht braucht. Dahn ist von Anfang an konstruktiv handwerklich erstaunlich sicher, seine Konstruktionen stimmen und sind solider als die ungleich berühmterer (und aus anderen Gründen berühmterer) Kollegen.

Bei aller Zuneigung zu seinen Protagonisten gelingen Dahn sehr differenzierte Charakterschilderungen, allen voran die des Julian Apostata. Hier setzt Dahn die Romanform und die mit ihr gegebene Lizenz, dort phantasierend zu gestalten, wo die historischen Quellen nur lückenhafte Bilder malen, produktiv ein. Soll heißen: Er steht nicht in der Tradition von Schillers *Johanna*, wo der Autor eine Figur zum dramatischen Anlaß nimmt, um etwas zu formulieren, was mit ihrer historischen Dimension nicht mehr besonders viel zu tun hat, sondern von dessen *Wallenstein* oder *Maria Stuart*, wo neben der Präsentation eines Kunstwerkes aus eigenem Recht auch noch der Versuch gemacht wird, eine Antwort auf Fragen zu geben, die aus dem Quellenmaterial nicht beantwortet werden können, die also spekulativ zu beantworten auch dem Historiker erlaubt ist – wie auch modernste Historiographie und historischer Roman sich berühren, zeigt der Beginn von Christian Meiers großer Cäsar-Biographie –, solange diese spekulative Antwort nicht in Konflikt mit den historischen Fakten gerät. Daß er seine diesbezügliche Lizenz ähnlich weitherzig auslegt wie Schiller, wollen wir ihm nachsehen – ein Roman und ein Theaterstück haben zunächst die Erfordernisse der eigenen

Form zu erfüllen, dann alles weitere. Die Frage ist nur, ob die in den jeweiligen literarischen Werken formulierten Überlegungen für den Historiker interessant sein können – daß die diesbezügliche Antwort immer negativ ausfallen muß, sollte man nicht einfach voraussetzen.

Eine eventuelle positive Antwort wird sich allerdings auf das Detail, auf bestimmte Momente der Handlungsführung und Charakterzeichnung beziehen müssen, nicht auf das geschichtstheoretische Konzept, das der Romanserie zugrunde liegt. Dahns Völkerwanderungsromane durchzieht ein Thema in vielerlei Variation: die mißlingende Fusion von Volk und Staat. Roms Ende ist schon lange überfällig, Roms Macht erhält sich aber, weil es als Staat funktioniert, selbst als es ihm an einem fähigen Trägervolk mangelt, denn es weiß sich die Germanen zu verpflichten; den Germanen gelingt der Sieg nicht, weil sie sich zur Staatsbildung unfähig erweisen. In seinem *Stilicho* läßt Dahn eine Verhandlung zwischen dem Titelhelden und Alarich stattfinden, in der der römische Heerführer germanischer Abstammung den Goten von einer gemeinsamen Zukunft in einem gemeinsamen römisch-germanischen Reich zu überzeugen versucht. Alarich wendet sich dort gegen die Idee eines »Mischvolks«, in dem »[u]nsere Eigenart, unser Recht, unsere Freiheit, ja am Ende gar unsere Sprache« untergehen sollen: »alles dahin: um jenes Mischbreis willen?« Und Dahn läßt seinen Stilicho erwidern:

> »[...] um der Germanen selbst wie um der Römer willen: so, verschmolzen, können beide fortleben: in ihrem Kampfe gehen beide unter.« – »Untergehn? So sei's«, rief der Gote aufspringend.

Es scheint ein für Goten unwiderstehliches Wort zu sein.

> »Glückauf zu solchem Untergang [...] lieber untergehn als verrömert werden.«[36]

36 Felix Dahn, Stilicho. Historischer Roman aus der Völkerwanderung (Gesammelte Werke, Erste Serie, Bd. 6), S. 98.

Es muß darauf hingewiesen werden, daß Dahns Sympathie nicht bei dem trutzigen Goten liegt, sondern bei Stilicho. Nur eben: Stilicho wird ein Konzept zugeschrieben, das die Geschichte nicht verwirklichen kann. Stilicho sieht sich am Ende von Rom verraten, und der Leser des Ploetz weiß, daß Alarich Rom plündern wird. Im Grunde gelingt, so Dahn, eine Fusion erst unter Karl dem Großen, und auch die gerät für seinen Geschmack – wegen der blutigen Unterwerfung der Sachsen, vor allem aber wegen Karls Katholizismus – nicht, wie sie sollte. Die Staatsfeindlichkeit des Katholizismus ist eines von Dahns Lieblingsthemen, es zieht sich durch die Romane, er widmet ihm ein Theaterstück, er kommt in seiner Autobiographie immer wieder darauf zurück. Augustin als Verfasser des *Gottesstaates* ist der große intellektuelle Antagonist, und wäre Justinian (und vor allem seine schlimme Frau Theodora) nicht so katholisch verhetzt gewesen, vielleicht, nicht wahr, wäre unter Totila wirklich geworden, was Stilicho geträumt … Katholisch aber wurde das Abendland endgültig, als der skrupellose Chlodovech Paris eine Messe wert erachtete und dem guten alten Heidenglauben abschwor. So suggestiv muß Dahns diesbezügliche Parteinahme gewesen sein, daß man ihn katholischerseits verdächtigte, er wolle den Germanenglauben neu beleben. Das aber war Unfug. Zwar hatte Dahn eine tiefe Abneigung gegen die Konkurrenz, die die katholische Kirche der Staatsautorität machte. Aber seine Germanen hatten für die Gegenwart keine Bedeutung. Dahn war, noch einmal, staats-, nicht völkisch orientiert, und ihn interessierte etwas, was sich vielleicht mit de Gaulle als »Europa der Vaterländer« hätte bezeichnen lassen.

Wie ist es nun mit dem beschrieenen »historischen Nihilismus«, mit der Freude an Tod und Untergang? Mit jener Lust am krachenden Die-Tür-ins-Schloß-Schlagen, mit dem man auch die größte historische Pleite zum Triumph aufmöbeln, die unbedeutendste Marginalie zur heroischen Tragödie promovieren kann und die somit vielleicht jene Bande schon immer im emotionalen Gepäck trug, die insgeheim vielleicht wußte, daß es zum Dritten Reich nur ein paar Jahre lang und am Ende zu nichts als zu Ruin und Ruinen – und zum Massenmord – reichen würde?

Tragisch, heroisch ist meine Weltanschauung, weil sie die Entsagung lehrt, weil sie weiß, daß das Glück der Menschen weder auf Erden noch in einem erträumten Himmel »Weltzweck« ist, sondern der »Weltzweck« (vielmehr Wesen der Welt) ist die nothwendige Verwirklichung des Weltgesetzes, für welches das Glück der Menschen so gleichgültig ist wie das der Thiere oder der Pflanzen: heroisch, weil sie trotzdem Lebensfreude und Pflichterfüllung fordert, ohne jene elende Rechnung auf Belohnung oder jene erbärmliche Furcht vor Strafe im jenseits [...]: heroisch, weil sie in dem Heldenthum (dem geistigen, sittlichen wie kriegerischen) für das Volk höchste Ehre, höchste Pflicht und höchste Beglückung findet.[37]

Könnte dergleichen auch im Bunker unter der Reichskanzlei gesprochen worden sein? Teilweise sicherlich; aber das heißt wenig. Menschen reden viel, wenn der Tag lang ist, und manche Tage ziehen sich, bevor sie zu Ende gehen. Es gibt ein Atheistenpathos, das, ob es nun bei Dahn, bei Freud oder bei Camus sich findet, auch an Orten, an denen es einst noch frischer wirkte als heute, schon deplaziert war. Mir ist alles, was auch nur von ferne an Wehrdienst des Geistes gemahnt, zuwider, und strammstehen sollte man auch nicht vor sich selber. Daß das menschliche Glück im Schöpfungsplan nicht vorgesehen sei, wollen wir mit Freud annehmen, ohne darum uns wie Heroen vorzukommen, wenn wir tatsächlich nicht glücklich sind. Wenn wir die möglichen Momente des Glücks verpassen, haben wir ja nicht heldenhaft auf sie verzichtet – zu rühmen gibt es da nichts. Kurz loben will ich die Zivilität des Felix Krull im Speisewagen nach Lissabon, der, als die Rede auf die Endlichkeit alles Lebens kommt, nichts weiter zu sagen hat als: »Das nimmt mich ein für dasselbe«, und der auf die Mitteilung, daß »Sein nicht Wohlsein« sei, nicht die Hacken zusammennimmt. Das also alles nicht. Gleichwohl läuft Selbstheroisierung angesichts der eigenen Seinshinfälligkeit noch nicht

37 Felix Dahn, Erinnerungen, Bd. 3, zitiert aus: Schwab, Helden hoffnungslos, S. 1083.

darauf hinaus, nun auch gleich die Welt in Trümmer legen zu wollen, nicht einmal notwendigerweise in der Phantasie.

Zwar: Dahns Völkerwanderungsromane gehen nie gut aus. Die Bataver – der nach ihnen benannte Roman ist pikanterweise »Otto dem Großen / dem Fürsten Bismarck« zugeeignet – und ihr heldenhafter und kluger Anführer unterliegen, ihre rätselhafte Prophetin Weleda (deren Name heute eine anthroposophische Pflegeserie ziert) endet im Selbstmord, um die Schande, in römischem Triumphzug mitgeführt zu werden, zu vermeiden, und früh hatte sie schon die Frage nach Sieg oder Untergang mit einem »Unnütz!« beschieden:

> Weil ihr doch thun müßt, wie ihr thatet, thut, thun werdet, auch wenn's euch vorherbestimmt ist, darüber unterzugehen.[38]

Julian stirbt im persischen Wüstensand, wie es die Überlieferung befiehlt; Stilicho hatten wir erwähnt; des Alamannenmädchens Bissula Bräutigam stirbt den Heldentod; Attila stirbt unheroisch von Hand eines germanischen Weibes, aber sein Sohn heldenhaft, um dieses zu retten; *Gelimer* beschreibt Niederlage und Ende des letzten Vandalenkönigs in einem sonderbaren Gemisch von Dekadenz, phantasierter und tatsächlicher Schuld; die Romane *Chlodovech* und *Fredegundis* schwelgen in den Erfolgen Unwürdiger, auch *Ebroin*, eigentlich zu den scheiternden Helden gehörig, changiert doch arg, wie es sich für einen Franken gehört, nur *Felicitas* (von Dahn mehr geschätzt als die andern) schildert uns inmitten der Aufgeregtheit zerfallender Römerherrschaft eine Kampf und Tod abgetrotzte Idylle. Nur, was soll man machen, will man Helden schildern? Entweder muß man es anstellen wie Theodor Mommsen, der seine *Römische Geschichte* vor dem Ende Cäsars einfach aufhören läßt, also den Moment des Triumphs festhält, als gäbe es kein Morgen – oder wir erzählen die Geschichten zu Ende, und am Ende steht der Tod, und bei Helden ist es nie der Pensionärstod. Daher ja der Stoßseufzer Arno Schmidts, es sei

---

38 Felix Dahn, Die Bataver. Historischer Roman aus der Völkerwanderung (Gesammelte Werke, Erste Serie, Bd. 4), S. 44.

schade, daß große Helden so selten in der Wiege erdrosselt würden. Selten geht es einigermaßen manierlich zu wie bei Dietrich von Bern, der per Pferd entrückt wird. Kommen Helden allein ums Leben, zieht ihr Tod meist Verderben nach sich, wie der Siegfrieds – seine Witwe einer- wie die Eigner seines Schwerts und Schatzes andererseits können sich aus der Welt nicht verabschieden, ohne ihr einen gehörigen Bevölkerungsschwund zu verordnen –, und der Veteran Odysseus kann bis zum Ende das Töten nicht lassen. Wie weise war die Wahl von St. Helena – keine Tränen bitte: Er hätte auf Elba Ruhe geben können. Aber lassen wir die Wirklichkeit. Wer über Helden schreiben will, ist durchs Genre gezwungen, mit Triumph oder Tragödie zu enden, wählt er einen anderen Schluß, spielt er schon mit der Gattung und dekonstruiert den Helden. Solche Absichten waren Dahn fern, möchte man meinen – ein leises Zweifeln an der allzu passablen Glätte dieses Satzes erlauben Sie mir jetzt schon.

Aber wie dem auch sei – an der »tragisch-heroischen Weltanschauung« ist insofern nicht zu zweifeln, als er sie sich selber zuschreibt und den *Kampf um Rom* als deren Ausdruck versteht.[39] Ob die nun allerdings ein so reines Produkt des sich auf sein Ende in den Schützengräben von 1914/18 hinträumenden 19. Jahrhunderts ist und vom Expressionismus der »Menschheitsdämmerung« an entsprechend Apokalypsetaugliches liefert (Trakls »Vor Feuerschlünden aufgestellt«, das dann nicht zuletzt Franz Fühmann noch faszinierte) – daran kann gezweifelt werden, hat Dahn sie doch aus der Quelle zu sich genommen: Diese Weltsicht ist originaler Prokopius von Cäsarea. Es ziehen sich durch dessen Werk, von Dahn sehr wohl bemerkt und eingehend gewürdigt, Aperçus über die Willkür des Schicksals – antike Resistenz gegen den Augustinischen Heilsplan, die Dahn schätzt, ja wohl schon vor Herausbildung einer eigenen Hausphilosophie adoptiert hat:

Nachdem er bemerkt, daß des Helden Totila trauriges Ende nicht seinen früheren Thaten und seinem früheren Glück

---

39  Felix Dahn, Erinnerungen, Bd. 3, Leipzig 1892, S. 364.

entsprochen habe, fährt er fort: »Aber auch in diesem Fall spielte das Schicksal augenscheinlich, spottete alles Menschlichen und bewährte das Unlogische, das ihm eigen ist und das Unberechenbare seiner Beschlüsse, indem es dem Totila zuerst auf lange Zeit das Glück ohne Grund willkürlich zuwarf, zuletzt aber dem Mann mit launischem Uebermuth gegen Gebühr ein so klägliches Ende bereitete.«

Stärker und bestimmter als in dieser Stelle konnte nicht gesagt werden, worin der specifische Begriff des Schicksals liegt: eben in dem Unlogischen und Unconsequenten, in dem Unvernünftigen und Unbegreiflichen, in dem ohne Grund Wechselnden, welches dem Menschen als Laune, Willkür, ja als Hohn und Grausamkeit erscheint.[40]

Diese Vorstellung von der Hure Glück muß man nur mit der Vorstellung, daß die Weltgeschichte irgendeinen Gang gehe (und sich nicht bloß ereigne), kombinieren, dann ergibt sich ebenjene »tragisch-heroische Weltanschauung« gewissermaßen von selbst: Dann hat alles irgendeinen Sinn, nur nicht für einen selbst – Dahn wählt ein Diktum Emanuel Geibels zum Motto des *Kampf um Rom*, trotz der ungrammatischen und die Kopula heideggerisierenden Zeichensetzung und des bloß durch ungeschickte Wortstellung erzwungenen Metrums:

Wenn etwas ist, gewalt'ger als das Schicksal, / So ist's der Mut, der's unerschüttert trägt.

Prokopius war übrigens von Haus aus Jurist, wie Dahn. Und noch einen Juristen gibt es unter den Geschichtsschreibern der Antike: Tacitus. Der kommt natürlich in den *Batavern* als künftiger Berichterstatter dieses Aufstands vor – vor allem aber als Prophet: Gleich zu Anfang werden ihm die Beckettschen Worte »Es geht zu Ende« in den Mund gelegt. Dann:

Die Geschicke des Reichs drängen zum Abgrund […] Wir wurden alt, so mein' ich manchmal: das Blut der Wölfin hält

40  Dahn, Prokopius von Cäsarea, S. 226.

nicht mehr vor. Andere junge Völker blühen auf: Parther, Daker, Germanen![41]

Und weiter heißt es von ihm, er sei »ein Freund der Geschichte – mehr als Recht und Weltweisheit zieht sie ihn an«.[42] So schafft sich der Autor die eigene Existenz zur Wiedergängerei um. Tacitus befragt am Ende die gefangene Weleda und beschließt, ein Buch über die Germanen zu schreiben.

Vor dem Hintergrund der Untergangsprophetien des Tacitus wird übrigens noch einmal jener Cethegus, der im Finale des *Kampf um Rom* im Kampf mit Teja fällt, zu dessen Parallelexistenz. Die Ehre des Heroismus im Untergang wird diesem ebenso zuteil wie jenem:

> der Herrlichste, der Gewaltigste von Allen: der schwarze Teja, der Held des Gedankens und des Schwertes, der Träger meiner liebsten und stolzesten Ideen, ist der eine, der andere, der, großartig und frevelhaft zugleich, dämonisch, wie das ganze antike Rom, erscheinen mußte.[43]

Cethegus, der Präfekt, ist natürlich für jedes Gemüt jenseits der zwölf ungleich interessanter geraten, und die Szene, in der er Rom nicht mehr anders zu verteidigen weiß als dadurch, daß er den die Mauer stürmenden Goten die Statuen der Götter der Stadt auf die Köpfe wirft, hat mich nachhaltig beeindruckt.

Man kann Dahns Liebe zu heroischer Düsternis biographisch herleiten – er selbst tut es, und es ist durchaus überzeugend (und bewegend), wie er es tut. Das soll hier nicht referiert werden. Ich möchte aber auf etwas aufmerksam machen, das einem bei der Lektüre der Romane leicht entgehen kann und bei der zusätzlichen Lektüre der biographischen Bekenntnisse beinahe entgehen muß, wenn man nicht andere Texte hinzunimmt. An mehreren Stellen wird Teja zu der Identifikationsfigur schlechthin, immer wieder ist von »meinem Teja«

---

41  Dahn, Die Bataver, S. 125 f.
42  Ebd., S. 126.
43  Dahn, Erinnerungen, Bd. 3, S. 363.

die Rede, der für Dahn gewissermaßen die Symbolisierung der eigenen Schwermut darstellt, der

> angeborne[n] Neigung zur unheilahnenden Traurigkeit – tief und hoffnungslos melancholisch, ja zum Sterben, zum Verzweifeln traurig: [...] habe ich die Gestalt des schwarzen Teja geschaffen – oder vielmehr: sie tauchte in mir auf wie mit Schicksalsnothwendigkeit.[44]

Dieser Teja und mit ihm die gesamte Untergangsmystik werden aber auf merkwürdigste Weise desavouiert. Dahn, der Knabe der Ritterspiele, auf die er immer wieder erinnernd zurückkommt, wächst in das Leben eines intellektuellen Zivilisten hinein, und diese Existenzweise ist es, die die Transposition des melancholisch-heroischen Knabentraums ins erwachsen Kriegerische auf merkwürdigste Weise unterminiert. – Ich muß etwas ausholen.

Daß Dahn seine Romane mit seinem rechtshistorischen Wissen spickte, ist bekannt. Daß er zudem noch ein – nennen wir es vorläufig so – Steckenpferd ritt, hat man, soweit ich sehen kann, nicht weiter bemerkt. Der erwähnte Roman über den Bataver-Krieg hat ein nicht zu übersehendes Nebenthema. Der Sieg Roms über die aufständischen Germanen und Gallier wird errungen um den Preis gravierender Verstöße gegen das Kriegsrecht. Das ist Dahns Zutat zum Bericht des Tacitus; er legt diese Ansicht Vespasian in den Mund:

> »Durch welche Mittel hast du die Stadt der Lingonen gewonnen? Durch welche Mittel Weleda gefangen und Civilis in den Rhein gestürzt?« – »Durch Kriegslist, Imperator! Erinnre dich, ich fragte dich: in vier Monaten – um jeden Preis? Und du nicktest mir zu.« – »Aber nicht um den Preis der Ehre Roms!« donnerte Vespasianus. »Nicht durch niederträchtigen Treubruch, durch Meineid und Verrat! Elender! Ich überlegte lang, ob ich dich nicht den schändlich Getäuschten ausliefern solle.«[45]

44 Felix Dahn, Erinnerungen, Bd. 2, Leipzig 1891, S. 305 ff.
45 Dahn, Die Bataver, S. 273.

Das ist nun nicht etwa bloß hohles Pathos, sondern eine präzise Information. Das Institut der Auslieferung an den Gegner gab es im römischen Recht als Möglichkeit der Ahndung von Verstößen gegen das *ius gentium* durch römische Offiziere. Es ist auch ein Fall überliefert, wo diese – zweifellos extreme – Maßnahme durchgeführt worden ist. Berühmt geworden ist dieses Rechtsinstitut dadurch, daß es den Versuch gab, es gegen Cäsar einzusetzen. Cäsar hatte die – friedliche und von den lokalen Gallierstämmen geduldete – Einwanderung zweier germanischer Stämme, der Usipeter und Tencterer, zunächst durch Androhung militärischer Gewalt gestoppt, dann unter eklatantem Bruch des Kriegsrechts die Verhandlungsführer der Germanen festgesetzt und schließlich die nichtsahnenden und unvorbereiteten Stämme überfallen und – Bewaffnete wie Unbewaffnete, Männer, Frauen und Kinder – bei kaum nennenswerten eigenen Verlusten vollständig niedergemacht. Eine Fußnote zum Thema der transkulturellen Kriege. Cäsar kaschiert sein Vorgehen in den *Commentarii* kaum, rechtfertigt es nur durch allgemeine Kriegsnotwendigkeit (er habe die Ruhe in Gallien aufrechterhalten müssen) und die Behauptung, er habe den Friedenswünschen der Germanen nicht trauen können.

Auf diese Episode kommt Dahn, diesmal ganz direkt, in *Julian der Abtrünnige* zurück, und dort sieht man, wie wenig zufällig die Thematik der gesetzmäßigen Kriegführung bzw. der Kriegsverbrechen bei ihm ist. Zunächst wird – der Roman besteht zu einem Teil aus fiktiven Briefen Julians – ein Überfall auf unbewaffnete Alamannen geschildert:

Sie hatten gar nicht Zeit gehabt, zu ihren Waffen zu gelangen, geschweige sich zu scharen: Nur Flüche, Verwünschungen, nicht Speere hatten sie uns entgegenzuschleudern. Groß war das Blutbad.[46]

Dann in einem weiteren Brief:

46  Felix Dahn, Julian der Abtrünnige (Gesammelte Werke, Zweite Serie, Bd. 1), S. 213.

Ein Bataver in unserem Dienst (– die Germanen sind schon bald unsere besten Kräfte, den Göttern sei's geklagt! –), Bainobaud, Tribun der Cornuti, fand eine Furt (– diese Bataver sind ein Wassergeschlecht! –), und in mondloser Nacht, teils durchwatend, teils auf den untergebundnen Schilden schwimmend, erreichte er mit den Seinen die nächste Aue, schlachtete hier alles Leben, das er fand, auch Kinder, Weiber, Greise, wie man das Vieh abschlachtet, fand kleine Nachen angebunden, fuhr in diesen auf die andern Eilande, löschte auch hier jede Spur von Leben aus und kehrte mit reicher Beute zurück.

Anfangs graute mir, wie das Geschrei der Geschlachteten durch die Nacht herüberscholl und ihre Schilfhütten so grell rot emporflackerten; aber der Krieg erzieht rasch dazu, das Notwendige zu thun. Sie haben mich geärgert (– meine Eitelkeit verletzt, wirst du sagen –) mit ihrem Hohn. Sie patschen nicht mehr. Es gefällt mir nicht, was ich da geschrieben habe. Es ist grausam; und kleinlich. Aber es mag stehen bleiben – mir zur Warnung! Steckt auch solches in mir? Gieb acht, Julian, auf dich und reinige deine Seele vor den Göttern![47]

Das Thema der Eitelkeit muß uns hier nicht interessieren, es gehört zu der, wie gesagt, nicht uninteressanten Charakterschilderung Julians durch Dahn, aber die Rede von der Reinigung der Seele gehört zum Thema, denn das Rechtsinstitut der Auslieferung hat ein religiöses Fundament: Man will verhindern, daß der Fluch der Götter die Stadt trifft, also entfernt man die Übeltäter. Die »Reinigung der Seele« nimmt diese alte Vorstellung des Frevels vor den Göttern auf und verinnerlicht sie im Kontext der religiös-philosophischen Überzeugungen des Spätlings Julian. – Dann läßt Dahn Julian eine Gesandtschaft der Germanen festsetzen (auch dies eine freie Ergänzung der überlieferten Geschichte) und so kommentieren:

Ich behalte sie gefangen: – wenigstens bis nach der Schlacht […] s ist gegen das Völkerrecht, s ist wahr. Aber der große

47  Ebd., 224 f.

Julius that andern Germanen dasselbe – lies nur nach im Gallischen Krieg (Buch IV. 13) steht's – mit gutem Erfolg.[48]

Es ist die besagte Passage. Des weiteren wird ein blutiges Gemetzel unter wehrlosen Alamannen beschrieben, die sich schwimmend zu retten versuchen und die von römischen resp. numidischen Bogenschützen –

> selbst so sicher wie bei einer Theatervorstellung nach aufgezogenem Vorhang die Zuschauer, schossen sie, wie auf schwimmende Scheiben, auf jeden der wehrlosen Schwimmer[49]

– niedergemacht werden. Dann wird das Thema des verletzten Gesandtschaftsrechts wieder aufgenommen:

> Gleich nach dem Sieg entließ ich jene Gesandten [...] Sie [...] schalten nicht leise über meine Verletzung des Völkerrechts! Allein sie kennen den Namen des Gottes nicht, den sie anrufen müßten, mich zu strafen: Mars des Rächers.[50]

Eine Germanenbegegnung weiter:

> Ich behielt diesmal ihre Gesandten nicht gefangen (– gar zu oft darf man den großen Cäsar nicht wiederholen! –), aber ich hielt sie lange hin, versetzte sie in den Glauben, ich werde nicht weiter [...] vorrücken, und entließ sie reich beschenkt. Jedoch gleichzeitig, ihren langsamen Schritt überholend, griff ich [...] ihre Gaue an.[51]

Julian wird nun nach und nach in einen Guerillakrieg verwickelt und setzt seinerseits Special Forces ein, germanische Kopfjäger, es wird schlimmer und schlimmer, er rechtfertigt

---

48 Ebd., S. 231.
49 Ebd., S. 284.
50 Ebd., S. 298f.
51 Ebd., S. 321.

die Brüche des Kriegsbrauchs und -rechts zunehmend routiniert. Es geht Dahn dabei nicht um eine Denunzierung speziell römischer Brutalitäten (die Guerillataktik stammt von den Germanen), sondern um die Beschreibung einer langsam sich transformierenden Kriegführung – man hat die Truppe, einmal auf diesen Weg gelassen, nicht mehr recht im Griff, auch wird zunehmend unklar, inwieweit der Kommandeur sie überhaupt im Griff haben will und ob ihm die Disziplinlosigkeiten nicht letztlich in den Kriegskram passen: Schließlich führt uns Dahn die Legitimationsrhetorik des Kriegsverbrechers vor, der alles entweder auf die Kriegsnotwendigkeit oder auf das Nichtverhindernkönnen und schließlich dem Gegner die Schuld in die Schuhe schiebt.

Das ausführliche Traktieren dieser Thematik kommt nicht von ungefähr. Dahn war nicht nur ein bekannter Dozent für Privatrecht und Rechtsgeschichte, sondern er las auch, wenn möglich, Staats- und Völkerrecht. Man kann sehen, wie dieses Interesse auf die Romane durchschlägt, denn rechts*historisch* ist die starke Akzentsetzung nicht zu begründen. Hier schlägt nicht das Interesse eines Historikers zu Buche, sondern die private Motivation eines Juristen.

1870 meldet sich Dahn zu den Waffen. Er macht sein Testament und wartet auf die Einberufung. Allein, man braucht den Professor nicht, obwohl er doch, wie er nicht müde wird zu beteuern, exzellent zu schießen weiß. So meldet er sich denn zum Sanitätsdienst und kommt nach einigem Hin und Her mit der Bahn auch in Frontnähe an und zum Einsatz. Über dieses Kriegserlebnis weiß Dahn raumgreifend zu berichten. Er war dabei, und das soll jeder wissen. Anekdoten fallen ab, zum Beispiel wie es sich so hart liegt im Güterwagen und ein Kamerad ihm erst sagen muß, daß er sich Stroh unterlegen soll. Schließlich ist er dann auf dem Schlachtfeld von Sedan, und es gereicht ihm zur Ehre, daß er sieht, was eben zu sehen ist, und es beschreibt, etwa einen preußischen Füsilier mit zerschmettertem Schädel, lebend, dem das Hirn herausquoll: »Es war gräßlich!«[52]

52  Dahn, Erinnerungen, Bd. 4, S. 536.

Und nachdenklich die Geschichte vom Verwundeten, der das Eiserne Kreuz erhält: Er drückt den Orden mit hastiger Gebärde an die Brust, die Bewegung läßt die Wunde aufbrechen, worauf er wenig später stirbt. Kurios die Geschichte, die auf dem Weg aufs Schlachtfeld spielt, wo Dahn in eine kleine Plünderei verwickelt wird, sich besinnt, feststellt, daß kein zu Requirierungen berechtigter Offizier da ist, und seine Kameraden veranlaßt, alles wieder auf seinen Platz zu legen, denn es gehe doch nicht an, daß sie sich möglicherweise vor einem Kriegsgericht wiederfänden und dann gestehen müßten, sie hätten um die Rechtswidrigkeit ihres Tuns gewußt, weil es doch das Buch *Das Kriegsrecht. (Für den Tornister Deutscher Soldaten)* gebe, Verfasser Felix Dahn. Denn das war Dahns allererste Reaktion auf die Nachricht vom Kriege gewesen: dieses Büchlein zu verfassen und in den Druck zu geben, damit jeder deutsche Soldat wisse, was im Krieg erlaubt sei und was nicht. Dahns Schrift ist erstaunlich. Ihr Verfasser läßt keinen Zweifel daran, daß das Recht stets die letzte Instanz sei, daß der Krieg keine rechtlosen Zustände schaffe:

Keineswegs wird durch den Krieg ein rechtloser Zustand unter den kriegführenden Staten herbeigeführt oder jedes zwischen ihnen bestehende Rechtsband durchschnitten; es wird vielmehr nur das durch Gewohnheitsrecht oder durch Verträge – die für den Kriegsfall geschlossenen, z. B. über Behandlung der Verwundeten, Aerzte, Lazarete treten gerade jetzt in Kraft – hergestellte Recht so weit suspendiert oder auch geändert, als dies der Kriegszweck und das nunmehr eingetretene Kriegsrecht erheischt: so können Angehörige des feindlichen Stats vor unseren Gerichten ihre Privatrechte verfolgen, auch der Handel muß nicht völlig aufhören –

und so weiter. Ferner grundsätzlich:

Ein großer Fortschritt der Menschlichkeit im Völkerrecht liegt in der Anerkennung des Grundsatzes, daß nur die Staten, nicht die Angehörigen derselben, miteinander Krieg führen und »Feinde« sind; die Nicht=Combattanten d. h. die nicht die Waffen führenden Bürger des einen States sind nicht Feinde, weder des anderen States noch dessen Angehöriger und auch die Combattanten sind nur mittelbar Feinde, weil sie dem Stat, der allein der Feind ist und dessen Widerstand gebrochen werden soll, dienen und dessen Widerstandskraft darstellen; deshalb dürfen sie, aber nur von den Combattanten, getödtet, verwundet, kriegsgefangen gemacht werden; die Feinde sind also nicht mehr, wie in barbarischen Zeiten, rechtlos oder jedem Kriegsmittel unterworfen, das nützlich scheint: – zur Ausrottung ganzer Völker darf heute nicht mehr Krieg geführt werden (Vernichtungskriege) – verbotene Mittel der Kriegführung sind vergiftete Waffen, denn es soll der Verwundete nur für den Augenblick kampfunfähig gemacht werden, seine Tödtung als solche ist nicht Zweck [...] Verboten ist überhaupt jedes Kriegsmittel und jede Verletzung des Feindes, die nicht durch den Kriegszweck geboten sind; nur wenn der Feind selbst den Kriegsgebrauch, die Kriegsmanier verletzt hat, und trotz Warnung darin fortfährt, oder in außerordentlicher Gefahr dürfen aus Kriegsraison jene Vorschriften überschritten werden; doch wird hiedurch nur eine härtere Kriegführung, nicht eine barbarische, unmenschliche gerechtfertigt.[53]

In diesem Sinne geht es weiter, der Schutz der Zivilbevölkerung ist weitestgehend ausgebaut, die Rechte der Bevölkerung in einem okkupierten Gebiet sind genau beschrieben und so fort. Der Text folgt genau jener rechtstheoretischen Maxime aus »Vom Werden und Wesen des Rechts«, das dem Recht einen evolutionären Zug zur Befriedung menschlicher Verhältnisse normativ zuschreibt. Es sei Pflicht und Recht des Einzelnen,

die Rechtsgebilde seines States danach zu prüfen, ob sie auch dermalen noch vernünftige Friedensordnungen sind.

53 Felix Dahn, »Das Kriegsrecht«, in: ders., Bausteine. Gesammelte kleine Schriften, Reihe 5, Schicht 1: Völkerrechtliche und statsrechtliche Studien, Berlin 1884, S. 2.

Nur im Bejahungsfall wird er freudig gehorchen; auch im Verneinungsfall besteht die Gehorsamspflicht, aber zugleich die Pflicht, auf friedensordnungsmäßigem Wege zur Umgestaltung des nicht mehr vernünftigen Rechtszustandes hinzuwirken.[54]

Es ist also kein Zufall, wenn sich das Thema der Verbrechen im Krieg in Dahns historischen Romanen zeigt, und es ist umso bezeichnender für den Stellenwert in seinem Denken, wenn er über seine Quellen hinausgeht. Er tut das auch im *Kampf um Rom*. Von jener Barbarei des Vernichtungskrieges, von der Dahn spricht, ist, ich habe es eingangs erwähnt, bei Prokopius zwar ereignisweise die Rede, aber um den gesamten Charakter des Kriegs zu verstehen, muß man von den Resultaten her extrapolieren: Am Ende sind die Goten nur noch ein kleiner Haufen, der nach Norden abzieht und dessen Spur sich verliert. Dahn zieht daraus die Konsequenz, die auch moderne Kriegshistoriker ziehen, wenn sie den Gotenkrieg in Italien als einen genozidalen Feldzug bezeichnen und ihm darin eine gewisse Sonderstellung im Kriegsgeschehen der mittelmeerischen Antike zusprechen.

»Außerordentlich groß« nennt Prokop die Armee des Narses, denn Justinian habe diesmal keine Kosten gescheut,[55] und so klingt es bei Dahn:

und gewaltig wahrlich war dieses Heer des Narses. Der zähe, geizige Sparer Justinian hatte diesmal nicht gespart: mit vollen Händen hatte er gespendet.[56]

Und nachdem Narses das Gotenheer unter Totila besiegt hat – dieser fällt in der Schlacht oder kurz darauf, was Prokop Anlaß zu den erwähnten Reflexionen über den Wankelmut des Schicksals gibt –, läßt Dahn folgendes geschehen:

54  Dahn, Vom Werden und Wesen des Rechts, S. 307.
55  Procopius, History of the Wars, S. 326f.
56  Felix Dahn, Ein Kampf um Rom, München 2003, S. 922.

Während die Langobarden und Cethegus rastlos nachsetzten, langsam gefolgt von Narses, breitete dieser nach links und rechts zwei furchtbare Flügel aus, welche im Südwesten über das suburbicaische Tuscien hinaus bis an das tyrrhenische Meer, im Nordosten durch das Picenum bis an den ionischen Meerbusen langten und, wie sie von Norden nach Süden und von Westen nach Osten vordrangen, alles gotische Leben hinter sich ausgelöscht zurückließen.

Dahn läßt italische Einwohner vereinzelt wohnende Goten denunzieren, und so wird die ethnische Säuberung perfekt:

So glich Narses einem gewaltigen Manne, der mit ausgebreiteten Armen durch einen engen Gang schreitet, und alles, was sich hier bergen wollte, vor sich her schiebt: oder einem Fischer, welcher mit dem Sacknetz bachaufwärts watet: hinter ihm bleibt kein Leben mehr.[57]

Was Prokopius berichtet, ist, daß in dieser letzten Phase des Krieges die Goten jeden Römer, der ihnen in den Weg kam, umbrachten und die in byzantinischem Sold stehenden Barbaren (also vor allem Germanen) dasselbe mit allen Goten machten, die sich in ihrer Reichweite befanden. Vor allem erwähnt Prokopius den nach dem Fall Roms durch die Goten exekutierten Mord an Mitgliedern des römischen Senats, die sich als Geiseln in ihrem Gewahrsam befanden, und Tejas Befehl, 300 Kinder römischer Adliger, die Totila als Geiseln genommen hatte, umzubringen. Dahn wiederum läßt Teja Kriegsgefangene – ein Ausbruchsversuch liefert die Legitimation – bei dem Übergang über den Aternus mit gebundenen Händen in den Fluß werfen und ertränken. Auf Adalgoths Fürbitte hatte er finster erwidert:

»Zu vielen Tausenden haben sie wehrlose Gotenweiber und -kinder an ihren Herdfeuern überfallen und geschlachtet: das ist kein Krieg der Krieger mehr: das ist ein Mord-

57 Ebd., S. 980f.

kampf der Völker. Laß uns darin halbwegs auch das Unsre tun.«[58]

Ein Mordkampf der Völker – ein Völkermorden auch. Als Erstnennung des Ausdrucks »Völkermord« verzeichnet das Grimmsche Wörterbuch ein Gedicht von Moritz Graf von Strachwitz mit den Zeilen

komm schlachtengebrüll, du donnerwort …
mit völkergroll und völkermord.

Strachwitz war übrigens Mitglied desselben Dichterclubs »Tunnel über die Spree«, dem auch Dahn später beitreten sollte. Aber davon mal abgesehen – was Dahn schildert, ist die Transformation des Krieges der Krieger in einen barbarischen Vernichtungskrieg, an dem beide Seiten teilhaben, am Ende nicht einmal nur notgedrungen, wie sie sich einreden mögen, sondern mit Hingabe an die Sache. Hier nun bekommt der schwarze Teja eine durchaus andere als bloß melancholisch-großartige Einfärbung. Hier hält nicht nur einer stand und trägt, Geibels Motto treu, sein Schicksal unerschüttert, sondern hat teil an einem gesetzlosen Vernichtungskrieg, dem am Ende auch das eigene Volk – nicht bloß als unvermeidliches Resultat, sondern gewollt – zum Opfer fallen wird. Am Fuße des Vesuv unterbreitet Teja seinen Leuten den letzten Plan: Kampf bis zum Tode, und die nicht kämpfen können (Kinder, Frauen, Greise), sollen sich, um schimpflichem Schicksal zu entgehen, in den Vesuv stürzen. An dieser Stelle geschieht etwas Bemerkenswertes im Roman. Es gibt nämlich eine Figur, die der Autor schon über viele hundert Seiten durch den Roman führt, den Knecht des glücklosen Königs Witichis, Wachis geheißen, von Witichis vor seinem Tod freigelassen. Dieser Wachis spielt nun nach dem Tod seines Herrn keine rechte Rolle mehr, wird aber auf dem Höhepunkt von Totilas Triumphen mit einer Unfreien, die zu diesem Behufe auch freigelassen wird, verheiratet und zum Schildträger Totilas gemacht. Er ist der Inbegriff

58  Ebd., S. 986.

des treuen Gefolgsmanns, aber seine Fortexistenz im Roman ist bloß dadurch nicht recht motiviert. Nach der berühmten Regel, daß eine Pistole, die im ersten Akt an der Wand hängt, spätestens im fünften benutzt werden muß, fragt man sich, wozu dieser Wachis noch gut sein mag im Buche. Ganz am Ende erfahren wir es. Wachis hämmert an einem beschädigten Schild herum und spricht also:

>Ich glaube nicht«, sagte der Schlichte, »daß das der liebe Himmelsherr mit ansehn kann. Ich bin von denen, die niemals gern sagen: ›Jetzt ist alles aus.‹ Die Stolzen, die das Haupt so hoch tragen wie König Teja und Herzog Adalgoth, die rennen freilich immer und überall an die Balken des Schicksals. Aber wir kleinen Leute, die wir uns fügen und ducken können, wir finden leicht noch ein Mausloch oder eine Mauerlücke zu entrinnen. Es ist doch gar zu niederträchtig! elend! grausam! hundsföttisch!« – und jedes Wort begleitete ein stärkerer Hammerschlag – »Ich will's nicht glauben vom lieben Gott! – daß hier in die Tausende von braven Weibern und hübschen Mädchen und allerliebsten Kindern und lallenden Greisen in das höllische Feuer! dieses verfluchten Zauberberges! springen sollen, als wär's ein lustig Sonnwendfeuer, und als kämen sie drüben heil und gesund wieder heraus.«[59]

Das sind doch beherzigenswerte Worte, und es ist leider und ausgerechnet seine Frau, die ihn in letzter Minute herumdreht, daß auch er tapfer sterben will. Aber geschrieben ist geschrieben, und solche Worte sind dann doch haltbarer als das nekrophile Gewese drumherum. Wie hieß es bei Fontane?:

>Racker, wollt ihr denn ewig leben?
Bedrüger ...«
»Fritze, nichts von Bedrug;
Für fuffzehn Pfennig ist's heute genug.«[60]

59 Ebd., S. 1007.
60 Theodor Fontane, »Alte Fritz-Grenadiere«, in: ders., Gedichte, Stuttgart/Berlin 1905, S. 272.

Das sind so die Klippen, an denen sich das Heroische bricht und zerstäubt. Man muß es so sehen: Es ist dem erwachsenen Erzzivilisten Dahn nicht gelungen, seine Heroenidolatrie aus Kindheitstagen ungebrochen zu pflegen, so gern er gewollt hätte. Sein Teja zeigt die Fratze des Mörders von Kriegsgefangenen, der biederste aller Gefolgsleute will – und geht wenigstens verbal – von der Fahne, als es ans große Sterben soll. Dahn war kein Soldat; das Sterben lag ihm nicht; er träumte Ritterspiele, und das sind Zivilistenträume. Sie polieren nicht das Tötungsgeschäft des Krieges auf, sondern verschönern den Feierabend. Es sind Erregungszustände, die nicht mobilisieren sollen, sondern ideelle Gemeinschaft suggerieren, wo die reale nicht mehr existiert. Will der Professor wirklich schießen gehen, so gibt man ihm eine Rotkreuzbinde, und was er da sehen muß, wird ihm auch beinahe zu viel. Begeistert denkt er an die »aufregenden Berichte aus den Jahren 1861, 1866, 1870/71« und muß dabei immer an die »Harmonie=Säle« denken:

Ich meine die »Harmonie=Gesellschaft«, in deren stattlichen und behaglichen Räumen am Domplatz alle Gebildeten eine musterhaft reiche Sammlung von Zeitungen und Zeitschriften, Spielsäle, eine gute und billige Wirthschaft [...] und beinahe stets die Wahrscheinlichkeit, Freunde oder Bekannte anzutreffen fanden und genossen: kurz, alle Vorzüge eines englischen Clubs ohne dessen Steifheit,

und dort war es denn,

wo die Extrablätter zufrühest eintrafen.[61]

Das ist nicht die Erregung des Zeitungslesers in den *Letzten Tagen der Menschheit*: »Extraausgabee –!«, das ist nicht die Erregungsmasse in den Straßen Wiens und Berlins, das sind die Patrioten, die ihre Zeitung im Fauteuil lesen, weil sie instinktiv wissen, daß das die Aufregung dämpft. Diese gebremsten

61  Dahn, Erinnerungen, Bd. 4, S. 62 f.

Erregungen des Zeitungslesers verbinden sich mit den Schreib-
tischerregungen eines Schriftstellers, der in der Geschichte
immer wieder das findet, was ihm als Jugendlichem rote Ohren
gemacht hat und was er – zuweilen mit erstaunlicher Virtuo-
sität – zu reproduzieren in der Lage ist. Und das wieder ist
kein Totenkult, das ist keine Verherrlichung von Stalingrad
ante factum, auch nicht der Falkenhaynschen »Blutpumpe«
von Verdun, ganz im Gegenteil. Es handelt sich um Symptome
eines Abklingens, Abspannens, Second-Hand in großem Stile,
da wird über Ideale verfügt, die schon gar keine mehr sind,
es werden Haltungen beschrieben, die man lesend, und sonst
nicht, abends, zu Zwecken der Zerstreuung einnehmen kann
und vor allem wieder aufgeben. Für den Tag, auf praktische
Konsequenz hin geschrieben, vor allem: für den Tornister, ist
etwas anderes, nämlich die Schrift über das Kriegsrecht. Der
Geist, aus dem diese geschrieben ist, hat sich sogar in den
*Kampf um Rom* eingeschlichen.

Herauslesen wird man das als oberflächlicher Leser nicht
so ohne weiteres, wahrnehmen, wie ich glaube, schon. Darum
wohl ist Dahn so gänzlich abwesend, als eine Bande bankrot-
ter Völkermörder im Bunker am liebsten der verbliebenen
Welt, aber da das leider nicht mehr geht, nur noch sich selber den Garaus machen will. Nur einer will nicht mitmachen,
sondern lieber leben. Aber auch der ist kein biederer Wachis,
sondern ein besoffener SS-Mann namens Fegelein. Niemand
ist in Versuchung gekommen, das Personal zu verwechseln.
Nicht einmal das Personal selber, das, als *Ein Kampf um Rom*
geschrieben wurde, noch nicht einmal auszudenken war. Als
diese Chargen untergingen, war der Untergang von etwas ganz
anderem schon Geschichte geworden: Den Typus Dahn gab es
längst nicht mehr, als jene Welt erwachte, schon gar nicht im
Kreise solcher deutscher Professoren, aus dem Sätze kommen
konnten wie die jenes Repräsentanten deutscher Philosophie,
des Emeritus Adolf Lasson, Hegelianer von Zurechnung, der
1914 dieses wußte:

Die Verluste, die wir erleiden, sind an Wert denen gegenüber, die die Gegner erleiden, auch dann, wenn die letzteren

an Zahl das Zehnfache betrügen, unendlich viel größer und schmerzlicher.[62]

Was sich da ankündigt, ist der Mordkampf der Völker und die bereits aller Hemmungen sich entschlagende Bereitschaft, das Seine, das Unsre dabei zu tun. Wie schade – um den schon zitierten Seufzer Arno Schmidts auf den Fall anzuwenden –, daß nicht nur große Helden, sondern auch solche Maulhelden so selten in der Wiege erdrosselt werden. Dahn gehörte nicht zu ihnen; der Untergang seiner Welt gehörte zur Vorbereitung jenes kulturellen Umbruchs, der Kriege ermöglichte, die nicht mehr gegen eine andere Staatsmacht, sondern gegen Bevölkerungen und gegen feindliche Kulturen als Vernichtungskriege geführt wurden.

62  Adolf Lasson, Deutsche Art und deutsche Bildung. Rede am 25. September 1914, Berlin 1914, zitiert nach: Kurt Flasch, Die geistige Mobilmachung. Die deutschen Intellektuellen und der Erste Weltkrieg, Berlin 2000, S. 90.

# »Alles bekommt man ja einmal satt«
## *Kämpfe, Gleichnisse und Friedensschlüsse in der* Ilias

[…] streichelte sie mit der Hand und sprach und sagte die Worte:
»Unbegreifliche! Sei mir im Herzen doch nicht allzu traurig,
wird mich doch keiner gegen das Schicksal zum Hades entsenden!
Aber dem Todeslos, sag' ich, ist noch keiner entronnen –
ob er feige, ob tapfer –, sobald er einmal geboren.«

Unparteiisch ist Ares, der auch den Tötenden tötet.

Aber wahrhaftig, dies alles liegt im Schoße der Götter […]¹

Daß der Schlaf der Bruder des Todes sei, wissen wir aus Homers *Ilias,* und von hier kennen wir auch das schöne »du weißt, wie die Jugend Recht und Gesetz leicht mißachtet! / Denn gern ist vorschnell ihr Sinn,« – (»Schnell fertig ist die Jugend mit dem Worte«, sagt Schiller) – »doch schwach nur entwickelt die Einsicht.« Das griechische olympische Motto stammt ebenfalls aus der *Ilias* – soll heißen: das eigentlich griechische, nicht das moderne, gemäß dem das Dabeisein angeblich alles sei: »immer der Beste zu sein und hervor sich zu tun vor den andern«. So gibt es Peleus seinem Sohn Achill mit auf den Lebensweg.

Doch gilt mehrheitlich Homers *Odyssee* als das künstlerisch anspruchsvollere Werk. Anders als in der *Ilias* – an dieser Tatsache ändert auch (der meist abwesende) Achill nichts – geht es dort um ein Individuum, zudem um ein gewissermaßen modernes. In der *Ilias* erscheint das Handeln der Menschen oft wie ein bloßer Vollzug schicksalhafter Vorherbestimmung oder göttlichen willkürlichen Ratschlusses. Agamemnon redet sich jedenfalls auf diese Weise aus seiner Verantwortung heraus, ohne daß ihm einer widerspricht:

---

1 Die Zitate aus der *Ilias* folgen der Übersetzung von Kurt Steinmann: Homer, Ilias, aus dem Griechischen übersetzt von Kurt Steinmann, Nachwort von Jan Philipp Reemtsma, München 2017.

[...] ich jedoch, ich bin nicht schuldig,
vielmehr sind's Zeus und Moira und, ungesehn kommend,
    Erinys,
die mir im Rat in die Sinne warfen wilde Verblendung,
damals, als eigenmächtig Achilleus ich wegnahm die Gabe.
Aber was sollt' ich denn tun? Die Gottheit führt alles zum
    Ziele.

Das Handeln der Akteure in der *Odyssee* ist wesentlich mehr
bestimmt von der eigenen Verantwortung für ihr Tun oder
Lassen. Adorno hat in Odysseus und seiner Selbstbehauptung
gegen mythische Ungeheuer durch Umsicht und List einen
Vorläufer dessen gesehen, was Max Weber die für die Moderne
charakteristische Entzauberung der Welt nannte.

Relativierend ergänzen muß man allerdings, daß die Schick-
salsgläubigkeit in der *Ilias* seitens des Erzählers nicht immer
konsequent durchgeführt wird. Zwar gibt es eine Erfolgsse-
rie der Troer einzig deswegen, weil Zeus es so will, und die
Griechen verstehen dies auch so. Aber die Götter sorgen sich
zugleich immer wieder, daß der Eigensinn der Menschen sich
gegen den göttlichen Ratschluß wenden könne, daß etwa der,
dem in einem Zweikampf der Sieg nicht bestimmt ist, am Ende
doch gewinnt (weshalb sie oft persönlich eingreifen), oder,
noch dramatischer, daß Achill, dem Troja nicht einzunehmen
vorherbestimmt ist, dies wider Erwarten doch tun könne:
»fürcht' ich, daß er gar die Mauer zerstört, ungeachtet des
Schicksals«, sagt Zeus.

Auch in der *Odyssee* wandeln die Götter unter den Menschen, aber in der *Ilias* ist diese mythologische Möglichkeit
weit präsenter, und zwar bis zur Szene des Kampfes eines der
besten griechischen Krieger, Diomedes, mit Ares, dem Kriegsgott selbst, in der es jenem gelingt, wenn auch seinerseits nicht
ohne göttliche Hilfe, den Gott empfindlich zu verwunden. Ein
erstaunlich anthropomorphes Götterbild. Jammernd zeigt der
Kriegsgott dem Vater Zeus die Wunde. Eigentlich sind die homerischen Götter keine Götter. Übermächtige sind sie zwar,
aber – schon weil es so viele sind und weil sie in Bezug auf
menschliche Angelegenheiten ganz unterschiedliche Vorlieben

haben – alles andere als allmächtig. Sie sind eine merkwürdige Ansammlung von Wesen, die oft nicht wissen, was sie wollen oder wollen sollen, die sich gegenseitig hintergehen oder hineinlegen (Hera etwa lenkt ihren Mann Zeus mit Sex von seinen eigentlichen Aufgaben ab).

Die Götter haben, wenn sie sich unter die Menschen mischen, oft etwas Spukhaftes, Gespenstisches. Erkennen kann man sie, wie es im 8. Gesang heißt, am Gang: »Die Götter sind mühlos erkennbar.« Auch wenn sie in der Schlacht helfen, wird einem nicht wohl dabei: »denn schwer erträglich sind Götter, wenn sie sich leibhaftig zeigen.«

Im 20. Gesang kämpfen die Götter, die ja unterschiedlich parteiisch gesonnen sind, gar gegeneinander. In diesem Sinne mag einem die *Ilias* naiver erscheinen als die *Odyssee*, in der der wegen der Blendung des Polyphem erboste Poseidon als Naturgewalt Vergeltung an Odysseus und dessen Mannschaft übt – und wenn schon nicht »naiver«, so doch gewiß »archaischer«. Andererseits bietet die *Odyssee* veritable Märchenstoffe, Seemannsgarn und ähnelt in manchem Detail der Geschichte von Sindbad dem Seefahrer aus den *Geschichten aus 1001 Nacht*. Doch auch in der *Ilias* gibt es Märchenhaftes: Im 19. Gesang spricht Achill mit seinen Pferden.

Abgesehen von den Schiffbruchschilderungen (die bei den Hörern, von denen wohl manche die Tücken der Ägäis kannten, kennerhaftes Kopfnicken hervorgerufen haben mögen) und dem wie in Zeitlupe vorgeführten Abschlachten derjenigen, die sich um Penelope bewerben und den Palast des Odysseus besetzt halten, seine Vorräte aufessen und mit seinen Mägden schlafen, findet sich in der *Odyssee* nichts, was sich mit dem kaltblütig dargebotenen Detailreichtum der Kampfszenen in der *Ilias* vergleichen ließe.

Diejenigen, die die *Odyssee* der *Ilias* vorziehen, weisen gerne darauf hin, daß die *Ilias* doch viel einfacher sei in der Art, in der sie erzählt werde, linear, wogegen die *Odyssee* einen wesentlich komplexeren Aufbau zeige: die Doppelerzählung der Suche des Telemach nach dem Vater und die Heimkehr des Vaters durch ein Meer von Gefahren, die klassischen Abenteuer des Odysseus, an die jeder denkt, wenn der Name *Odyssee* fällt, dargeboten in einer Rückblende (Odysseus selbst erzählt sie am Tische der Phäaken, die für ihn, den schiffbrüchig ans Ufer Gespülten, ein Festmahl geben), und so weiter.

Aber es hat immer auch solche gegeben, die ich einmal habe »*Ilias*-Snobs« nennen hören: die nämlich, die dem ersten der beiden Epen durchaus den Vorzug geben, die sich an eben genau der linearen Wucht der Erzählung freuen (nebst der Fülle der Gleichnisse und eingestreuten, die Handlung unterbrechenden Exkurse, worauf noch einzugehen sein wird) und an der zuweilen frappierenden Realistik der Darstellung (wovon auch gleich die Rede sein wird). Bekanntlich schildert die *Ilias* nicht den Trojanischen Krieg, sondern nur eine Episode darin, aus dem zehnten Kriegsjahr, kurz vor der Zerstörung Trojas: die Kränkung Achills durch den Heerführer Agamemnon, der Achill die ihm zustehende Kriegsbeute, die schöne Briseis, wegnimmt. Agamemnons Kriegsbeute war Chryseis, die Tochter eines Apollon-Priesters, und der über ihre Entführung erzürnte Gott schickt mit seinen Pfeilen die Pest ins Lager der Griechen. Agamemnon läßt Chryseis frei und besänftigt so den Gott. Aber er will sich schadlos halten und fordert zum Ersatz Achills Beutefrau Briseis. Der um seine Beute betrogene Achill weigert sich, weiter unter Agamemnons Oberbefehl und überhaupt für die griechische Sache zu kämpfen – hat doch niemand Agamemnon widersprochen –, und zieht sich und seine Truppen aus dem Kriegsgeschehen zurück.

> Denn nicht der Troer wegen, der lanzenschwingenden,
>     kam ich
> hierher, um zu kämpfen, sie taten mir gar nichts ja zuleide.
> [...]
> nein, dir, Unverschämtester, folgten wir, dir zum Gefallen,
> um Menelaos' Ehre zu wahren und deine, du Hundsaug',
> gegen die Troer; das kümmert dich nicht, schert dich nicht
>     im Geringsten!
> Mir das Ehrengeschenk persönlich zu nehmen, das drohst
>     du,
> um das ich viel mich gemüht, bis Achaias Söhne mir's gaben.
> [...]

Nun aber geh ich [...]
heim mit den Schiffen zu ziehn

Worauf Agamemnon antwortet:

Fahre nur ab, wenn dein Herz dich drängt; ich mag dich
  nicht bitten,
mir zuliebe zu bleiben.

Und damit ist die Bühne für die folgenden Handlungen be-
reitet. Achill setzt sich ans Ufer und weint vor Gekränktheit
und Scham. Er weiß, daß ihm von Schicksals wegen vor Troja
der Tod bestimmt ist – und nun wird auch noch seine Ehre
geschändet. Seine Mutter, die Meergöttin Thetis (zwangsver-
heiratet mit Achills Vater Peleus, den, so erfahren wir später en
passant, sie widerlich fand), ersucht Zeus, die Trojaner so lange
siegen zu lassen, bis Agamemnon selbst Achill bitte, mit seinen
Kriegern zum Heer zurückzukehren. Zeus gewährt dies zum
Verdruß seiner Gemahlin Hera, die es mit den Griechen hält.
  Man versucht, des Kriegsgrundes Herr zu werden; Paris,
der Verführer, soll sich im Zweikampf mit dem gehörnten
Menelaos messen; dieser ist der bessere Krieger, und nur die
Einmischung der Göttin Aphrodite verhindert das Schlimmste, doch daß Menelaos Sieger ist, läßt sich nicht bestreiten.
Gleichwohl hebt nun ein Gemetzel an, das bis zum Ende des
Epos andauert. Ein Gemetzel, kenntnis- und detailreich ge-
schildert. Ich stelle mir immer die kriegserfahrenen Zuhörer
des *Ilias*-Vortrags vor, wie sie kundig und an eigenes Erleben
sich erinnernd – an Leichen, Verstümmelungen, Blut und Gebrüll – zustimmend murmeln: Jaja, so ist das im Krieg!
  Die Troer also siegen nach göttlichem Ratschluß, sie drin-
gen bis an die »Mauer« vor, einen Erdwall mit Palisade, den die
Griechen errichtet haben, um ihre Schiffe, ohne die sie ja nicht
heimkehren können, sei es nach einem Sieg, sei es nach einer
Niederlage, zu schützen. Dort kommt es zu einem wütenden
Gefecht. Die Troer brechen durch, sind dabei, die Schiffe zu
erobern und zu verbrennen. In einer Kampfpause wird eine
griechische Delegation bei Achill vorstellig: Er möge in den

Kampf eingreifen; Agamemnon wolle die ihm abgenommene Briseis (die er in der Zwischenzeit nicht angerührt habe) zurückgeben; zudem verspricht er ihm noch allerlei andere materielle und immaterielle Vergünstigungen. Doch Achill weist die Delegation mit höhnischen Worten ab, die Verletzung seiner Ehre sei nicht einfach durch dies und jenes zu kompensieren. Sein (älterer) Freund Patroklos überredet ihn schließlich, ihm seine, Achills, Waffen zu überlassen, damit er als Pseudo-Achill in den Kampf ziehen könne. Die List geht zunächst auf: Patroklos, für Achill gehalten, verbreitet Schrecken, kämpft auch rollengemäß mörderisch genug, bis er auf Hektor trifft, der ihn erschlägt und ihm die Waffen nimmt. Noch über der Leiche geht der Kampf weiter; Achill erhält Nachricht, man ermuntert ihn, ohne Waffen zu intervenieren, und in der Tat verursachen sein bloßes Erscheinen und sein Gebrüll Schrecken genug bei den Troern. Thetis, seine Mutter, erbittet beim Schmiedegott Hephaistos eine neue Rüstung für ihren Sohn – die Schilderung der neuen Waffen, vor allem des Schildes, ist, wiewohl (oder zumal) jenseits jeder Wahrscheinlichkeit, selbst was Götterhandwerk betrifft, eine der berühmtesten der *Ilias*.

Achill stürzt sich in den Kampf – gegen den Verlust des Gefährten zählt die verlorene Ehre nichts mehr – und richtet ein Blutbad unter den Troern an, verstopft den Fluß Skamander mit Leichen, bis der Flußgott sich wehrt: Es braucht göttliche Intervention, um ihn daran zu hindern, Achill zu ersäufen. Dann treffen Achill und Hektor zusammen, und Hektor flieht. Achill jagt ihn mehrfach um die Stadtmauer. Es kommt zum Zweikampf, den Hektor gemäß göttlichen Losentscheids verliert, nicht ohne daß er Achill zuvor um eine wechselseitige Vereinbarung ersucht hätte: Der Sieger möge den Leichnam zu würdiger Bestattung den Seinen überlassen. Achill verweigert sich solchem Ansinnen – es gebe keine Verträge zwischen Löwen und Menschen – und schleift den toten Hektor hinter seinem Streitwagen ins Lager der Griechen und um den aufgebahrten Körper des Patroklos herum. Auch beschließt er, Hektor an die Hunde zu verfüttern und zu Ehren des Patroklos gefangene Troer zu schlachten.

Man veranstaltet Patroklos zum Gedenken Kampfspiele im griechischen Lager (diesen ist der ganze vorletzte Gesang gewidmet). Im letzten Gesang macht sich der König von Troja, Priamos, auf den Weg ins griechische Lager, um die Herausgabe seines toten Sohnes zu erflehen. Achill gewährt es. Wir werden darauf noch eingehen.

Zunächst aber zu der erwähnten Realistik, ja Drastik der Schilderungen in der *Ilias*. Einige Beispiele:

> [...] warf; das Geschoss aber lenkte Athene
> auf die Nase beim Auge, es drang durch die Zähne, die
>     weißen;
> und das blanke Erz schnitt die Zunge ihm ab an der Wurzel,
> und ganz unten am Kinn fuhr heraus ihm wieder die Spitze.
> Und er stürzte vom Wagen
> [...]
> da schieden von ihm die Lebenskraft und der Atem.

Es folgt solchen Toden stets der Versuch, sich des Leichnams, seiner Waffen und Rüstung zu bemächtigen, und so bemüht sich auch hier der Troer Aineias, sich den Toten zu sichern. Doch der Griechen Stärkster, Aias, kommt dazwischen und wirft einen Stein, den selbst zwei Männer nicht zu tragen vermöchten:

> Damit traf er Aineias am Hüftgelenk, da, wo der Schenkel
> sich in der Hüfte dreht, an der Stelle, die ›Pfanne‹ genannt
>     wird,
> und zerschlug ihm die Pfanne, zerriss dazu beide Sehnen
> [...]

Oder so:

> Ja, der sprang vom Wagen herab und trat ihm entgegen;
> dem stieß er in die Stirn, wie er los auf ihn stürmte, den
>     scharfen
> Speer, und nicht hielt der Helmrand, schwer von Erz, ihm
>     den Speer ab,

sondern er drang durch das Erz und den Knochen; besudelt
   ward innen
ganz mit Blut das Gehirn.

Da werden Köpfe abgeschlagen und triumphierend dem Gegner
gezeigt, da läßt

   das Erz [...] die Därme blutig entquellen.

Nichts wird ausgelassen, nicht das Wie, nicht das Wo, nicht
das Wer-wen:

   Idomeneus aber stieß den Erymas mit grausamem Erze
   in den Mund, und gerade hindurch fuhr die eherne Lanze
   unterhalb des Gehirns, die weißen Knochen zerspaltend.
   Ausgeschlagen wurden die Zähne, ihm füllten mit Blut sich
   beide Augen, und aus dem klaffenden Mund und den
      Nüstern
   ließ er's entströmen, und ihn umhüllte des Tods schwarze
      Wolke.

Kein Körperteil bleibt verschont:

   [...] und das Rückenmark spritzte
   ihm aus den Wirbelknochen [...]

   [...] traf ihn rechts ins Gesäß, und es bohrte der Pfeil sich
      geradewegs
   in die Blase und drang gegenüber heraus unterm Schambein.

Manchmal scheint die pure Freude an Splatter-Szenen zu do-
minieren, scheint das Wahrscheinliche bzw. Mögliche gegen
einen Effekt eingetauscht:

   [...] auf die Stirn [...]
   über der Nasenwurzel; da knackten die Knochen, die Augen
   fielen blutig vor ihm hinab auf den staubigen Boden [...]

Übrigens sind die Götter um keinen Deut weniger brutal. Hephaistos erinnert Hera an eine exquisite Folter, die ihr Ehemann Zeus einst an ihr vollzog:

> Oder weißt du nicht mehr, wie du von oben herabhingst
> mit zwei Ambossen an den Füßen [...]?

Manchmal geht es kursorisch zu, als würde eine Liste geführt:

> Koiranos tötete er, Alastor und den Chromios,
> Alkandros, Halios auch, sowie Prytanis und den Noemon

und konsequent heißt es:

> und im Blut schwamm die Erde.

Realistisch-drastisch sind nicht nur die Kampfszenen, sondern vor allem der Blick auf das, was vom Kampfe übrig blieb. Als die Griechen Kriegsrat halten, setzen sie

> nieder auf freiem Platz sich, wo zwischen den Leichen der
>     Boden
> durchschien [...]

Und die Griechen, die den Kriegsrat belauschen wollen, schreiten

> [...] dahin durch die schwarze Nacht wie zwei Löwen, –
> über Mord, über Leichen, durch blutverkrustete Waffen.

Auch das darf der realistische Homer nicht unerwähnt lassen: Was passiert, wenn man mit einem Streitwagen über ein solches Blachfeld fährt?

> [...] und sie brachten
> leicht hin das schnelle Gefährt zu den Troern und den
>     Achaiern,
> stampfend auf Leichen und Schilde, sodass die Achse von
>     unten

ganz bespritzt war mit Blut sowie um den Wagen die
   Brüstung,
gegen die von den Hufen der Pferde Blutspritzer klatschten
und von den Reifen der Räder [...]

Und plötzlich in solchem Zusammenhang Unerwartetes:

Trojas Krieger [...]
[...] die nie sattbekommen gemeinsamen Kampfes
   Getümmel!
Alles bekommt man ja einmal satt, den Schlaf und die Liebe,
auch den herrlichen Reigentanz und die reizenden Weisen,
deren Genuss man doch eher ersehnt als das Führen des
   Krieges.

Spricht hier der Dichter in eigenem Namen vom Überdruß am
gewählten Genre? Es gibt noch eine andere Seite jenseits des
puren Gemetzels, die den Furor des Achill in ein Licht setzt, in
dem er als Verrat an dem erwartbaren Benehmen eines, sagen
wir: gesitteten Kriegers deutlich wird. Aber zuvor zu ein paar
formalen Besonderheiten der *Ilias*: Da sind einmal die vielen
Schönheiten, die unabhängig von historisch gewachsenen oder
veränderten ästhetischen Präferenzen über die Zeiten Bestand
haben:

Eos im Safrangewand goss ihr Leuchten über die ganze
   Erde [...]

Oder (es geht um einen Hagel geschleuderter Steine):

Wie wenn die Flocken eines Schneegestöbers dicht fallen
an einem Wintertag [...]

Wie heißt es bei Dante, wenn er einen Regen von Feuerflocken
beschreibt? *Come di neve in alpe* ... – Dann die Gleichnisse
und Exkurse, die die erwähnte Unterstellung des bloß linearen Erzählens hinfällig machen. Zwar schreitet die Handlung
chronologisch fort, aber der Erzählfluß fügt sich dem Chrono-

logischen im Grunde nicht. Nicht nur werden zwischendurch die Musen angerufen, sie möchten dem Dichter/Sänger helfen (»Sagt mir jetzt, Musen, die ihr bewohnt die olympischen Häuser – / denn ihr seid Göttinnen, allgegenwärtig wie auch allwissend, / wir aber hören nur die Kunde und wissen rein gar nichts –, / welches die Führer der Danaer waren und ihre Gebieter«), nicht nur wird plötzlich in die direkte Anrede gewechselt (»Spottend riefst du ihm zu, o Patroklos«). Eine unerhörte Fülle von Gleichnissen unterbricht immer wieder die Wiedergabe der bloßen Handlungen und lenkt die Aufmerksamkeit auf das poetische Bemühen selbst:

[…] Aber auch Hektor
blieb nicht länger im Haufen der dicht gepanzerten Troer,
nein, wie ein braunroter Aar auf ein Volk geflügelter Vögel
niederstößt, die längs eines Flusses Futter sich suchen,
Gänse oder Kraniche, auch langhalsige Schwäne:
So rückte Hektor gegen ein dunkelbugiges Schiff vor […]

Wie eine Rinderherde oder Großschar von Schafen
vor sich hertreibt ein Raubtierpaar im nächtlichen Dunkel,
wenn es plötzlich einfällt und eben der Hüter nicht da ist:
So flohen wehrlos die Achaier […]

Also wich Aias damals voll Kummer zurück vor den Troern,
ganz widerstrebend; er fürchtete sehr für der Danaer Schiffe.
Und wie wenn ein Esel am Saatfeld entlang geht und Buben
trotzt, ein störrischer, auf dem schon viele Knüttel
    zerbrachen,
und er dringt ein und frisst ab die Saat, die tiefe; die Buben
hauen auf ihn mit Knütteln, doch ihre Gewalt ist bloß
    kindisch,
und nur mühsam vertreiben sie ihn, nachdem er sich satt fraß:
Also blieben dem großen Aias, Telamons Sohne,
damals die tapferen Troer […]
stets auf den Fersen […]
Aias aber […]
machte wiederum kehrt […]

Diese unermüdlich vorgetragenen Gleichnisse werden von großen, viele Verse langen Einschüben ergänzt. Etwa dem, in dem der greise Nestor beklagt, daß er nicht mehr bei Kräften sei wie als junger Mann und – mitten in der Schlacht, was absurd wäre, wäre es nicht poetische Absicht – in einen autobiographischen Bericht verfällt:

> [...] Denn meine Kraft ist
> nicht mehr, wie sie zuvor mir war in den biegsamen
>     Gliedern.
> Wär' ich doch noch so jung und wäre die Kraft mir
>     beständig
> wie einst, als zwischen Eleiern und uns wilder Streit war
>     erwachsen
> um einen Rinderraub, als ich den Itymoneus totschoss,
> des Hypeirochos tüchtigen Sohn – der wohnte in Elis –,
> als ich [...]

Die Schilderung der anschließenden Kampfhandlungen umfaßt weit über einhundert Verse. Ein weiteres Beispiel für einen Einschub ist die Szene, als Achill und Aineias aufeinander treffen und letzterer sich vorstellt, indem er einen kurzen genealogischen Abriß gibt. Er verfolgt seine Abstammung bis vor die Gründung Trojas zurück, und das klingt wie der Anfang des Matthäus-Evangeliums:

> Und Erichthonios zeugte den Tros, den Troern zum
>     Herrscher;
> Tros aber wieder entstammten die drei vortrefflichen Söhne
> Ilos, Assarakos und den Göttern gleich Ganymedes,
> [...]
> Ilos zeugte als Sohn Laomedon, den Mann ohne Tadel,
> Laomedon dann zeugte Tithonos und Priamos, ferner
> Lampos, Klytios auch und Ares' Freund Hiketaon.
> Und Assarakos zeugte den Kapys und der Anchises,
> mich aber zeugte Anchises, und Priamos Hektor, den edlen.
> Solchem Geschlecht und Geblüt zu entstammen kann ich
>     mich rühmen!

Homer läßt seinen Aineias – dem es gelingt, bei der Erobe-rung Trojas zu entkommen, und der, folgen wir Vergil, zum Stammvater der Römer wird, deren Genealogie der gebildete Römer mit dieser Stelle auswendig hersagen kann – sich selbst unterbrechen:

> Auf denn, schwatzen wir nicht mehr daher wie unreife
>    Kinder,
> wo wir hier doch sind inmitten der feindlichen
>    Feldschlacht!

Das ist ja im Grunde komisch – als riefe sich (einmal mehr) der Dichter/Sänger ironisch zur Ordnung.

Der berühmteste – mancher würde sagen: berüchtigte – Ex-kurs ist der sogenannte »Schiffskatalog«. Er beginnt mit der oben zitierten Musenanrufung, dann folgt die Auflistung aller Kontingente, die Agamemnon gegen Troja führt. Auch hier scheint mir Schiller zur *Ilias* hinübergeblinzelt zu haben, als er in den »Kranichen des Ibykus« das Theaterpublikum auflistet und sagt: »Wer zählt die Völker, nennt die Namen«, und: »von Theseus Stadt, von Aulis Strand, von Phokis, vom Spartaner-land, von allen Inseln kamen sie«, nur geht es in der *Ilias* um das, was man anderswo auch mal »Kriegstheater« genannt hat. Die Masse der Krieger könne er nicht nennen, sagt der Dichter/Sänger, wohl aber ihre Herkunft und ihre Anführer:

> Die Boioter führten Peneleos an und Leitos,
> Arkesilaos auch und Klonios und Prothoenor:
> Sie bewohnten Hyrie und das felsige Aulis,
> Schoinos, Skolos, Eteonos, das reich ist an Schluchten
> [...]
> Aber die Phoker führten Epistrophos an und Schedios,
> Söhne des tapferen Iphitos
> [...]
> Und die Athen besaßen, die wohlerrichtete Festung
> [...]
> Aias aber führte aus Salamis ein Dutzend Schiffe
> [...]

Und die Mykene besaßen, die wohlerrichtete Festung
[…]
die führte, hundert Schiffe stark, der Fürst Agamemnon,
der Atride; dem folgten die weitaus meisten und besten
Krieger; er selbst hatte angelegt die funkelnde Rüstung,
siegesstolz, und er ragte heraus unter sämtlichen Helden,
weil er der Beste war, weil die meisten Krieger er führte.
Und die Lakedaimons schluchtreiche Senke besaßen,
Pharis und Sparte
[…]
die führte ihm Menelaos, sein Bruder, der tüchtige Rufer,
in sechzig Schiffen
[…]
Aber Odysseus führte die Kephallenen, die kühnen,
welche Ithaka hatten
[…]
Diese führte Odysseus, Zeus ebenbürtig an Klugheit,
und ihm folgten zwölf Schiffe mit mennigfarbenen Planken.
[…]
Wer nun von denen der Beste war, das sag du mir, Muse,
[…]
Und von den Männern war Aias, des Telamons Sohn, der
    weit beste,
während Achilleus grollte; denn der war bei Weitem der
    Stärkre
[…]

So geht das im 2. Gesang in den Versen 494 bis 769 – dann
marschieren die genannten Kontingente gegen Troja auf (eine
Art Kurzfassung des Schiffskatalogs), und Troja sammelt sich
zur Verteidigung. Als Gegenstück werden nun die troischen
Truppenteile genannt, die eigentlichen troischen und die her-
beigekommenen Hilfstruppen samt ihren jeweiligen Kom-
mandeuren, 70 Verse lang, bis zum Ende des Gesanges. Und
es folgt noch ein weiteres Gegenstück: Im 3. Gesang sehen
wir einige Greise, die den Aufmarsch des griechischen Heeres
beobachten –

[…] des Volkes Älteste […]
schon vom Kampf befreit, weil zu alt, doch als Redner im
Rate
trefflich, den Zikaden gleichend, die da im Walde
aus der Bäume Geäst ihr helles Gezirpe entsenden:
So also saßen der Troer Führer dort auf dem Turme

Sie fordern Helena auf, zu den Griechen, sprich: zu ihrem
Mann Menelaos zurückzukehren und so den Kriegsgrund aus
der Welt zu schaffen, doch König Priamos untersagt das: Sie
könne ja nichts dafür. Statt dessen bittet er sie, für ihn zu identifizieren, wer im griechischen Aufmarsch wer ist. Es folgt die
»Mauerschau«, in der Theaterterminologie seitdem »Teicho-
skopie« genannt, ein Stilmittel, das Shakespeare exemplarisch
in *Troilos und Cressida* virtuos-parodistisch handhabt. Priamos
fragt, Helena antwortet:

»Der da ist Atreus' Sohn Agamemnon […]
Das wiederum ist Laertes' Sohn, der gewitzte Odysseus«
[…]«
»Wer da ist dieser andre Achaier, der starke und große
[…]?«
»[…] Aias, der Riese, ist es, der Schutz der Achaier.«

Durch den Perspektivenwechsel gewinnt das Gewimmel an
Transparenz. Der Schiffskatalog benimmt die Sinne, man stelle
sich ihn im Vortrag vor (der junge Arno Schmidt sprach von
den »Wonnen der Aufzählung«). Man beachte auch die differenzierte Geographie, die der Dichter/Sänger seinem Publikum bietet (auch wenn natürlich vieles routiniert daherkommt:
»schluchtenreich« ist in Griechenland manche Gegend). Dann,
beim Aufmarsch, die Komprimierung der Fülle, schließlich in
der »Mauerschau« die Ergänzung durch präzise Snapshots.
    Gewalt für etwas zu halten, das spezieller Legitimation be-
darf – also nicht die Frage danach, wann Gewalt gegen wen
legitim ist, sondern ob Gewalt etwas ist, das an sich besser
nicht wäre –, ist eine Denkweise, die in der Moderne nach
den Krisen des 17. Jahrhunderts aufgekommen ist. Nach derlei

früher zu suchen ist vergeblich. Dennoch findet sich in der *Odyssee* eine erstaunliche Polemik gegen Odysseus: Er habe zunächst die Elite von Ithaka in einen Krieg geführt, aus dem niemand bis auf ihn selbst wiedergekehrt sei, und dann, wieder zurück, in seinem Palast ein Blutbad angerichtet. Ithaka steht vor einer Revolte, und es bedarf göttlicher Intervention, um diese zu verhindern. Auch in der *Ilias* gibt es einen Moment der Rebellion: die Rede des Thersites, der vorsorglich »der hässlichste Mann, der nach Troja gelangt war«, genannt wird:

> Krummbeinig war er und hinkend auf einem Fuß, und die
> beiden
> Schultern waren ihm bucklig, eingezogen zur Brust hin;
> spitzig lief zu ihm der Schädel, drauf spross ihm nur
> schütter die Wolle.
> Höchst widerwärtig war er zumal dem Achill und
> Odysseus [...]

Vielleicht ist der historische Sokrates der erste, dessen körperliche Abweichungen von den hellenischen Idealmaßen, überliefert in schriftlichen Darstellungen und Büsten, ihm nicht zum Nachteil gereichten. Doch auch Homer läßt Thersites Wahrheiten sagen – wenn auch im Kosmos der *Ilias* etwas karikaturhafte. Thersites interpretiert den Krieg um Troja als einen riesigen Raubzug, von dem vor allem der Heerführer Agamemnon profitiere. Das ist, auch im Verständnis der Hörer, nicht weit hergeholt. Krieg und Piraterie waren in der griechischen Welt (zumindest sehr lange Zeit) nicht wirklich auseinanderzuhalten, Kreta war bis in die Zeiten der späten römischen Republik ein Seeräubernest und ein berüchtigter Marktplatz für Sklaven und Beutegut. Odysseus selbst muß auf seiner Irrfahrt durch die Ägäis betonen, daß er kein Pirat sei. Agamemnon, so Thersites, habe doch nun schon genug zusammengerafft: Schätze beispielsweise und Frauen (man denke an den Anlaß des Zerwürfnisses mit Achill). Nebenher erfahren wir, daß Thersites selbst ein durchaus aktiver Kriegsteilnehmer ist, der einen Troer gefangengenommen und bei Agamemnon abgeliefert hat. Insgesamt sei es doch nun genug –

Oder brauchst du noch Gold, das ein rossebezähmender
   Troer
dir als Lösegeld für den Sohn aus Ilios anschleppt,
den ich selbst gefesselt gebracht [...]?

Er fordert die Griechen auf, zu desertieren und nach Hause zu
fahren, und für Achill findet er nur abschätzige Worte: Er habe
sich Agamemnons Übergriff gefallen lassen, anstatt sich zur
Wehr zu setzen. Daraufhin verprügelt Odysseus den Thersites.
Dies ist eine – und ich glaube nicht nur nach modernem Verständnis – wenigstens latent ambivalente Stelle.
   Auf weit sichererem Boden befinden wir uns, wenn es um
die Tugenden des Kriegers geht. Diese bestehen nicht nur im
erfolgreichen Kampf mit letalem Ausgang und Raub der Waffen, sondern – sehr zuweilen – auch darin, nicht zu kämpfen.
So treffen im 6. Gesang der Troer Glaukos und der Grieche
Diomedes auf dem Schlachtfeld zusammen und stellen sich in
einer dieser *Ilias*-eigenen autobiographischen Reden einander
vor. Auf die Frage des Diomedes: »Wer bist du?«, denn ihn
kommt plötzlich ein Zweifel an, ob er vielleicht einen Gott
vor sich habe, gegen den er nicht kämpfen werde, antwortet
Glaukos:

Mutbeseelter Tydide, was forschst du meinem Geschlecht
   nach?
Wie das Geschlecht der Blätter genauso jenes der
   Menschen:
Blätter – da weht die einen der Wind zu Boden, und andre
treibt der knospende Wald aus, sobald der Frühling ins
   Land zieht.
So der Menschen Geschlecht: Eins sprießt, das andere endet.
Willst du indes auch dieses erfahren, dass gut du dich
   auskennst
mit meiner Herkunft – viele Menschen gibt's, die sie kennen:
Da ist Ephyra, die Stadt ganz am Rand des rossreichen
   Argos;
Sisyphos lebte dort, der gerissenste unter den Menschen
   [...]

Es ist ein langer Stammbaum, und allerlei Ereignisse aus vergangenen Zeiten werden geschildert. Am Ende schließt Glaukos:

> Aber Hippolochos zeugte mich, ihm entstamme ich, sag'
>     ich.
> Dieser schickte nach Troja mich und gebot mir gar
>     dringlich,
> immer der Beste zu sein und hervor mich zu tun vor den
>     andern [...]
> Solchem Geschlecht und Geblüt zu entstammen kann ich
>     mich rühmen!

Diomedes erkennt, daß Glaukos' Vorfahren Gastfreunde der Vorfahren des Diomedes gewesen sind, und das zählt mehr als die Feindschaft vor den Mauern Trojas. Sie beschließen, nicht zu kämpfen, und tauschen als Zeichen des individuellen Friedensschlusses die Waffen. Das ist eine nicht nur griechische Geste. Wir finden sie auch im Nibelungenlied. Als Rüdiger von Bechelaeren in Etzels Palast in den Kampf gegen die Burgunden eingreift, um einen Eid einzulösen, den er Kriemhild einst geschworen, muß er gegen Männer kämpfen, die zuvor seine Gastfreunde gewesen sind. Hagen von Tronje tritt ihm gegenüber und zeigt auf das Gastgeschenk, das ihm Rüdiger gemacht hat, einen Schild. Der sei nun in den Kämpfen zerhauen – Rüdiger möge ihm den seinen geben. Rüdiger tut's und erneuert so das Gastgeschenk. Hagen wendet sich ab: Gegen Rüdiger werde er nicht kämpfen. Auch als Hektor und Aias nach unentschiedenem Kampf auseinandergehen, weil die Nacht einbricht, tauschen sie als Respektsbezeugung Schwert und Gürtel.

Das Wüten Achills gegen den Leichnam des von ihm erschlagenen Hektor ist ein trotz aller Brutalität des Kampfgeschehens unerhörter Bruch mit der Vorstellung davon, wie sich ein gesitteter Krieger zu verhalten hat. Die Rüstung des Erschlagenen sich anzueignen ist legitime Kriegsbeute, die Leiche zu schänden ist Frevel. Noch im Tode bittet Hektor, seinen Körper (durchaus gegen Lösegeld) den Seinen zurückzugeben. Achill verweigert das, vielmehr kündigt er an, ihn den Hunden zum Fraß vorzuwerfen. Diese zentrale dramatische Szene hat Vorläufer. Im 7. Gesang vereinbaren Hektor und Aias, was Achill Hektor verweigert: daß der Überlebende des Zweikampfes, wie es Brauch ist, die Waffen des Erschlagenen an sich nehmen könne, »aber den Leichnam geb er zurück« bzw. »den Leichnam geb' ich zurück«.

Nach dem Tod des Patroklos geht es weitaus zügelloser zu, doch das ist noch eine Folge des Kampfgetümmels, keine absichtsvolle Schändung. Man zerrt die Leiche des Patroklos mal Richtung Troja, mal in Richtung der griechischen Schiffe. In eines dieser atemberaubenden Gleichnisse (nach unserm Geschmack geurteilt beinahe unschuldig schön – oder makaber?) gefaßt, heißt es hier:

> Und wie wenn ein Mann seinen Leuten die Haut eines starken
> Stiers gibt, sie zu spannen, die vom Fett stark durchtränkt ist,
> und die fassen sie und treten zum Kreis auseinander,
> spannen sie, und bald weicht die Feuchtigkeit, und das Fett dringt
> ein, da viele dran zerren, und durch und durch wird gespannt sie:
> Also zerrten sie hierhin und dorthin den Toten auf engem
> Raum, die beiden; im Herzen hofften sehnlich die Troer,
> ihn nach Ilios schleppen zu können, doch die Achaier
> hin zu den bauchigen Schiffen
> [...]
> Und es wusste noch gar nichts
> von des Patroklos Tod der göttergleiche Achilleus.

Bevor Achill die Leiche Hektors zu den Schiffen schleift, kommen die andern Griechen hinzu, um Achills Sieg zu bestaunen, und bilden eine üble Meute:

> [...] Herbei liefen rings die andern, die Söhne Achaias,

die denn auch über Hektors Wuchs und das herrliche
  Aussehn
staunten; doch keiner trat hin, ohne nach der Leiche zu
  stechen.

Sie spotten seiner: Wieviel weicher doch dieser Körper sei, als er ihnen vordem in der Schlacht erschienen. Es folgt, was schon geschildert wurde.

Die Rückgabe der Leiche des Hektor an seinen Vater Priamos, den König von Troja, ist eine Gegen-Episode zu Achills vorheriger Raserei, die eine Verletzung jenes – bei aller uns irritierenden Grausamkeit – Geistes ehrbaren Kampfes darstellt, der den Krieg prägen soll. Im übrigen sagt es der Text selbst: Achill habe die Contenance verloren. In gewissem Sinne ist diese Schlußepisode aber auch ein Kontrastück zu *allem* Vorherigen, denn es wird ein ganz anderer Ton angeschlagen.

Am Anfang steht, wie so oft, göttlicher Ratschluß. Man möchte Achill wieder als ruhmvoll ansehen können, und Zeus trägt Thetis auf, dafür zu werben, daß Achill Hektor gegen Lösegeld herausgibt. Achill, trotzend wider die ganze Welt, nur nicht wider die Mutter (und das Gebot des Zeus), willigt ein. Auf ebenfalls göttlich übermittelte Order macht Priamos sich allein mit einem schatzbeladenen Wagen auf ins Lager der Griechen – geleitet vom Gott Hermes in Griechengestalt. Priamos tritt ein in die Hütte Achills, umfaßt seine Knie und küßt seine Hände,

die grausen,
männermordenden Hände, die ihm viele Söhne getötet.

Er sagt, Achill möge an seinen Vater Peleus denken,

der so alt ist wie ich, an der traurigen Schwelle zum Tode!

– der freue sich doch, wenn er höre, Achill sei noch am Leben, und warte auf seine Rückkehr. Er, Priamos, bringe Lösegeld für den toten Hektor, vor allem jedoch rät er:

[...] scheue die Götter, Achilleus, erbarme dich meiner,
deines Vaters gedenkend! Noch größeres Mitleid verdien'
  ich,
brachte ich doch über mich, was noch nie tat ein andrer auf
  Erden:
Hin zum eigenen Mund des Sohnmörders Hände zu führen.

Dann weinen sie beide zusammen – Priamos um Hektor,
Achill um seinen noch lebenden Vater Peleus, der ihn, das weiß
er, nie wiedersehen wird, und um Patroklos. Diese Gemein-
samkeit in der Trauer ist es, was ich »Kontrastück« nenne.
Dann geht Achill hinaus, um in Auftrag zu geben, daß man den
Leichnam Hektors wäscht, salbt, verhüllt,

[...] dass Priam den Sohn nicht erblicke
und in tief bekümmerter Brust seinen Zorn nicht bezähme
bei dem Anblick des Sohns, und Achill das Herz sich
  empöre,
dass er den Alten töte und so Zeus' Gebote verletze.

Er lädt Priamos zum Nachtmahl ein, nicht ohne zu erwähnen,
derlei sei keinesfalls pietätlos, denn auch Niobe habe, nachdem Apoll und Artemis ihr zwölf Kinder ermordet haben,
ans Essen gedacht. Priamos übernachtet bei Achill (vor der
Tür, damit kein Unangemeldeter ihn sähe und erkenne), und
schließlich gewährt Achill – eigenmächtig, Heerführer ist er ja
nicht – einen Waffenstillstand, bis die Bestattungsfeierlichkei-
ten beendet sind: elf Tage.

Doch am zwölften kämpfen wir, wenn es denn sein muss!

Hermes weckt Priamos zeitig:

Eos im Safrangewand goss ihr Leuchten schon über die
  ganze
Erde, da trieben die beiden zur Stadt mit Jammern und
  Seufzen
hin die Pferde; die Maultiere zogen die Leiche [...]

Hektor wird bestattet. Damit endet das Epos. So steht am Anfang der europäischen Literatur nicht nur ein unablässiges »Also kämpften sie da nach Art des lodernden Feuers«, und wie der Formulierungen mehr sind, stehen nicht nur Beispiele für etwas wie eine Sittlichkeit des Zweikampfs, sondern auch der Bruch aller hiermit verbundenen Regeln – und das Gegenteil: die Demonstration unheilbarer Trauer, in der die Menschen, auch wenn sie Feinde sind, zusammenfinden können: Gemeinschaftsstiftung durch Schmerz, denn das Leid sei das Los der Menschen. Und als einziges Antidot gegen den Trieb, einander immer mehr Leid zuzufügen, finden wir hier sein Umschlagen in Ermattung:

Alles bekommt man ja einmal satt

und Duldsamkeit:

duldsam ist nämlich der Sinn, den die Moiren den Menschen gaben.

# Gewalt – der blinde Fleck der Moderne

## »Versprechen«?

»Gebrochene Versprechen der Moderne« lautete der Arbeits-titel der Tagung, für die dieser Vortrag geschrieben wurde – aber: versprechen Zeiten denn etwas? Wir mögen in Erwartungen enttäuscht sein, desillusioniert vielleicht. Freud empfahl, Desillusionierungen zu begrüßen. Würden wir desillusioniert, würden wir klüger. Und wenn wir, ist hinzuzufügen, uns in unseren Erwartungen enttäuscht sehen, dann haben wir uns geirrt, sind also auch klüger geworden. Um etwas anderes kann es sich doch nicht handeln. Wie kommen wir also dazu, von »gebrochenen Versprechen« zu reden?

Wahrscheinlich hängt das mit einer Rätselfigur zusammen, die einige Theoretiker der Moderne dazu gebracht hat, eine – je nach Theoretiker so oder so gestaltete – Formel zu entwerfen, die intellektuellen Aufschluß über die Epoche, in der sie lebten, geben sollte. Es ist die (um noch einmal Freud zu zitieren) vom Scheitern am Erfolg. Die Loslösungsdynamik der Moderne von der Vor-Moderne trägt dieser Theoriefigur zufolge ebenso ein imaginiertes Entwicklungsziel wie eine Zerstörungsdynamik in sich. Das ist für sich wenig verständlich. Max Weber sprach von »Rationalisierung« und sah in ihr das offenbare Geheimnis des okzidentalen Erfolgswegs. Und er sah in ihr das entscheidende Risiko seiner Gegenwart. Die »entzauberte«, das heißt gründlich säkularisierte Welt tritt ihren Bewohnerinnen und Bewohnern als ähnlich undurchschaubar fremdgemacht gegenüber. Die Haltung, die sie zu erfordern scheint, ist nicht ihre Gestaltung, sondern die Unterwerfung. Für Walter Benjamin sind die technischen Neuerungen der Moderne solche, die in den Kleidern der Vormoderne auftreten und dadurch nicht einfach etwas falsch Genutztes werden, sondern eine eigene Zerstörungsmacht offenbaren – ähnlich, wie Karl Kraus in der Phrase die Metapher für die menschliche Selbstvernichtung im Ersten Weltkrieg sah. Adorno und Horkheimer haben in der *Dialektik der Aufklärung* die Figur von der Unterwerfung der

Natur unter ein moralabstinentes Zweck-Mittel-Kalkül des Menschen und die damit einhergehende Selbstunterwerfung des Menschen unter seine von ihm nicht mehr verstandenen und für Naturzwänge genommenen Herrschaftsverhältnisse gezeichnet. Es ist nicht nur Marx, der mit dem Warenfetischismus diese Melodie anschlug (und Lukács, der den Gedanken der »Verdinglichung« ausarbeitete), es ist eine vielfach präfigurierte Formel – siehe »Zauberlehrling«.

Ebenso interessant wie seltsam ist es, daß diejenigen – mit Ausnahme von Karl Kraus –, die das Wesen der Moderne in ihrer Dialektik von Erfolg und Selbstdestruktion zu fassen suchten, das Thema der Gewalt nur gestreift haben. Wo Adorno und Horkheimer auf die Shoa zu sprechen kommen, ist diese ein aus der »bürgerlichen Kälte«, der Tendenz der Moderne zur Abstraktion resultierender Habitus, der bis zum Massenmord, dem Schicksal nur noch Statistik ist, gehen kann. Zygmunt Bauman führt die Shoa auf die moderne Obsession durch Ordnung zurück – aber auch für ihn ist »Gewalt« ein Epiphänomen, ein Durchführungsmittel, ebenso wie für Adorno ein Triumph der Gleichgültigkeit. Tatsächlich wird man die Phänomene der Gewalt nie (oder wenigstens selten) so beschreiben können.

## »Blinder Fleck«?

Der Titel dieses Vortrags bedient sich der eingeführten Metapher vom »blinden Fleck«. Da diese ebenso bekannt ist wie gegen ihren Sinn verwendet zu werden pflegt, sei sie erläutert. Der blinde Fleck ist nicht das, was man nicht sieht, sondern eine Stelle im Auge, die verhindert, daß man etwas sieht – daß man sieht, wohin man doch blickt, eine zuweilen kleine Stelle, aber immerhin. Diejenigen, die sich mit der Dialektik der Moderne beschäftigt haben, haben die Gewalt des 20. Jahrhunderts immer vor Augen gehabt, ihr Leben selbst wurde durch die Nähe zu zuvor nicht antizipierter Gewalt geprägt, aber sie haben es nicht so gesehen.

# »Gewalt«

Sprechen wir also über Gewalt. »Gewalt« – was ist das eigentlich, wie definiert man das? – »Ist das schon Gewalt?« wird meist dann gefragt, wenn man etwas ächten will. Dabei schwingt die Unterstellung mit, »Gewalt« sei stets etwas Illegitimes, meist (oder hoffentlich) Illegales, jedenfalls etwas, das nicht sein soll. Spricht man etwa vom »Gewalteinsatz der Polizei«, klingt die Meinung an, hier sei etwas zumindest übertrieben gewesen. Wenn es dagegen heißt, der Einsatz sei »verhältnismäßig« gewesen, so klingt es wie: »Gewalt war es nicht!« Gewalt, auf die man sozial angewiesen ist und die selbstverständlich gebilligt wird, wie etwa ein akzeptierter Polizeieinsatz oder der Strafvollzug, wird im Grunde nicht als solche wahrgenommen.

Es scheint so zu sein, daß wir das Gewalt nennen, was wir für illegitim im weiteren Sinne, das heißt, unerlaubt oder doch wenigstens unverhältnismäßig bis unmäßig halten. Kann man über Gewalt sprechen und von solchen normativen Implikationen absehen? Man muß es tun, schon um sie zu verstehen. Tun wir das Schritt für Schritt.

1. Wenn man in analytischer Absicht über Gewalt spricht, muß man von physischer Gewalt ausgehen. Unser Reden über psychische Gewalt bildet eine Analogie, die sich gerade dann zeigt, wenn jemand die Rede von psychischer Gewalt mit Emphase versehen will. Dann mag es heißen, psychische Gewalt sei »genauso schlimm, manchmal schlimmer« als physische. Auch die Metaphern, mit denen wir versuchen, seelisches Leid zu beschreiben, sind vom Körperlichen genommen: Die »Trennung schmerzt«, es »schnitt ins Herz«, etwas »traf ihn wie ein Schlag«. Menschen lernen zunächst über ihre physischen Zustände zu sprechen; kleine Kinder nennen alle möglichen Zustände, unter denen sie leiden – physische wie psychische –, Bauchweh.

2. Gewalt, so schlage ich, ausschließlich mit Blick auf die Phänomenologie der Gewalttaten, vor, ist der Zugriff eines Menschen auf den Körper eines anderen ohne dessen Einwilligung. Dieses eine Moment aus der Welt des Sozialen muß

hinzugenommen werden, um zu verstehen, woher das dann in allerlei Weise sich differenzierende Normative rührt.

3. Drei grundsätzliche Arten, gewalttätig mit dem Körper eines anderen zu verfahren, lassen sich unterscheiden. Die eine betrifft den Ort des Körpers im Raum (ich spreche von »lozierender Gewalt«), ihn aus dem Weg räumen, seine Bewegung einschränken. Die zweite besteht darin, mit dem Körper etwas anzustellen, ihn als Körper zu benutzen (ich spreche von »raptiver Gewalt«). Schließlich gibt es Gewalt, die auf die Zerstörung des Körpers gerichtet ist (ich nenne sie »autotelische Gewalt«). Ein Körper kann auch durch die Einwirkung lozierender oder raptiver Gewalt teilweise oder ganz zerstört werden, aber das ist dann nicht die Richtung der Gewalt, das, was (man erlaube mir die Formulierung) »die Gewalttat will«. Notabene: Ich spreche nicht von den jeweiligen Intentionen, die wir einem Gewalttäter zuschreiben möchten, sondern nur von Handlungsmerkmalen, über die man sprechen kann, ohne die Handlungen als soziale oder psychische Ereignisse zu interpretieren.

Daß eine Gewalttat intentional auf Zerstörung eines Körpers gerichtet sein solle, sie nicht nur zur Folge habe, scheint uns eine irritierende Auffassung menschlicher Gewalttätigkeit zu sein. Im Hintergrund unserer Versuche, uns ein Bild vom Menschen als Gewalttätigem zu machen, steht meist das Bild eines Wesens, das Zwecke hat, die es so oder so verfolgen kann, und wir fragen, wenn es gewalttätige Mittel sind, was es dazu gebracht habe und ob sich die Wahl eines solchen Instruments irgendwie erklären lasse. Der Wunsch nach Erklärung ist meist ein Bemühen um Selbstberuhigung. Das antike Rom errichtete der Ausübung autotelischer Gewalt ein riesiges Gebäude, das Kolosseum, und solche Bauwerke gab es flächendeckend im ganzen römischen Kulturraum. Man kann ihnen eine Funktion in der Machtarchitektur im allgemeinen, im besonderen eine der Sorge um die Revoltenabstinenz des Plebs dienende Rolle zusprechen, aber ohne die von allen Klassen geteilte unmittelbare und funktionslose Freude an Schaustellungen exzessiver autotelischer Gewalt wäre dies nicht zu verstehen.

Sprechen wir über Strafvollzug. Strafen ist stets gewalttätig oder mit Gewaltdrohung verbunden. Wer zu einer Geldstrafe verurteilt wird, wird sie zahlen oder er wird inhaftiert, das heißt, sein Körper wird an einen Ort gebracht und dort auf Zeit in Gewahrsam genommen (lozierende Gewalt). Vorneuzeitlich wurden Strafen am Körper vorgenommen (raptive Gewalt), man prügelte, man stellte Körper zur Verfügung, daß Vorübergehende ihnen etwas antun konnten, man schnitt Ohren ab oder Hände und brannte Zeichen ein. Oder (autotelische Gewalt) man zerstörte ihn auf verschiedene Weise (Rad, Scheiterhaufen). Als Strafen hatten – und bei den noch praktizierten: haben – diese Gewalttaten einen Zweck, wie auch immer die jeweilige Strafzwecktheorie ihn definieren mag. Wenn wir über eine Phänomenologie der Gewalt sprechen, sind diese Zwecke aber nicht bestimmungsleitend, sondern kommen ins Spiel, wenn wir über den jeweiligen sozialen Sinn der Gewalttat (hier der Strafe) sprechen und oft streiten. Dieser soziale Sinn ist aufs engste mit der Frage der Legitimation verbunden und mit der, wie eine Gewalttat ins Gefüge sozialer Normalität eingebunden ist oder nicht.

Als Julius Cäsar ausrief: »Das ist ja Gewalt!«, reagierte er noch nicht auf die Dolche, die auf ihn gerichtet waren, sondern darauf, daß ihn ein Bittsteller im Senat an der Toga packte. Das war zwar das Signal zum Attentat, aber Cäsar meinte die physische Nötigung, das Übergriffige, Ungehörige. Eine körperliche Attacke auf ihn als Amtsperson im Senat war eine Grenzüberschreitung, war »Gewalt«. In allen Gesellschaften sind solche Übergriffe entweder verboten, geboten oder erlaubt. Und jeweils nicht schlechthin. Gewalt ist dem Soldaten im Kriege geboten – in bestimmten Situationen muß er »von der Waffe Gebrauch machen«, in anderen ist es ihm verboten. Wie sich geboten und verboten zueinander verhalten, ändert sich mit dem Kriegsbrauch und -recht. Einfach erlaubt ist nach unserem Verständnis regelgeleiteter Kriegführung Gewalt nie, aber das war historisch nicht der Regelfall. In der zur Plünderung freigegebenen Stadt konnte der Soldat tun, was ihm gefiel. Wozu auch – und nicht selten – gehörte, Menschen zu töten – und zwar nicht nur, ihre Körper aus dem Weg zu schaffen, um an verstecktes Geld zu kommen, sondern auch, sie zu vergewaltigen, sie ohne weiteren Zweck zu töten, en passant oder mit grausamem Aufwand. So etwas spielte sich über die Jahrhunderte regelmäßig ab, und es kann nicht auf individuelle Dispositionen zurückgeführt werden, denn es sind die vielzitierten normalen Leute (Männer), die es tun, und es sind zu viele, als daß sie zu pathologischen Ausnahmen erklärt werden könnten. Es ist aber auch nicht der »wahre Mensch«, der dort zum Vorschein kommt, denn nie sind es alle. Faktisch gehörte solche Form der Gewalttätigkeit zum Kriege. Auch normativ war sie dort nicht anstößig, wo ihr ein Möglichkeitsraum zugewiesen wurde. Der allerdings mußte (in der Regel) vorhanden, zugeteilt sein – der Dreißigjährige Krieg wurde nicht zuletzt darum als säkulare Katastrophe angesehen, weil in seinem Verlauf dieser Möglichkeitsraum ins nahezu Unbegrenzte ausgeweitet wurde. Die Idee eines Kriegsrechts, das solche individueller Willkür anheimgestellte Gewalt im Grunde gar nicht mehr zuläßt, hat sich aus den Krisen des 16. und 17. Jahrhunderts entwickelt, es steht für die besondere Einstellung zur Gewalt, die die sogenannte Moderne auszeichnet und von der hier die Rede ist.

Kern dieser modernen Einstellung zur Gewalt ist die grundsätzliche Delegitimierung autotelischer Gewalt, in welchem Kontext auch immer. Diese Delegitimierung geht so weit, daß sie – ich greife auf das Thema des »blinden Flecks« vor – auf die Wahrnehmung durchschlägt. Sie wird nur noch als in sich selbst pathologisch oder als pathologische Entgleisung wahrgenommen. Jede ausgeübte Gewalt aber hat etwas, was ich einen »autotelischen Bias« nennen möchte. Der Gewalt Ausübende ist, nicht immer, aber doch oft und sehr oft in der Wahrnehmung desjenigen, der Gewalt erleidet, in der Machtposition, die es ihm erlaubt, sie autotelisch – vernichtend, ohne durch ein erreichtes Handlungsziel gebremst zu werden – auszuüben: Er »kann es tun«. Dieses Können und seine wiewohl meist unbewußte Wahrnehmung durch den Ausübenden wie durch den Leidenden hält autotelische Gewalt wie einen Schatten auch dort präsent, wo ihr kein Recht und kein sozialer Ort mehr eingeräumt wird.

## Gewalt und gesellschaftliches Vertrauen

Jede Kulturform hat eigene Vorstellungen der Legitimität von Gewalt, wann, wo, wem sie erlaubt, verboten oder geboten ist, und hinsichtlich dieser unterschiedlichen Legitimitätsvorstellungen sprechen wir von unterschiedlichen Zivilisationsformen. Wenn Zivilisationsformen aufeinanderstoßen – gewaltsam –, kommt es zu extremen Erschütterungen. Das jeweilige Gegenüber wird nicht nur als »irgendwie anders geleitet« (oder wie man das formulieren möchte) angesehen, sondern als in spezifischer Weise »böse«. Man unterstellt nicht, der andere habe andere Legitimitätsauffassungen, sondern schlechtweg keine. Eine solche Begegnung kann besonders extrem ausfallen wie die der spanischen Abenteurerbanden mit den mittelamerikanischen Kulturen – die, wie man sagt, »Eroberung Mexikos«, das heißt des aztekischen Reiches durch Hernán Cortés und seine Leute, liegt 500 Jahre zurück. Weder verstanden die Azteken, warum die Spanier taten, was sie taten, weswegen sie sich auch nicht auf deren Art der Kriegsführung einstellen konnten, noch konnten sich die Spanier auf das, was sie erlebten, einen anderen Reim machen, als daß diese Kultur des Teufels war, daß die Azteken Kriege nur führten, um Menschen zu fangen, die grausam geopfert und deren Leichen gegessen wurden. Die Azteken sahen in den Spaniern, die derlei nicht taten, merkwürdige Nebenweltwesen. Eine solche, zudem plötzliche, vorbereitungslose Begegnung zweier ganz unterschiedlicher Kultur- und, was uns hier interessiert, Zivilisationsformen ist in der Weltgeschichte einmalig gewesen. Andere Fremdheitsbegegnungen fanden schrittweise, wenn auch darum oft nicht weniger gewaltsam statt. Immer kommen wir reflexartig zu dem Schluß, daß der andere, wenn er offensichtlich nicht unsere Vorstellungen von verboten/erlaubt/geboten hat, irgendwie gar keine hat. Unsere Zivilisationsform, die europäische und transatlantische Moderne, hat sich dafür aus der Antike den Begriff des »Barbaren« entlehnt als Gegenfigur zum »Zivilisierten«, der für das Unsrige steht. Die Zivilisierung des Barbaren oder Barbarischen ist zu einer der klassischen Rhetoriken geworden, mit denen die europäischen

Eroberungen in der, wie man das dann nannte, »Dritten Welt«
legitimiert worden sind.

Lassen Sie uns einen Schritt zurücktreten. Was macht die
Empfindung gesellschaftlicher Normalität aus? Ebendiese
Empfindung. Man kann auch von »sozialem Vertrauen« sprechen. Es handelt sich nicht um das Vertrauen in Personen
(obwohl es sich auch im Vertrauen in Personen zeigt), nicht
um das Vertrauen in Institutionen (obwohl es sich auch darin
zeigt), sondern im Vertrauen in das Weiter-so des Alltäglichen.
Dieses Alltägliche und besonders das Weiter-so muß nicht
behagen, es muß nicht gebilligt werden, es kann sogar Gegenstand permanenten verärgerten Geredes sein, aber es wird – im
Normalfall – erwartet, daß es das ist, was als nächstes kommt.
Das ist soziale Normalität: daß ich immer weiß (oder zu wissen meine), was ich wahrscheinlich als nächstes machen muß.
Und das ist es, was man soziales Vertrauen nennt.

Gesellschaften werden durch ein mehr oder weniger intaktes
soziales Vertrauen zusammengehalten, durch ein gemeinsames
Weiter-so und ein gemeinsames inexplizites Verständnis dessen, worin das besteht. »Inexplizit« ist hier ein entscheidendes
Wort, man könnte sagen, das soziale Vertrauen sei so etwas
wie ein soziales, vielleicht nicht Un-, aber doch Vorbewußtes.
Daß nicht bewußt auf das in ihm gespeicherte soziale Wissen
zurückgegriffen werden muß, ist Bedingung seines Funktio-
nierens. Der bewußte Umgang mit sozialer Normalität ist ausnahmsweise möglich, aber nicht als Regelfall, weder kollektiv
noch individuell, noch institutionell. Auch was ich in dieser
Hinsicht in der Selbstwahrnehmung bewußt und kalkuliert
mache, ist im Regelkonzert sozialen Vorbewußtseins aufgehoben. Ich kann mit der Existenz von Konten, Kreditkarten und
allem, was sich in den letzten Jahren dazugesellt hat, umgehen,
ich kann sogar zuweilen, in Augenblicken des Nachdenkens,
des Umstands innewerden, daß dieser Umgang allein auf der
gemeinsamen Unterstellung beruht, daß er möglich ist, aber
dieses Nachdenken ist nur dann triftig, wenn es keine Konsequenzen hat. Wer versuchte, aus der Einsicht, daß Gesellschaften allein aufgrund des Vertrauens, daß alles so weitergeht,
funktionieren, irgendwelche praktischen Konsequenzen zu

ziehen, die anders wären, als eben weiterzumachen, der müßte sein Konto auflösen, sich Spaten und Konserven und so weiter kaufen und sich im Wald eingraben. Es gibt solche Leute.

Andere fühlen sich überfordert vom Weiter-so – denn es ist anstrengend, in extrem komplexen Gesellschaften zu leben – und versuchen sich in Akten extremer (ich weiß, es klingt frivol) Komplexitätsreduktion, indem sie alles auf die Konfrontation ich/die anderen zurechtstutzen und zum Beispiel Leute erschießen. Wenn sie sich dabei etwas wie eine Ideologie, in deren Namen sie handeln, zurechtzimmern, versuchen sie, statt in einer Gesellschaft, die sie überfordert, in einer fiktiven Gemeinschaft zu leben – für 15 Minuten wie der Warholsche Berühmte oder ein paar Stunden auf der Flucht. Verrücktwerden, individuell oder kollektiv im Modus der Sektenbildung, ist immer eine Möglichkeit, aus dem Zirkel des sozialen Vertrauens auszubrechen. Aber man bedenke, welcher Fähigkeit, sich im Normalen zu bewegen, es bedarf, um eine Sekte aufzubauen. Am Ende muß man immer noch normalitätstüchtig genug sein, um ein Grundstück irgendwo zu kaufen und Flugtickets für die Leute, die sich dann dort aus Angst vor der Normalität hierzulande umbringen wollen.

Es können, das ist selten, Gesellschaften ganz oder zu Teilen aus ihrer Normalität fallen und verrückt werden, so an einigen Orten im oströmischen Reich, als der Termin des erwarteten Weltuntergangs (500 n. Chr.) verstrich und die Plagen – Krieg, Pest, Hunger –, die mit seiner Erwartung in eine schreckliche Normalitätserwartung integrierbar gewesen waren, nun plötzlich als unerklärliche Bizarrität unbewältigbar wurden. So ausgreifend auf den Karibischen Inseln, als der Schock der mörderischen Begegnung mit den Spaniern für die, die Tod, Versklavung, Krankheit überstanden, dennoch nicht zu ertragen war und ein kollektives Nicht-mehr-Weitermachen zu Selbstmorden und Infantizid führte. Wenn es nicht zu zynisch klänge, könnte man sagen, daß diese kollektive Umorientierung aufs gemeinsame Aufhören eine kurzfristige neue Normalität stiftete, wie die Vorbereitung auf den gemeinsamen Selbstmord der nach Guayana ausgewanderten Sekte eine neue (wiederum kurzfristige) Normalität stiftete – ein neu orientiertes soziales Vertrauen, denn alle wußten, was sie als nächstes zu tun hatten.

Dieses Fallen aus der Normalität und dem Wissen, was als nächstes zu tun ist, kann eine Gruppe inmitten einer außerhalb von ihr weiterexistierenden Normalität treffen. Als Sinnbild dieser Möglichkeit kann man den Mann sehen, der gezwungen wurde, durch München mit einem Schild um den Hals zu laufen, auf dem stand: »Ich bin Jude. Ich werde mich nie mehr bei der Polizei beschweren.« Sich bei der Polizei beschweren zu können ist eine der wesentlichen Vertrauensgarantien moderner Gesellschaften. Wer von dem Entzug solcher Garantien betroffen ist, hat nur die Möglichkeit, innerhalb einer Gruppe Gleichbetroffener eine neue Vorstellung von Normalität – es klingt frivol: eine neue Form sozialen Vertrauens (Wissen, was zu tun ist) – zu entwickeln – oder sich umzubringen.

Ich möchte Sie nicht mit Frivolitäten schockieren, sondern nur darauf hinweisen, daß der soziologische Blick auf Gesellschaften darauf ausgerichtet ist, zu erkennen und zu beschreiben, was in welcher Weise weitergeht, wenn es weitergeht, und trivialerweise geht es immer weiter. Was wir in Krisen beobachten können, ist eben zuweilen eine tiefgreifende Umorientierung der Normalitätserwartung. Menschen können sich auch in Verhältnissen einrichten, in denen sie das Unerwartete erwarten. Das ist der Grund, warum Kafka zu einem Autor wurde, von dem man meinte, er habe das Geheimnis des 20. Jahrhunderts ausgesprochen. Seine K.s erleben das stückweise Verschwinden einer Welt, in der man zurechtkommen kann, weil man weiß, was wahrscheinlich als nächstes zu tun ist, und die vergeblichen Versuche, sich eine irgendwie wahrscheinliche Ordnung vorzustellen, der man sich anpassen kann.

## Moderne und Gewalt

Unterschiedliche Kulturformen, wir sagten: Zivilisationsformen definieren ihr Verhältnis zur Gewalt unterschiedlich, ihre Vorstellungen von dem, was akzeptabel (nicht: wünschbar), erwartbar und nicht zuletzt legitimierbar ist, unterscheiden sich. Die Vorstellung von sozialer Normalität, wir nannten es soziales Vertrauen, bezieht sich nicht zuletzt darauf. Ich weiß, was mir auf einer Polizeiwache passieren kann, und wenn ich dort verprügelt werde – was nicht sein darf –, so weiß ich, daß ich das skandalisieren kann, vor Gericht gehen und so weiter. Vertrauen heißt nicht, sicher zu sein, daß etwas nie geschieht, aber zu wissen, was zu tun ist, wenn es geschieht. Der Mörder Haarmann (wir sprechen vom Hannover der 20er Jahre) wurde, soweit wir wissen, auf der Polizeiwache geprügelt, bis er gestand.[1] Legal war das nicht, aber bei Verbrechen dieses Ausmaßes vielleicht erwartbar. Entscheidend ist, daß die Verwertbarkeit seiner Aussage nicht in Zweifel gezogen wurde. Das ist/wäre heute anders. Was man als »normal«, »erwartbar« ansieht, ändert sich, aber die Änderungsrichtung in unserer Zivilisationsform ist auf die Verengung des Raums der erlaubten und gebotenen und auf die Ausweitung des Raums der verbotenen Gewalt gerichtet. Eine Kneipenschlägerei war im 19. Jahrhundert das, was sonnabends eben geschah, heute ruft der Wirt die Polizei. Vergewaltigung in der Ehe wurde bis vor kurzem noch nicht einmal so genannt, heute ist sie strafbar.

In der Moderne steht Gewalt unter einem besonderen Legitimationsdruck. Letztlich ist Gewalt in der Moderne nur durch die Behauptung oder Vorstellung legitimiert, sie ihrerseits begrenze Gewalt oder trage zu ihrer Abschaffung bei, dazu, sie künftig überflüssig zu machen. Unter diesem Gesichtswinkel ist Thomas Hobbes der Philosoph der Moderne. Seine Idee der Gesellschaft ist die eines Verbandes zur Begrenzung der Gewalt durch ihre Monopolisierung. Der Einsatz des Gewaltmonopols dient einzig dazu, es selbst durchzusetzen, das heißt, jedwede andere Gewalttätigkeit unmöglich zu machen oder mit Sanktionen zu bedrohen. Daß der der Theorie nach gemeinschaftlich gestiftete Leviathan im 20. Jahrhundert selbst zum Ausgangspunkt extremer Gewalt werden würde – eine

---

1 Der Serienmörder Friedrich Haarmann wurde im Dezember 1924 in Hannover wegen Mordes an 24 männlichen Personen zum Tode verurteilt.

weitere Form, die Dialektik der Moderne zu beschreiben –, hatte Hobbes nicht antizipiert.

Doch Hobbes' Idee einer gewaltbegrenzenden Staatlichkeit war keine bloße Schreibtischphantasie. Das staatliche Gewaltmonopol – genauer: der Prozeß seiner Durchsetzung, denn es ist nicht einfach vorhanden oder nicht – prägt die Zeit nach den Krisen des 16./17. Jahrhunderts bis heute. Sprechen wir vom Alltag. Wir tragen nicht mehr gewohnheitsmäßig Waffen mit uns herum; Waffengebrauch ist im Alltag ein Delikt. Auch ein Land wie die USA, das eine signifikant andere Waffengesetzgebung hat als die europäischen Länder, unterscheidet sich hinsichtlich des privaten Waffengebrauchs und seiner Legitimität entscheidend vom Europa des 16. Jahrhunderts. Wo die Todesstrafe nicht abgeschafft ist, findet sie nicht mehr öffentlich statt. Die Folter ist abgeschafft, und wo sie von Staats wegen dennoch ausgeübt wird, ist der Tribut an die Moderne, dies zu leugnen. Die Kriege nach dem Dreißigjährigen waren (nach Möglichkeit) auf das Schlachtfeld begrenzt, die Millionen, die im Ersten Weltkrieg fielen, fielen dort, und was auf ihm geschah (und in den Gefangenenlagern hinter der Front), war bis zu einem gewissen Grade durch international verbindliche Regeln eingehegt. Der Krieg, den im Zweiten Weltkrieg die Deutschen vor allem im sogenannten »Osten« führten, war ein bewußter Bruch mit Regeln und Idealen der Moderne und bediente sich dennoch meist einer Legitimationsrhetorik, die deren Idealen dienen sollte.

Wir sprechen von Alltag, von Krieg, von Idealen, Gewohnheiten. Alle soziale Normalität besteht aus dem Zusammenwirken von Institutionen, routinierten Interaktionen und einer geteilten Imagination, wer die sind und sein wollen, die da miteinander leben. Das spezifisch Moderne an der Moderne und dem Vertrauen in ihre Normalität und Alltäglichkeit im Prozeß ihrer Herausbildung bestand in der institutionellen Einschränkung der Gewalt im Alltag durch das staatliche Gewaltmonopol, der zunehmend gewaltärmeren Interaktion der Leute und der Vorstellung, diese Gewaltarmut sei die »eigentliche Normalität« des menschlichen Zusammenlebens. Abweichungen davon galten als Aberrationen, die zu bekämpfen seien, und vor allem auch: einer besonderen Erklärung bedürfen. Gewalt wurde zu etwas, worüber man sich zu wundern begann. Walter Benjamin bemerkte dazu trocken, daß das Staunen, etwas sei in unseren Zeiten »noch möglich«, kein philosophisch akzeptables sei.

Das spezifisch Moderne ist gleichfalls ihr besonderer Modus der Rechtfertigung dennoch ausgeübter Gewalt. Dieser ordnet sich der Idee der Verminderung der Gewalt als normativem Ziel unter: Gewalt ist gerechtfertigt, wenn sie Gewalt verhindert, jetzt oder in der Zukunft. Strafen dient der Gewaltverhütung, Kriege dienen der Verhinderung zukünftiger Kriege. Das ist, noch einmal, neu, sprich: modern. Strafen wurden vormodern anders legitimiert, sie waren in sich selbst gerechtfertigt, nicht durch ihren sozialen Sinn, gleichfalls Kriege, und die Idee eines kriegsabstinenten Weltzustands, wie Kant ihn als politisches Programm zu fassen suchte, war eine intellektuelle Neuigkeit – darum schrieb Kant seine Schrift vom »ewigen Frieden«.

Im Zuge dessen engt sich die Idee zulässiger Gewalt – die zudem nur noch staatlicherseits ausgeübt werden darf – ein auf das, was ich oben lozierende Gewalt genannt habe, lozierende Gewalt, die sich als Mittel zu so gerechtfertigten Zwecken verstehen läßt. Im Strafvollzug werden Menschen in Räume verwiesen, Strafen werden zunehmend weniger an ihren Körpern vollzogen, wenn und wo es die Todesstrafe gibt, gibt es sie, weil man angeblich noch nicht auf sie verzichten könnte. Sie ist, auch bei denen, die sie rechtfertigen, die Ausnahme. Leibesstrafen verschwinden – und wo wir mit ihrem Anblick oder der Nachricht von ihnen konfrontiert werden, wie in Berichten aus dem Iran oder Saudi-Arabien, sind sie der Ausweis eines Verharrens in diesbezüglich vormodernen Zuständen, es mag der sonstige Alltag aussehen, wie er will. Die sich selbst »Islamischer Staat« nennende Mord- und Raubgemeinschaft wußte, wie sie uns schrecken konnte, mit blutigen Feiern autotelischer Gewalt vor laufender Kamera.

Wenn wir hinsichtlich der Stellung von Gewalt in der Moderne von einer spezifischen Dialektik der Moderne (analog zur Dialektik der Aufklärung, siehe oben) sprechen wollen, so können wir das tun, wenn wir auf die Legitimierung von Gewalt durch Bekämpfung oder Verhütung von Gewalt – und nur dadurch – achten. Diese tritt grundsätzlich in drei Formen, drei Rhetoriken auf.

1. Rhetorik des Zivilisationsauftrags. Kriege (man denke an Kolonialkriege) werden geführt, um Barbarei, befürchtete, behauptete, zu bekämpfen, und sind nur nötig, bis der Zivilisationsauftrag erfüllt ist. Der Erste Weltkrieg wurde so und zusätzlich als der Krieg, der den Krieg schlechthin beenden sollte, angesehen. Auch der Vernichtungskrieg, den das nationalsozialistische Deutschland im, pauschal gesprochen, »Osten« führte, wurde so legitimiert. Andere Kriege auch, zum Beispiel der Krieg der Alliierten gegen Deutschland. Man sieht, daß es nicht angeht, Kriege aufgrund der Tatsache, daß sie auf dieselbe Art legitimiert wurden, für ein großes Einerlei zu halten.

2. Die Rhetorik der eschatologischen Säuberung, die Rhetorik der Revolution, die die Bedingung einer gewaltfreien Welt durch Beseitigung gewaltproduzierender Widersprüche schaffen soll. Die Rhetorik der Jakobiner, der Bolschewiki, der chinesischen wie der kambodschanischen Revolutionäre usw. Die erste Rhetorik argumentiert von einer im Prinzip erreichten, aber gefährdeten Moderne aus, die zweite von einer, die erst noch gewonnen werden muß.

3. Die Rhetorik des Bruchs schließlich verwirft die Moderne. Die nationalsozialistische Idee einer Volksgemeinschaft war die Idee einer durch ausgeübte Gewalt zusammengehaltenen Gemeinschaft, die ein »Volk« durch genozidale Identitätsstiftung – Ausrottung der grundsätzlich »Anderen« – und dauerndes Gewalttraining werden sollte. Neben der Vorstellung eines Zivilisationsauftrags »im Osten« existierte immer auch die Idee, daß der Krieg dort nie enden solle (die »blutende Grenze« am Kaukasus), um jede Generation dort, sagen wir: transmodern zu ertüchtigen.

Die erste Rhetorik lebt von der Idee, man sei – im Prinzip – historisch dort angelangt, wo die Versprechen der Moderne hinzeigten. Die zweite und dritte Rhetorik speisen sich aus einer Kritik an eben dieser Vorstellung, man sei historisch angekommen. Die zweite vertagt das Ankommen in die Zukunft und legitimiert Zustände exzessiver Gewalttätigkeit – Feiern der Guillotine in Paris und Exzesse der Säuberung in der Vendée, die Schauprozesse und der Gulag, die Kulturrevolution und die Killing Fields – als Schritte dorthin. Die dritte verwirft die Moderne als Betrug und Selbstbetrug. Während für die Rhetorik der eschatologischen Säuberung die Gewaltaversion der Moderne mehr oder weniger ein Betrug der Herrschenden zur Denunzierung der Revolution ist, denunziert die Rhetorik des Bruchs mit der Moderne das Ideal der Gewaltferne als Betrug der Schwachen an den Starken und feiert die Gewalt selbst als Lebensform der Stärkeren.

Jede dieser drei Rhetoriken ist mit einem Massenmord verbunden, der ohne vormoderne Präzedenz ist, hinsichtlich des Ausmaßes, der Gewaltdynamik und der historischen Bedeutung. Die Rhetorik des Zivilisationsauftrags legitimierte die Bombenabwürfe über Hiroshima und Nagasaki, die nicht nur hinsichtlich ihrer Zerstörungskraft einmalig waren, sondern bisherige Eskalationslogiken auf den Kopf stellte, indem zum ersten Mal demonstriert wurde, daß ein Krieg mit der zuvor letzten möglichen Eskalationsstufe, der Vernichtung der gegnerischen Bevölkerung, begonnen werden könnte. Mit der Rhetorik der eschatologischen Säuberung wurden der Gulag und die analogen Verbrechen der sich kommunistisch nennenden Staaten legitimiert. Hier war eine Logik des Terrors etabliert, vor der es, eine Neuigkeit in der Geschichte, keinen sicheren Ort in der Gesellschaft gab, nicht einmal das oberste planende und exekutierende Organ dieses Terrors selbst. Die Rhetorik des Bruchs mit der Moderne und des Genozids legitimierte vor allem den Versuch, die jüdische Bevölkerung Europas, soweit der Arm der deutschen Armee reichte, auszurotten. Mit Lagern wie Sobibor entstanden Orte, die nur dazu da waren, auf schnellstmögliche Weise eine möglichst große Menge von Menschen, vordefiniert als auf Grund ihrer Herkunft und ihres Glaubens auszurottende, umzubringen; mit Auschwitz wurde dem Massenmord eine auf Dauer angelegte Stadt gegründet.

Im Zusammenwirken von Selbstbild der Moderne, Legitimationsrhetoriken und Gewaltwahrnehmung ergibt sich, was ich oben den »blinden Fleck« genannt habe. Was immer an Gewaltgeschehen sich dem Blick bietet, wird nicht wahrgenommen, soll heißen: gemäß dem, was an Gewalt *nur noch* möglich ist, gedeutet, das heißt im Prinzip instrumentell und lozierend. Wo dennoch eine kognitive Dissonanz entsteht, findet man Verlegenheitsdeutungen wie »Verrohung« (im Falle von Kriegen) oder direkte Pathologisierung (etwa bei den frühen Deutungen medizinischer Experimente in Konzentrationslagern) oder Pathologisierungsäquivalente (wie »Exzeß« und ähnliches). Oder man versucht, dem Offensichtlichen entgegen, extreme Gewalt als doch nicht ganz so gewaltförmig wahrzunehmen und als schauerliche Variante von etwas im Grunde ganz anderem zu verstehen. Ein solcher Blick sieht in der Vernichtungspolitik großformatige lozierende Gewalt (Bevölkerungs- und Wirtschaftspolitik) oder in den keinerlei medizinischen Zwecken dienenden Grausamkeitsexzessen von Medizinern bloß amoralische, aber doch instrumentell verständliche Verbrechen. Er erklärt Auschwitz zum extremen Sinnbild »bürgerlicher Kälte« (Adorno) oder zum Exzeß modernen Ordnungswahns (Bauman). Man spricht von »industrieller Vernichtung« und dokumentiert in diesem verfehlten Anschauungsbild die Unfähigkeit und den Unwillen, die Wirklichkeit der Gewalttat wahrzunehmen.

Das gilt nicht nur für die deutsche Vernichtungspolitik, es gilt auch für den zweimaligen Einsatz von Atomwaffen, mit dessen grauenhaften Folgen man sich zwar beschäftigt, deren Einsatz man aber aus der rein militärischen (um den Krieg schnell und, was den Einsatz von Landetruppen angeht, »unblutig« zu beenden) oder politischen (um in der sich ankündigenden Konfrontation mit der Sowjetunion die entscheidende militärische Überlegenheit zu demonstrieren) Logik abzuleiten sucht – man ist versucht zu sagen: um die in den Quellen dokumentierte Freude am Zuwachs an Zerstörungswillkür aus dem Blick zu bannen und den Gedanken zu verdrängen, daß auch diese Macht gesehen werden sollte. Dieser blinde Fleck läßt den Gulagsozialismus als ein durch der Verwirklichung abträgliche Umstände aus der Bahn geworfenes idealistisches Experiment erscheinen oder als Folge einer irgendwie philosophischen Hybris – so pflegte man in Deutschland auch den Terror der sich »Rote Armee Fraktion« nennenden Mörderbande anzusehen. Die Sowjetunion, wie auch das China nach der kommunistischen Machtübernahme, war das erfolgreiche Experiment eines auf nichtinstrumentelle Gewalt gegründeten Staatswesens.

Was ich oben den fortbestehenden »Schatten« autotelischer Gewalt genannt habe, der immer auch auf jeder instrumentell aufgefaßten Gewalttat liegt, ist im 20. Jahrhundert politikbestimmend geworden, ohne daß dies, es sei denn ausnahmsweise, so gedeutet wurde. Es waren die künstlerischen Reaktionen auf die Wirklichkeiten des Ersten Weltkriegs, die dieses in den Blick zu nehmen und auszusprechen versuchten. Karl Kraus' *Die letzten Tage der Menschheit* kann man neben seinen Nachkriegstexten, die unter Titeln wie *Die allerletzten Tage* die Folgen zu fassen versuchten, und seiner *Dritten Walpurgisnacht* als Traktate über die Tatsache der zunehmenden Dominanz autotelischer Gewalt verstehen.

Eine neue Gattung von Texten kann dafür den Blick schärfen. Es sind die, wie ich sie genannt habe, »Opfermemoiren«, die Berichte der Überlebenden von Lagern und Massakern. Sie können zeigen, was der blinde Fleck nicht sieht.

## Ein modernes »Lissabon«?

Man spricht vom Erdbeben von Lissabon als einer Art Initialereignis für die Selbstwahrnehmung der Moderne, die schockartige Erkenntnis, daß gewohnte Wahrnehmungsroutinen nicht mehr angemessen sind. Das ist nicht falsch, wenn man es richtig gewichtet. Das Erdbeben war ein Ereignis, das, hätte es sich, sagen wir, 200 Jahre früher ereignet, als ebenso schrecklich, aber als etwas ganz anderes wahrgenommen worden wäre. Das Erdbeben von 1755 hat keine Ideen ins Wanken gebracht, sondern die Metapher dafür geliefert, daß eine bestimmte Vorstellung einer transzendental durch etwas wie einen Willen nicht zuletzt moralisch geordneten Welt obsolet geworden war. In Voltaires *Candide*, der einen literarischen Abgesang lieferte, als dieser schon nicht mehr schockierend war, wurde der Philosoph persifliert, der unfreiwillig den intellektuellen Beweis geliefert hatte, daß die Idee der Theodizee tot war. Leibniz galvanisiert auf den Hunderten von Seiten dieses Titels den theologischen Leichnam. Hegel beginnt seine *Philosophie der Religion* bekanntlich mit dem Gedanken, daß Frömmigkeit in dem Moment das Herz des Frommen nicht mehr bestimmt, in dem er von sich zu wissen meint, daß er fromm sei. Wo die Frömmigkeit schwindet, beginnt das Leben der Theologie, und wo die eines solchen philosophischen Aufwandes bedarf, wie ihn Leibniz, einer der bedeutendsten Denker der europäischen Geschichte, in aller Naivität treibt, um einen im Grunde ebenso einfachen wie begründungsresistenten Gedanken variantenreich zu Papier zu bringen, ist sie offensichtlich am Ende, jedenfalls in der Form, wie sie sich nachaugustinisch gebildet hatte und nach Leibniz nie wieder auferstand. Kants *Über das Mißlingen aller philosophischen Versuche in der Theodicee* war bloß das beiläufige Abhaken dieser Idee.

Gleichwohl hat sich das Problem, das die Versuche einer Theodizee lösen sollte, vererbt. Sollte zuvor zu verstehen versucht werden, wie das Böse in die Welt komme (bzw. wie Gott angesichts des Bösen in der Welt gerechtfertigt werden könne), stellte sich nun die Frage – und zwar nicht an Gott, sondern an seine säkulare Ablösungsinstanz, die Geschichte –, ob es eine Chance gebe, das Böse innerweltlich aus der Welt zu schaffen. Nicht mehr: wie kann Gott, sondern: wie kann Geschichte gerechtfertigt werden? Lessings Antwort in der *Erziehung des Menschengeschlechts* etwa war, daß die Menschen erst sich selbst in die Lage versetzen müßten, abgelöst von religiösen Schriften über Moral nachzudenken. Herders und dann Hegels Idee von Geschichte war, ähnlich, wie Marx es später tat, Gewalt als Geburtshelferin des jeweils Neuen zu rechtfertigen.

Am Ende steht nicht mehr der Gottesstaat, sondern der Staat, sprich: die vernünftig verfaßte Gesellschaft. Die Trias der exzessiven Gewalt in der ersten Hälfte des 20. Jahrhunderts hat diese Ablösung der Theodizee durch die Geschichtsphilosophie als intellektuellen Irrweg, vielleicht nur als makabres Gedankenspiel offenbar gemacht. Die eingangs erwähnten Versuche Webers und Benjamins, die Dialektik oder das Paradox der Moderne zu fassen, waren noch nicht mit der extremsten Gewalt des 20. Jahrhunderts konfrontiert, aber in Benjamins Art, die Moderne zu befragen, ist sie fast genügend antizipiert.

In seiner biographischen Abhandlung über Friedrich von Gentz von 1947 hat Golo Mann bereits Kant zugesprochen, von einer »Zerstörung der Zivilisation durch die Zivilisation selbst«[2] zu schreiben; er hätte auch sagen können, Kant habe vor Marx und Luxemburg von der Alternative zwischen vernünftiger, das heißt, gewaltfreier innerstaatlicher und zwischenstaatlicher Verfassung des bürgerlichen Lebens oder »barbarischer Verwüstung« gesprochen.[3] Es werde nicht die Moralität sein, die die Menschen zu politischer Vernunft bringe, sondern die Einsicht in die Gefahr der barbarischen Selbstverwüstung. Kant sah Geschichte nicht als einen Strom, der uns über schreckliche Katarakte ins ruhige Wasser bringt, sondern als Chance, durch Konfrontation mit der Möglichkeit der Selbstvernichtung zur Vernunft zu kommen.

Wie Kant hinter Versuche in der Theodizee sein Häkchen macht, nachdem solche nach Leibniz kraftlos geworden waren, gibt Kants Aufsatz, obwohl als geschichtsphilosophischer Versuch kostümiert, der Geschichtsphilosophie, bevor diese recht intellektuellen Raum einnimmt, Valet. Vom Sinn einer Geschichte oder von einer Richtung auf ein Ziel hin oder von gehaltenen Versprechen der Moderne könne man, so Kant, nur dann reden, wenn es den Menschen gelänge, eine nationale wie transnationale gewaltferne bürgerliche Gesellschaft einzurich-

---

2   Golo Mann, Friedrich von Gentz, Gegenspieler Napoleons, Vordenker Europas, Frankfurt am Main 2011, S. 24.

3   Immanuel Kant, »Idee zu einer allgemeinen Geschichte in weltbürgerlicher Absicht«, in: Kant's Werke, Bd. VIII, Berlin/Leipzig 1928, S. 25.

ten. Nur dieser Erfolg ermögliche es, dem Sinnlosen Sinn zu verleihen. Kant überantwortet die Deutung der Geschichte der Korrektur des Gelebten und Erlebten durch das zukünftig Gemachte. Er legt das Versprechen der Moderne in die Hände der Politik: Ihr könnt die Moderne als einen Weg in Gesellschaften der Gewaltferne verstehen, wenn ihr diesen Weg aus Einsicht selbst geht. Auch dann jedoch bleiben die Erschlagenen erschlagen, die Erschossenen erschossen, die Gefolterten gefoltert, die Vergasten vergast.

Dazu kommt, wenn man das so scheinbar beiläufig sagen möchte, daß die Vorstellung, die Menschen würden den Weg in eine gewaltarme Moderne aus Vernunft gehen, irrig war. Die Vorstellung, die Menschen möchten so boshaft, brutal oder was immer sein, Selbstmörder seien sie doch nicht, war falsch gedacht. Der Selbstmordattentäter ist das Sinnbild der Verführbarkeit des Menschen durch autotelische Gewalt. Ein Moment – wie die Warholsche Viertelstunde des Ruhms – der Macht, den Mitmenschen zu zerstören, ist das eigene Leben zuweilen allemal wert. Thomas Mann beschrieb in seinen Radioansprachen *Deutsche Hörer!* das nationalsozialistische Regime als eine Bande, die darum der Welt mit Massenmord drohte und ihn, wie er entsetzt sah, bereits exekutierte, weil sie von Beginn an mit der Idee des mörderischen Selbstmords vertraut gewesen sei.[4]

Diese aus den Gewalterfahrungen des 20. und 21. Jahrhunderts gewonnene Einsicht – so im Blick erfaßt – wäre das Äquivalent zum Erdbeben von Lissabon.

4 Thomas Mann, »Deutsche Hörer!« [24. Januar 1943], in: ders., Deutsche Hörer! Europäische Hörer! Radiosendungen nach Deutschland 1940–1945, hg. von der Europäischen Kulturgesellschaft Venedig, Darmstadt 1986, S. 91–93.

# Gewalt als attraktive Lebensform betrachtet

Es war drei Uhr nachmittags. Plötzlich wurde Rufen und Schreien, eine Art von übermütigem Johlen, Pfeifen und das Gestampf vieler Schritte auf der Straße vernehmbar, ein Lärm, der sich näherte und anwuchs …

»Mama, was ist das?« sagte Clara, die durchs Fenster […] blickte. »All die Leute … Was haben sie? […]«

»Mein Gott!«, rief die Konsulin, indem sie […] angstvoll aufsprang und zum Fenster eilte. »Sollte es … O mein Gott, ja, die Revolution … Es ist das Volk …«

Die Konsulin wird gleich den Diener rufen: »Anton?!« – mit »bebender Stimme« – und ihn anweisen: »Anton, geh' hinunter! Schließe die Haustür! Mach' Alles zu! Es ist das Volk …«

Es ist das Revolutionsjahr 1848, der Schauplatz ist Lübeck, zitiert habe ich aus Thomas Manns *Buddenbrooks*. Und so setzt die Schilderung fort:

Die Sache war die, daß während des ganzen Tages bereits Unruhen in der Stadt geherrscht hatten. In der Breiten Straße war am Morgen die Schaufensterscheibe des Tuchhändlers Benthien vermittelst Steinwurfes zertrümmert worden, wobei Gott allein wußte, was das Fenster des Herrn Benthien mit der hohen Politik zu tun hatte.[1]

Über das Fenster des Herrn Benthien wird später noch zu sprechen sein. Wie die Sache sonst abläuft – man wird sich erinnern. Die Bürgerschaft bleibt den Tag über belagert, am Ende, vor allem durch souveränes Agieren des Konsuls Johann Buddenbrook, entspannt sich die Lage, und die Ordnung wird wieder hergestellt: »Nicht mal die Lampen sind angezündet … Dat geiht denn doch tau wied mit de Revolution!«[2] Auch über Lampen wird noch zu sprechen sein.

1 Thomas Mann, Buddenbrooks. Verfall einer Familie, hg. von Eckhard Heftrich, Frankfurt am Main 2002, S. 195.
2 Ebd., S. 209.

Man fährt dann nach Hause, der Konsul Buddenbrook in der Kutsche mit seinem Schwiegervater Leberecht Kröger, dem die Sache schon zuvor auf sein aristokratisches Gemüt geschlagen war:

»Dies kleine Abenteuer geht Ihnen hoffentlich nicht nahe, Vater?«

Unter dem schneeweißen Toupé waren auf Leberecht Krögers Stirn zwei bläuliche Adern in besorgniserregender Weise geschwollen, und während die eine seiner aristokratischen Greisenhände mit den opalisierenden Knöpfen an seiner Weste spielte, zitterte die andere, mit einem großen Brillanten geschmückt auf seinen Knieen.

»Papperlapapp, Buddenbrook!« sagte er mit sonderbarer Müdigkeit. »Ich bin ennüyiert, das ist das Ganze.« Aber er strafte sich selber Lügen, indem er plötzlich hervorzischte: »Parbleu, Jean, man müßte diesen infamen Schmierfinken [– gemeint sind die vermuteten Agitatoren –] den Respekt mit Pulver und Blei in den Leib knallen ... das Pack ...! Die Canaille ...!«[3]

»Die Canaille« werden auch seine vorletzten Worte sein, denn:

Plötzlich – die Equipage rasselte durch die Burgstraße – geschah etwas Erschreckendes. Als nämlich der Wagen, fünfzehn Schritte etwa von dem in Halbdunkel getauchten Gemäuer des Thores, eine Ansammlung lärmender und vergnügter Gassenjungen passierte, flog durch das offene Fenster ein Stein herein. Es war ein ganz harmloser Feldstein, kaum von der Größe eines Hühnereies, der, zur Feier der Revolution von der Hand irgend eines Krischan Snut oder Heine Voß geschleudert, sicherlich nicht böse gemeint und wahrscheinlich gar nicht nach dem Wagen gezielt worden war. Lautlos kam er durchs Fenster herein, prallte lautlos gegen Leberecht Krögers von dickem Pelze bedeckte Brust,

3 Ebd., S. 206.

rollte ebenso lautlos an der Felldecke hinab und blieb am Boden liegen.

»Täppische Flegelei!« sagte der Konsul ärgerlich. »Ist man denn heute Abend aus Rand und Band? ... Aber er hat Sie nicht verletzt, wie, Schwiegervater?«

Der alte Kröger schwieg, er schwieg beängstigend [...] Dann aber kam es ganz tief aus ihm heraus ... langsam, kalt und schwer, ein einziges Wort:

»Die Canaille.«[4]

Als es ans Aussteigen geht, folgt nur noch: »Helfen Sie mir« – dann bricht er tot zusammen.

Die Canaille – in einem Kommentar zu einem Vortrag von Fabien Jobard im Hamburger Institut für Sozialforschung zum Thema »Wie man Politik mit städtischer Gewalt macht«[5] kam ich auf die Formulierung des früheren französischen Innenministers angesichts der Pariser Vorstadtrevolten zu sprechen: »les racailles«, auf Deutsch etwa »Gesindel«. Mit dem Hinweis, »Gesindel« sei zweifellos kein soziologischer Begriff, wollte ich das Problem pointieren, das der Vortrag aufgeworfen hatte. Jobard hatte sich gegen eine Art überheblich-achselzuckender Bewertung der Träger der Unruhen gewendet, sie seien im Grunde sprachlos und hätten keine politische Agenda. Zwar sei eine solche, auch gemessen an den sonderbar ziellosen, allenfalls symbolisch zu verstehenden Zerstörungs- und Plünderungsaktionen, angesichts der zwischen Rassismusvorwurf und eigenen rassistischen Wutaktionen sonderbar oszillierenden Affektlagen, tatsächlich nicht auszumachen; allerdings hätten diese Aufstände durchaus zuweilen politische Wirkungen – Verbesserung der Sozialfürsorge in manchen Stadtteilen etwa – zur Folge gehabt und könnten daher nicht als politisch funktionslos angesehen werden. In diesem Zusammenhang kritisierte der Vortragende das Überheblichkeitsvokabular aus

4 Ebd., S. 213.
5 Fabien Jobard, »Wie man Politik mit städtischer Gewalt macht«, Eröffnungsvortrag der Tagung »Politische Gewalt im urbanen Raum« des Hamburger Instituts für Sozialforschung am 11.2.2015.

der Tradition der klassischen Arbeiteraristokratie wie etwa »Lumpenproletariat« – also jene zu disziplinierter Organisation nicht fähigen proletarischen Schichten, die allenfalls spontane Zusammenrottungen zustande brächten. Der Ausdruck stammt bekanntlich aus dem *Kommunistischen Manifest* – schlagen wir nach:

> Das Lumpenproletariat, diese passive Verfaulung der untersten Schichten der alten Gesellschaft, wird durch eine proletarische Revolution stellenweise in die Bewegung hineingeschleudert, seiner ganzen Lebenslage nach wird es bereitwilliger sein, sich zu reaktionären Umtrieben erkaufen zu lassen.[6]

Hätte ich in meinem Kommentar erwogen, zum Verständnis von Vorstadtunruhen auf die Marxsche Klassenanalyse zurückzugreifen, hätte die *Süddeutsche Zeitung*, die nicht die Tagung, wohl aber meinen Kommentar zum Gegenstand eines in jeder Hinsicht entgeisterten Artikels mit dem Tenor machte: »Das schlägt ja dem Faß den Boden aus – der Vorstand des Hamburger Instituts für Sozialforschung zitiert zustimmend Sarkozy!«, das für einen erwägenswerten Gedanken gehalten.

Aber lassen wir das. Worauf ich hinweisen wollte, war, daß es eine gewisse Gruppe von Verlegenheitsvokabeln gibt – Marx: »passive Verfaulung«, Sarkozy: »Gesindel« –, die darauf zeigen, daß man sich mit denselben Schwierigkeiten herumschlägt wie Clara Buddenbrook: »Was ist das? All die Leute … was haben sie?« Diese Leute – bei Victor Hugo jene der *Misérables*, die sich, man weiß nicht wie, zusammentun, in einem Fall liefert das Begräbnis eines populären Generals den Anlaß:

> In dem Leichenzug kreisten die wildesten Gerüchte. [...] Ein Mann, der unbekannt blieb, verbreitete das Gerücht,

6  Karl Marx/Friedrich Engels, »Manifest der kommunistischen Partei«, in: Karl Marx, Die Frühschriften, hg. von Siegfried Landshut, Stuttgart 1968, S. 536f.

zwei Werkmeister, die man gewonnen habe, würden dem Volk die Tore einer Waffenfabrik öffnen. Die meisten Leute waren gleichzeitig begeistert und niedergeschlagen. Man sah in der Menge auch wahre Verbrechertypen, Leute, die es auf eine Plünderung abgesehen hatten. Wenn Sümpfe aufgewühlt werden, steigt der Kot an die Oberfläche.[7]

Sarkozy sprach davon, den Abschaum »wegzukärchern«. Ob Hugo, ob Marx, ob Sarkozy – die Assoziationen sind dieselben: Abschaum, Fäulnis, Kot. Sapienti sat. Und falls nicht, ließe sich gewiß in der Tradition Freuds und seiner Ausleger dazu eine Menge sagen, aber das können andere besser. Ich will nur darauf hinweisen, daß ontogenetisch gesehen mit der Wahrnehmung des eigenen Kots als Schmutz der Schritt hin zum selbständigen, zu Individualität wie Vergemeinschaftung geeigneten Menschen getan wird, und phylogenetisch gesehen – nun, Thomas Mann läßt in seiner Moses-Erzählung »Das Gesetz« die Sauberkeitserziehung das erste sein, was Moses seinem Volk, dem, wie es dort heißt, »Gehudel« und »Pöbel«, angedeihen läßt (noch vor dem Inzestverbot, den Speiserichtlinien etc.):

Wie es aussah in dem Gehudel, und wie sehr es ein bloßer Rohstoff war aus Fleisch und Blut, dem die Grundbegriffe von Reinheit und Heiligkeit abgingen; wie sehr Mose von vorn anfangen und ihnen das Früheste beibringen mußte, das merkt man den notdürftigen [– was für eine bedachte Wortwahl –] Vorschriften an, mit denen er daran herumzuwerken [...] begann. [...] Vorläufig waren sie nichts als Pöbelvolk, was sie schon dadurch bekundeten, daß sie ihre Leiber einfach ins Lager entleerten, wo es sich treffen wollte. Das war eine Schande und eine Pest. Du sollst außen vor dem Lager einen Ort haben, wohin du zur Not hinauswandelst, hast du mich verstanden? Und du sollst ein Schäuflein haben, womit du gräbst, ehe du dich setzest; und wenn du gesessen hast, sollst du's zuscharren, denn der Herr, dein

7  Victor Hugo, Die Elenden, München o. J., S. 453.

Gott, wandelt in deinem Lager, das darum ein heiliges Lager sein soll, nämlich ein sauberes, damit Er sich nicht die Nase zuhalte und sich von dir wende. Denn die Heiligkeit fängt mit der Sauberkeit an [...] Das nächste Mal will ich bei jedem ein Schäuflein sehen, oder der Würgeengel soll über euch kommen.[8]

Wie in dieser oder jener psychologischen Theorie solche emphatische Bindung an Ausscheidungen, Ausgeschiedenes und Auszuscheidendes interpretiert werden mag, es ist immer eine allererste zivilisatorische Unterscheidung: die zwischen Ordnung und Schmutz. Was wo hingehört, was sich keinesfalls gehört, was ekelhaft ist, was ver- und gemieden werden muß. Die anderen Unterscheidungen, die immer nach dem Muster verboten/erlaubt/(evtl.) geboten getroffen werden und die dann Sexualität und Gewalt betreffen, kommen später. Der Kot (im wörtlichen wie im übertragenen Sinne) muß weggeräumt, vernichtet werden, weil er die zivilisatorische Bemühung als solche mit Vernichtung bedroht.

Die Ausdrücke, in diesem Zusammenhang besser: die Formulierungen – Kot, Abschaum – zeigen also eine radikale Emphase – aber wieso? Die psychoanalytische Theorie (und nicht nur sie) wird darauf hinweisen, daß alles, was abgewehrt, auch begehrt wird. Die Bedrohung kommt also nicht nur von außen, sie kommt auch von innen. In Anlehnung an einen klassischen Ausdruck können wir – vermutend – von einem Unbehagen in und an der Zivilisation sprechen.

Diese Überlegungen möchten vielleicht eine Reihe von Leserinnen und Lesern unwillig machen. Sie erwarten eine soziologisch-historiographische Antwort auf die Frage, was es mit der Straßengewalt auf sich habe, und nicht ein Räsonieren darüber, welche psychische Aufladung hinter unqualifizierter politischer Polemik steckt. Einem solchen Einwand möchte ich mit der Frage begegnen, ob dieses Erklärungsbegehren nicht vielleicht ein etwas zivilerer Ausdruck desselben Affektes ist:

---

8  Thomas Mann, »Das Gesetz«, in: ders., Werke in zwölf Bänden, Die Erzählungen Bd. 2, Frankfurt am Main 1967, S. 651.

Man möchte ein Rätsel gelöst bekommen, das nur darum eines ist, weil wir uns Offensichtliches durch Verrätselung vom seelischen Leibe halten möchten.

Warum brennen in den Vorstädten Autos – ohne daß gleichzeitig Proklamationen erscheinen, die dafür einen politischen Grund angeben? Warum macht sich eine Handvoll Bürgerinnen und Bürger mit der Unterstützung von ein paar Dropouts daran, Menschen zu entführen, zu erschießen und Bomben zu werfen? Warum zieht – ausgerechnet – ein Rapper aus Köln in den Irak, um als Dschihadist zu kämpfen und vor laufender Webcam Leute zu ermorden?

Ich möchte hingegen fragen, warum wir so fragen. Warum meinen wir, die Soziologie, die Psychologie und in gewissem Sinne die Historiographie könnten uns etwas »erklären«, soll heißen: uns sagen, was *dahinter*steckt, *in Wirklichkeit* passiert, die *wahren* Gründe, Motive, was auch immer sind? – Lassen Sie uns banal miteinander werden. Wenn einer irgend etwas tut, nehmen wir an, daß er das tut, weil er es tun will. Wir fragen ihn manchmal, warum er das tut / tun will – und dann fragen wir nach Gründen, oft nach Legitimationen. Wir fragen, wie er, was er tut, begründet und legitimieren kann. Das tun wir, weil es uns betrifft und wir uns möglicherweise mit seinem Tun befassen wollen, mit ihm, der das tut. Wir sondieren das Terrain, auf dem wir uns befinden. Wenn jemand uns anrempelt und wir sagen: »Was fällt Ihnen ein?« und er sagt »Ich hab's eilig!«, nehmen wir es entweder hin, oder wir sagen: »Das ist noch lange kein Grund!« Eine Reaktion à la »Ja, das sagen Sie so, aber warum tun Sie's wirklich?« würde uns als Sonderlinge ausweisen.

Jemand trinkt gerne sehr nach Torffeuerrauch schmekkenden Malt-Whisky. Warum in aller Welt tut er das? Na, es schmeckt ihm eben. Wenn er diesen Geschmack nicht schätzte und wenn er nicht Alkohol schätzte – er tät's nicht. Ja, aber das Zeug schmeckt doch abscheulich – wie Moorleiche! Und auch noch Schnaps! Ja, du magst das nicht, er schon. Aber warum? – Wann ist das eine sinnvolle Frage? Zum Beispiel dann, wenn er sich, nachdem er ein Glas getrunken hat, stets erbricht, weil er keinen Alkohol verträgt, und immer sagt: Eigentlich trinke ich viel lieber Gin Tonic, aber den vertrage ich auch nicht. Das wäre ein guter Anlaß zu fragen, was hier eigentlich los ist. – Nur sind die Probleme, vor die man gestellt ist, selten dieser Art.

Einwand: Das mag für die meisten Alltagsprobleme gelten, aber hier geht es doch um wissenschaftliche Problemstellungen. – Warum aber sollte es sich in der Wissenschaft anders verhalten? Ich denke, weil es keine wissenschaftlichen Fragen gibt, sondern nur wissenschaftliche Antworten. Das wissenschaftliche Reden über Sachverhalte unterscheidet sich vom Alltagsreden nur durch größere Komplexität. Es ist nicht dazu da, Verborgenes aufzuspüren, sondern aus einem großen Fundus von Kenntnissen, aus genauem Nachdenken heraus darzustellen, was der Fall ist.

Ich bin kein Freund Platons. Ich gehöre insbesondere nicht zur Spezies derer, die Nietzsche die »Hinterweltler« nannte, also zu den Betreibern von Gedankenläden, in denen man Second-hand-Platonismus angedreht bekommt. Die Öffentlichkeit liebt diese Läden, sucht sie auf und wird dementsprechend bedient. Ich will hier nicht ausführen, wie es zu dieser Neigung gekommen ist, etwas über irgendeine Wirklichkeit hinter der Wirklichkeit herauszufinden und erklärt zu bekommen, was »die wahren Ursachen« oder »die wirklichen Motive« sind. Ich lasse es mit dem Hinweis sein Bewenden haben, daß diese merkwürdige Neigung Teil der Ersetzung der Religion / Theologie durch Geschichtsphilosophie ist, und letztere haben wir, trotz aller profunden Kritik, noch längst nicht überwunden – im Gegenteil, sie ist öffentlicher Habitus geworden, heruntergekommen gewiß, darum aber durchaus, ähnlich wie Jeans mit hängendem Hosenboden, attraktiv, nach allem Anschein.

Lassen Sie mich also an den Versuch gehen, Gewaltmilieus – grob schematisiert, zugegeben – zu beschreiben. Wobei ich natürlich vorausschicken muß, daß eine Vorstadtrevolte, eine Terrorgruppe wie die RAF und die Banden des »Islamischen Staats« bzw. ihre mitteleuropäischen Rekruten selbstverständlich nicht dasselbe sind. Aber was heißt das schon? Nichts ist »dasselbe« wie ein anderes, doch kann es durchaus und in mancher Hinsicht auf einen gemeinsamen Nenner gebracht werden. Das ist eine triviale Feststellung, gewiß, nur muß man sie manchmal in Erinnerung rufen. Dieses Gemeinsame möchte ich, wie gesagt, nicht im Modus des Erklärens aufsuchen, sondern in dem der Beschreibung – nicht in Reaktion auf die Frage, was dahintersteckt, sondern als Antwort auf die Frage, was der Fall ist – und sehen Sie mir bitte nach, daß ich mit diesen Stichworten die Debatten, innerhalb derer sie geprägt worden sind, nur bezeichne, ohne mich erneut in sie hineinzubegeben.

Ich möchte mich dabei auf die Betrachtung des oben beschriebenen, Literatur und Politikparole gewordenen Affekts beziehen. Affekte dieser Art sind Abwehr, wie die Psychoanalyse weiß, und als Abwehr sind sie als Detektoren zu gebrauchen: Was wird abgewehrt, wo liegt das Lockende, ist es mit einer einigermaßen tauglichen Beschreibung dessen, was Gewaltmilieus wie die angesprochenen tatsächlich bieten (oder doch zu bieten versprechen), zusammenzubringen?

Der Affekt, etwas Soziales als unrein, kotig, abschaumartig, auferstanden aus Kloaken zu schmähen, schmäht es als aus Zuständen vorzivilisatorischer Unordnung hervorgekommen, als etwas, das unsere zivilisatorische Reinheit bedroht. Nicht diese oder jene zivilisatorische Errungenschaft, nicht dieses oder jenes kulturelle Ordnungsprinzip – nicht diese oder jene Regelung unseres Sexuallebens, nicht unsere Ordnung des verboten/geboten/erlaubt hinsichtlich von Gewaltausübung (privat oder öffentlich), nicht, was wir so »kulturelle Werte« nennen –, sondern ganz grundsätzlich das zivilisatorische Prinzip, daß überhaupt etwas zu ordnen ist, wenn man zusammenleben will – zuallererst das Schäufelchen. Nun ist es natürlich nicht so, daß sich der Mensch im Grunde seines Gemüts nach Unordnung sehnte – keineswegs. Täte er das, hätte er sich nicht auf den langen historischen Marsch in die diversen Ordnungszustände gemacht, und daß es je einen Unordnungszustand – gefürchtet bei Hobbes, idealisiert bei Rousseau – gegeben habe, stellten schon Hume (bei Hobbes) und Voltaire und Wieland (bei Rousseau) mit allerlei Spott in Frage. Gleichwohl gibt es Unbehagen und eine Instabilität, das und die von vielen Autoren unterschiedlich metaphorisch bezeichnet worden sind, wenn etwa von einer »dünnen Decke«

gesprochen wird oder, um zu zeigen, was nötig ist, von einem »stählernen Gehäuse«.

Was passieren kann, zeigt uns der Lebensstil der römischen Cäsaren, den der Althistoriker Alexander Demandt ein historisch einzigartiges anthropologisches Experiment genannt hat. Ganz gleich, wie sehr die Biographien des Tacitus und Sueton von den Ressentiments eines entmachteten Standes (der Senatoren) getragen worden sind – was passieren kann, wenn ein Einzelner sittlicher Selbstverständlichkeiten weitgehend entbunden ist und über die Machtmittel verfügt, seinen Launen freien Lauf zu lassen, dokumentieren sie doch. Die Baugeschichte von Neros Domus Aurea – seine (übrigens abscheulich häßliche) Stadtvilla und ihre kompensatorische Überbauung durch Vespasian – zeigt das wie vieles mehr. Das Nero zugeschriebene Wort, vor ihm habe kein Sterblicher gewußt, was man sich herausnehmen könne, signalisiert, worum es geht, und die Überbauung der Domus Aurea mit öffentlichen Thermen zeigt, was da wieder ins Lot zu bringen war – die dramatische Selbstermächtigung zur Grenzenlosigkeit.

Man denke auch an die ja nicht stets und ständig vorkommenden, aber durch Kriegsbräuche immerhin lizenzierten mittelalterlichen Plünderungen von Städten nach einer gewissen Belagerungsdauer – Shakespeare läßt Heinrich V. so zu den ihre Stadt verteidigenden Bürgern von Harfleur sprechen (und Geschichtliches durchaus korrekt abbilden):

> [...] ergebt euch unsrer besten Gnade;
> Sonst ruft wie Menschen auf Vernichtung stolz,
> Uns auf zum ärgsten
> [...]
> Der eingefleischte Krieger rauhes Herzens
> Soll schwärmen, sein Gewissen höllenweit
> [...] und mähn wie Gras
> Die holden Jungfraun und die blühnden Kinder.
> [...]
> Was für ein Zügel hält die freche Bosheit [...]?[9]

9 William Shakespeare, König Heinrich der Fünfte, übersetzt von August Wilhelm Schlegel, Wien 1825, S. 43.

Der Phase der kriegerischen Gewalt unter der Fuchtel des »Du sollst!« folgt – unter Umständen – eine unter der Lizenz des »Du darfst!«. Und dann ist der Teufel los. Bis nach ein, zwei Tagen wieder die Trompete bläst. Denken Sie an die Zustände in Lagern, wo der Willkürspielraum von Bewachern und Kapos einfach nicht mehr oder jedenfalls kaum begrenzt wurde. Es soll damit nicht behauptet werden, hier käme etwas wie der »wahre Adam« zum Vorschein, denn den gibt es nicht oder er ist alle Adams zusammen, das, wie es einmal hieß, »Ensemble der gesellschaftlichen Verhältnisse« (ergänze: durch die Zeiten). Aber es läßt sich – durch die Zeiten und sozialen Klassen – feststellen, daß dieses Moment der Versuchung durch Grenzenlosigkeit existiert, und die Frage: »Warum?« ist schlichtweg müßig. Entscheidend ist: Wenn diese Versuchung zur Grenzenlosigkeit sich auf den Nebenmenschen richtet, zerstört sie alle Hemmungen. Nur in Rücksichtslosigkeit und Zerstörung erfüllt sie sich zur Gänze. Der – mancher – Einbrecher stiehlt nicht nur und säuft die Hausbar leer, sondern schlägt die Möbel kaputt, reißt die Vorhänge runter und – ja, natürlich – scheißt auf den Teppich.

Die Attraktivität mancher Gewaltmilieus so zu beschreiben, mögen viele nicht. Oft bekomme ich zu hören, meine These sei, Gewalt lasse sich aus den »niederen Instinkten« der Menschen erklären. Dabei weiß ich gar nicht, was das sein soll. Mein Hinweis, zu dem Entschluß, einer Stadtguerilla beizutreten, gehöre, das Tragen von Waffen zu mögen – der Entschluß, eine Pistole mit sich herumzuschleppen, hat weitreichende psychische, physiologische, verhaltensrelevante Konsequenzen –, wurde so referiert, als behauptete ich, Stadtguerilleros seien »Waffenfetischisten« – was etwas ganz anderes ist (abgesehen vielleicht von dem Umstand, daß Andreas Baader tatsächlich etwas von einem solchen hatte). – Mir geht es aber nicht darum, der Tatsache, daß entgrenztes Verhalten für Menschen eine Verlockung darstellt, noch eine zusätzliche psychologische Erklärung hinzuzufügen. Für eine Analyse der Attraktivität von Gewaltmilieus ist eine derartige Ergänzung nicht nötig, wobei gar nicht zu bestreiten ist, daß es stets individuelle Wege gibt, auf denen diese soziale antisoziale Versuchung wirksam wird. Ebenso, wie es sehr individuelle Umstände sind, die dazu führen, daß der Lebensweg einen nicht dahin führt – nicht nur der Mangel an Gelegenheit notabene.

Ferner resultiert das Nicht-Mögen der von mir favorisierten Beschreibung aus dem Wunsch, es möge für abscheuliches Verhalten doch irgendeine, letztlich moralisch akzeptable (wiederum:) Erklärung geben oder doch wenigstens ein einsehbares Motiv »hinter« dem schieren Destruktionsgeschehen. Also sind die *urban riots* wahrscheinlich doch die Rebellionen Zukurzgekommener, irgendwie ein, wenn auch ungelenk vorgetragener, Schrei nach Gerechtigkeit und Liebe. Wenn sie nur nicht so ritualisiert abliefen. Wenn man sich nur nicht auf ein Kalenderstichwort hin versammelte wie der Karnevalsverein – »Heraus zum Ersten Mai!« –, was dann heißt: Autos anzünden. Oder die Scheibe des Tuchhändlers Benthien einwerfen oder Stereoanlagen abschleppen oder Bullenklatschen. Es ist die Selbstermächtigung zum Großen »Du darfst!«.

Natürlich wird immer auch geredet: Da ist der Auslöser der *urban riots* das rassistische Agieren der Polizei (das hier gar nicht bestritten werden soll), da ist der Bankraub durch die RAF, der dazu dient, Sportwagen zu beschaffen, Waffen, konspirative Wohnungen und Sprengstoff, ein antikapitalistischer Avantgarde-Aufstand, da ist die Reise in den fernen Orient, wo das Köpfen und Frauenversklaven lockt, eine Pilgerreise im Namen des Propheten. Kaum ein Erpresser und Entführer, der sich nicht irgendwann einmal als Robin Hood ausgäbe. Nun, wir wissen, daß starkes Legitimitätsempfinden nicht nur die Erregbarkeit steigert, sondern auch die Grausamkeit. Schwache Legitimitätsempfindungen sind demgegenüber eher handlungshemmend.

Auch wenn es, um nun noch schnell zur Sache zu kommen, beim Eintritt in das Gewaltmilieu neue Zwänge gibt – eine Guerilla braucht ein gewisses Maß an Disziplin, der Gotteskrieger muß beten –, so ist dieser Übertritt doch zunächst die Abkehr von vorher gültigen Verboten, hin zu unerhörten Lizenzen. An die Stelle der Stabilisierung, vielleicht gar Steigerung dessen, was Hegel »Sittlichkeit« nennt, tritt die Steigerung der Erlaubnis, das alles zum Teufel zu schicken, wie es im angeblich aus den Bauernkriegen stammenden Lied heißt, das aber ein Marschlied der Wandervögel war: »Wir sind des Geyers schwarzer Haufe, heia-hoho«, und: »Der Edelmannes Töchterlein – heia-hoho – die schickten wir zur Höll' hinein – heia-hoho«: das hat viele Facetten. Dies scheint mir die Grundlage:

1. Das bürgerliche Leben, nehmt alles nur in allem, zeichnet sich, wie seine Kritiker spätestens seit Schillers *Ästhetischen Briefen* wußten, durch irgend etwas aus, das diese Kritiker als Auseinanderfallen eines, wie immer auch phantasierten, Ganzen zu verstehen versuchten. Diese Einschätzung ist außerhalb des jeweiligen Jargons, in dem sie vorgetragen wird, schwer zu fassen. Lassen Sie es mich so versuchen: Das bürgerliche Leben wurde als eine Art Unterprämierung für die Anstrengung, es zu leben, empfunden. Man mußte die Zumutung der Vereinzelung, der Ohnmacht, der a-personalen Abhängigkeit, einer generellen Zusammenhanglosigkeit – (die Soziologie und Historiographie sind die Kompensations- resp. Trostwissenschaften ins Syn- und Diachrone) – aushalten und bekam ... ja, was? (Nun ja, vielleicht den Roman als die klassische bürgerliche Kunstform, die gleichfalls kompensiert oder Formen, es zu ertragen, vorführt.)

2. Das Gegenmodell ist das mit Überprämierung versehene Angebot, das bürgerliche Leben zu verlassen. Wie kommentierte Ulrike Meinhof Baaders und Ensslins Brandstiftung? Unpolitisch bzw. reaktionär, aber illegal, ergo tendenziell ein Vorbild. Was folgte, waren die Bekenntnisschreiben, in denen vornehmlich von der Menge an TNT-Äquivalenten die Rede gewesen ist.

Was sind die Facetten des Gegenmodells?

– Das bürgerliche Leben gewährt selten Grandiosität. Wenn doch, wird das mit außerbürgerlichen Attributen versehen. Man sehe nach, wie über außerordentlich erfolgreiche Manager geschrieben wird. Wer die Scheibe des Tuchhändlers Benthien oder wie Hugos Gavroche die Scheibe des Barbiers einschmeißt, wird mit Schauder wahrgenommen. Die RAF okkupiert Nachrichtensendungen und Phantasien, stürzt die Regierung in Krisen, gewinnt Macht über Leben und Tod, richtet und richtet hin. Der IS bietet Mord und/oder Tod, die Leute kommen aus aller Herren Länder, um mittun oder doch wenigstens zusehen zu dürfen, wie ohne all dies ewige Bedenken geköpft, gekreuzigt, verbrannt werden darf und sogar soll.

– Denn praktizierte Bedenkenlosigkeit ist auch die Gewährung äußerster Macht: den Körper eines anderen zerstören zu dürfen – und zwar auf Zuruf. Man ist ja nicht Beamter in der Todeszelle irgendeines Gefängnisses, wo es ohne Willkür, nach der Uhr und nach Ritual ohne jeden Anflug eines Machterlebnisses nur um den tödlichen Job geht. Bürgerliche Gesellschaft hat die direkte Macht, die in der Zerstörung des anderen Körpers ihren extremen Ausdruck findet, abgeschafft. Da gibt es Machtfragmentierung, da gibt es Prozeduren, Verrechtlichungen, Verzögerungen – der direkte Zugriff bleibt auf der Strecke. Im *urban riot*, in der Terrorgruppe, im IS ist der einzelne in den Status der Machtwillkür eingesetzt.

– Gemach: Es gibt ja noch die Gruppe. Aber diese Gruppen verleihen solche Willkürmacht. In den *riots* durchs große Gewährenlassen, in der Terrorgruppe durch Delegation (»Du schießt!«), im IS vielleicht durch eine Art Henker-Casting. Die Gruppe (bei den *riots* die Masse) hebt die bürgerliche Vereinzelung auf. Wie Sebastian Haffner über die NS-Feriencamps für Jura-Referendare schrieb, sie seien für die ein Genuß, die zu schwach für die Anforderungen des bürgerlichen Lebens seien, so findet man in schlechthin allen Dokumenten, die Erlebnisse der von Gewaltmilieus Attrahierten bezeugen, diesen Genuß am Aufgehobensein in einer regressiven Gemeinschaft. Und dann verleiht diese Gemeinschaft das cäsarische Privileg, Herr über Leben und Tod zu sein.

– Die Zugehörigkeit zur regressiven Gruppe garantiert keinen Lebensunterhalt. Das Bandenmitglied oder der Randalierer beziehen kein Einkommen. Aber sie werden gedeckt beim Beutemachen.

– Die Deckung durch das Gewaltmilieu ist die Grundkontradiktion zur bürgerlichen Tugend, der Kompromißbereitschaft. Der einzelne in der Gewaltmenge schlägt zu und verschwindet, der Terrorist schlägt zu und verschwindet. Vielleicht hinterläßt er noch ein Flugblatt, auf dem zu lesen ist, daß der Bulle, um noch einmal Ulrike Meinhof zu zitieren, ein Schwein und kein Mensch ist. Auch dem Gotteskrieger ist der Kompromiß fremd, er kennt nur Gläubige und Ungläubige oder Ketzer. Der einem Gewaltmilieu Zugehörige hat also und genießt Identität. Demgegenüber findet sich der Bürger zur Individualität verurteilt, und seine Identität ist, da er als soziales Wesen lebt, diffus.

– Die narzißtischen Gewinne aus Bürgerlichkeit fallen bescheiden aus. Sie sind schmal, stellen sich nur gelegentlich, hier und da, ein, mögen sich aus der Bilanzierung von Handlungsfolgen ergeben. Triumphal sind sie allenfalls im Sport oder auf der Bühne und auch dort hart erwirtschaftet. Demgegenüber sind die narzißtischen Gewinne aus der permanent die Zugehörigkeit als Grandiosität wertenden Prämierung durch die Gruppe immens, nebst der Lizenz, Identität, sprich: Einzigartigkeit aus der existentiellen Aktion der Zerstörung zu gewinnen.

Rede ich über Bürgerlichkeit (gemeint ist hier: das Leben in einer machtfragmentierten, verrechtlichten, auf Gewaltverminderung ausgerichteten Gesellschaft), als redete ich über ein Telos des Zivilisationsprozesses, und über die Gewaltmilieus, als seien sie die negierende Kehrseite dieses Prozesses, der altböse Feind, den man nicht von den Sohlen schütteln kann? So natürlich nicht. Es gibt in der Geschichte keine Teleologie, aber man kann sehr wohl sagen, daß es Entwicklungen gibt, deren Richtungen sich nachzeichnen lassen, auch wenn sie nicht gerichtet verliefen. Nicht: da sollte es hingehen, aber sehr wohl: da ist es hingegangen, und von unserer Beschreibungswarte aus gesehen muß uns nichts daran hindern, diesen Ort als einen zu definieren, von dem aus das Ungerichtete normativ als Fortschritt angesehen werden kann. Es gehört nun zu diesem Fortschritt im Sinne der Bürgerlichkeit, daß ihm die Grandiositäts- und A-Zivilitätsangebote ausgehen. Zum Vergleich: Im antiken Rom war die Zugehörigkeit zur herrschenden Klasse ein einziges Grandiositätsangebot, sogar eine Verpflichtung zur Grandiosität, der sich nur wenige – etwa der Freund Ciceros, Atticus – zu entziehen vermochten. Eine solche Offerte hält sich – nicht in diesem Extrem, aber doch –

durch die Geschichte. Für den modernen Bürger besteht dieses Angebot freilich nicht mehr. Und wo doch, etwa in den Sturmzeiten zwischen ursprünglicher und geregelter Kapitalakkumulation, legen sich die Pioniere ein offensiv puritanisches Gehabe zu – siehe Rockefeller, ein virtuoser Unternehmer und gleichzeitig ein Bandenhäuptling. Oder sie verlagern ihre Wünsche ins Symbolische, wie Philipp Reemtsma, der sich von Hans Domizlaff einen Wikingerschiffsbug als Firmenemblem entwerfen ließ und, ein *homo novus* und Neureicher in Hamburg, demonstrativ eine besonders avantgardistische Architektur für seine Privatvilla wählte.

Für die anderen Klassen existieren solche Angebote nicht, es sei denn in Kriegszeiten und sozusagen an den Rändern: Man geht irgendwo hin – meist aus Not –, schlägt sich durch und bereichert sich, wenn's klappt. Emily Brontë schildert so einen Fall in *Wuthering Heights*. Meist gab es etwas wie Kolonien, später auch die Fremdenlegion, wo man hinkonnte, nahm das Unbehagen am unterprämierten Alltag überhand; siehe Ernst Jünger, für den dann das Gemetzel auf dem Schlachtfeld die ersehnten Sensationen brachte. Und es gab immer die Möglichkeit der Räuberbande und der Piraterie. Das Echo solcher Attraktivität reicht bis heute ins Kinderbuch. Es waren immer wenige, wenige sind es auch heute, doch machen sie viel von sich reden – »das Schiff mit acht Segeln und mit fünfzig Kanonen«, und der Geschichtsdozent in Jena wird mit Getrampel empfangen, der Hörsaal kann die Begeisterten nicht fassen, hat er doch mit einem Stück über eine Räuberbande am Theater debütiert.

Die Abwehraffekte – »Fäulnis«, »Kot«, »Abschaum« –, die verzweifelte Suche nach Erklärungen in Gestalt der Suche nach etwas »hinter« dem Offensichtlichen zeigen nicht nur das Erschrecken vor der, sondern auch die Versuchung durch die Möglichkeit, sich in dies scheinbar »Urtümliche« wenigstens zu »vergaffen«, wie es Professor Kuckuck im Speisewagen nach Lissabon Felix Krull gegenüber formuliert. Shakespeares Heinrich V. können erst die Krone, die ihm zufällt, und ein großer Krieg, den er anzettelt, wirklich von der Bande an Räubern und Randalierern loseisen, denen er sein Leben mit Sir

John Falstaff zuvor geweiht hatte, und vor Azincourt läßt er den letzten der Bande, den man beim Plündern erwischt hat, mit leisem Bedauern, aber doch henken. Bei Victor Hugo ist die einzig unambivalent sympathische Figur jener erwähnte Fensterscheiben und Straßenlaternen einschmeißende Gavroche. Schiller schreibt genußvollen Schauder in sein Stück, wenn er »Schufterle« auftreten läßt, der einen Säugling verbrennt. Adorno (in den *Minima Moralia*) hat dieses Genußvolle in dem Befehl: »Amalia für die Bande« klar notiert. Brechts kalte Grausamkeit in der *Maßnahme* ist das Gegenstück zu seiner »Ballade von den Seeräubern« mit dem Refrain »O Himmel, strahlender Azur« und den Zeilen »und oft besteigen sieben Stiere eine geraubte fremde Frau«. Arno Schmidts Alter ego in der *Gelehrtenrepublik* heißt »Bob Singleton« – Bob Singleton ist der titelgebende Name aus einem Roman von Daniel Defoe und dort ein skrupelloser und fürchterlicher Pirat. Das mag zuweilen tatsächlich grenzgängerische Qualitäten haben – Arno Schmidt nannte den beim öffentlichen Vorlesen der Mordszenen aus seinen Büchern schier aus dem Häuschen geratenden Dickens einen »Nicht-Mörder« –, dennoch ist es Sublimation. Noch die exzessive Schilderung des Entgrenzten unterwirft sich in der Literatur, der Malerei, der Musik (*Sacre du printemps*) der Ordnung der Form.

Gewaltmilieus liefern die Möglichkeit exzessiver Entsublimation – die ihrerseits symbolisch geraten kann. In den *urban riots* werden gerne Scheiben eingeschlagen und Autos angezündet. Es handelt sich um demonstrierte Zerstörungsmacht und Angriffe auf Körperrepräsentanzen, nicht um Krieg, aber doch nahe dabei. Nicht selten kommt sogar vor, daß Bibliotheken angezündet werden, mithin direkt attackiert wird, was unsere Kultur ausmacht. Während der Straßenkämpfe des 19. Jahrhunderts in Paris und Wien wurden immer wieder die Straßenlampen zerschmissen. Auch Gavroche, ich habe es erwähnt, tut das mit Lust. Auf die Fenster, in denen noch Licht brennt, wird geschossen. Es ist der Angriff auf Sichtbarkeit und auf, lassen Sie mich den französischen Begriff für »Aufklärung« nehmen: la lumière. Die RAF verfaßt Kassiber in einer Art regressiven Lallens, das als Ausweis radikaler Anti-

Bürgerlichkeit gelesen werden soll. Der IS sprengt Altertümer in die Luft – die Zeichen unserer kulturellen Entwicklung. Vielleicht läßt sich derlei auf diesen Nenner bringen: Haß auf die Symbolisierungen der Fähigkeit zur Sublimation.

# Einige Fragezeichen bei Walter Kempowski

Für alle Fälle? Ernst Wiechert?
Walter Kempowski, *Alles umsonst*

Fritz J. Raddatz pflegte in seinen Tagebüchern eine ulkige Liebe zu Walter Kempowski (wie auch umgekehrt, wobei es, wenn ich mich recht erinnere, gern darum geht, wer bei irgendeinem Treffen wem den Wein nicht bezahlt hat). Aber einmal wurde es, wie mir scheint, ernst – ich zitiere ausführlich:

Von Freund Kersten, der doch eigentlich ein wahrhaft kennerischer Literaturabschmecker ist, emphatisch empfohlen – lese ich nun hier mit wachsender Enttäuschung (ja: entgeistert) Kempowskis »Alles umsonst«-Roman. Das ist nicht Prosa, sondern Gelabere. Was mehrere literarisch-kompositorische Gründe hat.

Er macht Scherenschnitte – alles flache Figurinen, keine dramatis personae. Er begnügt sich mit läppischen Details, die er seinen Gestalten aufpappt – blonder Wuschelkopf, schwarze Haare, Hinken oder Sabbern –, er gibt ihnen aber keine *Eigenschaften*; man weiß nicht einmal, wie alt, wie groß, Furchen im Gesicht, runzlige Hände, Geiz oder Schnippischkeit? Nichts. Kempowski ist Voyeur, nicht Gestalter.

Das wiederum hängt mit einer kaum-noch-literarischen Technik zusammen, ein Tick: Keiner seiner Menschen hat eigene Gedanken. Kempowski implantiert – fast immer mit Fragezeichen – eigene Überlegungen, gern auch Gedichte, Filmszenen, Schlager; allein die bis zu 20 Fragezeichen sind wie mit dem Salzstreuer über die Seiten geschüttet. Das liest sich dann so:

»Warum nicht mal die eine oder andere Probe abgeben [von Gedichten des Hauslehrers]? Warum nicht? ...

»Eigentlich schade, daß Eberhard [der Gutshof-Ehemann] jetzt nicht da war. Wo steckte er jetzt? Ob er an den Georgenhof dachte?«

Bei dieser endlos plappernden Läpper-Dramaturgie bleibt völlig unklar, *wer* spricht, denkt, fragt: der Autor (der's ja aber samt seinem Leser weiß)? Die Figuren (die's eben leider auch wissen)?

»Was war mit dem schweren Koffer anzufangen? All die Chroniken und das halbfertige Manuskript? Sollte man ihn auf dem Gutshof deponieren? Bis es wieder andersrum kam?«

»Andersrum« ist eine Sprachfigur jener (Flüchtlings-) Zeit, wird also in den Mund/Kopf gelegt; andere Satzfetzen (»Bremen? Warum nicht? Vielleicht dort irgendwo aufs Land?«) bleiben dramaturgisch diffus.

Schlimmer noch: Diese Sprech-/Denkblasen-Methode ist vollkommen gleichgewichtig verteilt auf *alle*, kein unverwechselbarer Sprachstil, überhaupt keine Unverwechselbarkeit, keine Eigenheit. Kempowski gießt einen Lakonie-Zuckerguß über alles und jeden, irgendein 1-Seiten-Schemen spricht bzw. wird gesprochen – »Sie hat solche Sorge [vor den nahenden Russen], was soll sie bloß machen?« Und zum Schluß stülpt er gar einem Hund diese Quassel-Maske über; Jagow »denkt« beim Aufbruch zum Flucht-Treck: »Mitfahren ins Ungewisse? Die Herrin? Wo steckte sie? Die konnte man doch nicht im Stich lassen.«

Das alles – selbst, in diesem Fall sogar frivol, ein flüchtender Jude, von der Schloßherrin mit müder Unbeteiligtheit versteckt – ist mit bläßlichem Weichzeichner gegriffelt. Nichts ist Satire (die ja Biß hätte), nix Dix, nix Grosz. Es ist immer nur Karikatur à la »Simplicissimus«, Karl Arnold oder Gulbransson: also nett.

Mir scheint, ich habe begriffen, was an dieser Methode so fragwürdig ist. Kempowski ist reaktionär; das dürfte ja erlaubt sein. Er ist aber ein brävlicher Reaktionär, voller Desinteresse. Er hat nicht den Haß der Céline oder Genet, denen große Kunst gelang, weil sie sich aufbäumten. Kempowski lehnt sich nur behaglich im Lehnstuhl zurück. Wozu den Stein den Berg hinaufrollen – er kullert ja doch wieder runter. Dies Prinzip (»Alles umsonst«) macht alle nett bis in die schließlich gar langweiligen Rede-Stereotype à la »Es ist ja alles so kompliziert« hinein. Er *schreibt* aber das Komplizierte nicht, er behauptet es.

So gerät das Ganze ins Pläsierliche, was Benn schon dem ebenfalls reaktionären Fontane vorgeworfen hat. Der brüstete sich selber seiner Gabe, den Plauderton genau treffen, aber Personen nicht zeichnen zu können; sie blieben Schemen. Kempowski ist nie auch Teil einer seiner Gestalten; man muß ja nicht wie Balzac weinen beim Tod einer selbst geschaffenen Figur, und ich will auch nicht das zu Tode zitierte »Madame Bovary – c'est moi« von Flaubert strapazieren. Aber es gibt keine Kunst, von Ovid bis Caravaggio oder Benn, die nicht die schmerzenden Splitter der eigenen Existenz vorweist. Alles andere ist Unterhaltung – so, wie der Zeigestock-Ansager im Stummfilm natürlich nichts zu tun hatte mit der Hure, dem Gangster, dem Bettler, den er be-deutete. Also Zeigestock-Literatur, manchmal (wie im »Echolot«) glänzend montiert. Es erweist sich, daß Kempowski mehr Sammler als Stilist ist, die Bücher – dies Buch – gleichen Herbarien für aufgespießte Maikäfer und Schmetterlinge. Die sind aber tot.

Bei Tod, interessanterweise, funktioniert die Lakonie-Technik. Da nimmt »etwas« – in diesem Fall Krieg, Kriegsende-Treck – den Menschen ihre Individualität, sie werden zu zerbrochenen Puppen, ein Arm weg, ein Bein liegt im Graben, Auge raus, Pferd verreckt; das braucht kein Film-Tremolo, wird sogar intensiver durch das quasi unbeteiligte Kameraauge. Die Menschen – wie Tantchen, die vorher nur zu banalen Sprüchen verurteilt war – sind nun wirklich »verurteilt«, einfach weggeworfen wie die Koffer, das unnütze Silber, ihre Blusen. Menschenmüll. Das wäre gelungenes Crescendo, hätte Kempowski seine Figuren nicht an so dürren Strippen zappeln lassen.[1]

– Tagebucheintrag vom 14. Dezember 2006, lang, eine Rezension fast.

1  Fritz J. Raddatz, Tagebücher 2002–2012, Reinbek bei Hamburg 2014, S. 357ff.

Die Ausführlichkeit wirkt wie ein Fazit zum Abschied. Raddatz hatte Kempowski bei seinem Erstling *Im Block* intensiv betreut, Kempowskis Biograph Hempel spricht von »einer der aufwendigsten und fruchtbarsten Betreuungen der deutschen Literaturgeschichte«,[2] und nun, so viele Jahre später, wendet er sich desillusioniert ab, à la: Am Ende zeigt sich's, so groß ist er doch nicht gewesen. Ähnliches kommt vorher schon vor, wenn Raddatz notiert, Kempowski überschätze seine literarische Bedeutung gewaltig. Interessanterweise geht diese Desillusionierungsempfindung einher mit der Aufnahme eines der gängigsten Klischees über Kempowski: Er sei weniger ein Autor als ein Sammler, als wolle der Diarist sagen: Ich habe mich doch geirrt, die andern hatten recht.

Das muß uns nicht kümmern. Auch nicht Raddatz' Wink hinüber zu Fontane (auch so ein Reaktionär, auch so einer, der es mit dem Geplauder seiner Figuren hat), den tut Kempowski schon selbst:

Unweit von Mitkau, einer kleinen Stadt in Ostpreußen, lag das Gut Georgenhof mit seinen alten Eichen jetzt im Winter wie eine schwarze Hallig in einem weißen Meer.[3]

Klingt wie Fontane, aber so können manche Romane anfangen. Worauf Raddatz wohl vor allem anspielt, ist der *Stechlin*, wo auf einem auch abgelegenen Gut eine verlorengehende Zeit hinweggeplaudert wird, behaglich, was die einen Leser begeistert, die anderen ennuyiert. Wäre nun diese (vermutete) Parallele einleuchtenderweise gezogen, Raddatz' Ärger »ein Reaktionär!« wäre vielleicht einleuchtend. Nicht des politischen Ab-Urteils wegen, denn das nimmt er ja ein wenig zurück, reaktionär darf ein Autor in seinen Augen ja sein, allerdings muß er dann auch irgendwie gefährlich sein, bloß nicht »gemütlich«, und das ist es, was Raddatz aufbringt: gemütlich plus reaktionär gleich schlechter Stil.

---

2 Dirk Hempel, Walter Kempowski. Eine bürgerliche Biographie, München 2004, S. 112.

3 Walter Kempowski, Alles umsonst, München 2006, S. 9.

Wäre *Alles umsonst* etwas wie ein *Stechlin*-1945 bzw. hätte es das sein sollen, es wäre tatsächlich eine Katastrophe geworden. Diese Endzeit wegzuplaudern wäre ein fatales literarisches Unternehmen geworden, nicht allein, weil es sich irgendwie nicht gehört hätte, sondern weil Personal und Schauplatz und Zeit sich einer solchen Formidee nicht gefügt hätten. Der *Stechlin*, ob man ihn nun mag oder nicht, gewinnt seinen Charme ja aus dem Wissen, daß so künftig nicht mehr geplaudert werden wird, aber schön war's, als man's konnte. Man kann das nicht mit anderem Personal und in anderer Zeit wiederholen.

Aber in *Alles umsonst* wird nirgends geplaudert. Es wird auch nicht, ich zitiere Raddatz, »gequasselt«. Interessant, daß er das Wort nicht findet, mit dem zu bezeichnen wäre, was da so in Anführungszeichen gesetzt wird im Text und – häufig, für den Rezensenten Raddatz viel zu häufig – mit einem Fragezeichen abgeschlossen.

Kempowski hat nie in der Tradition des bürgerlichen Romans geschrieben, wie man ihn vor Augen hat, wenn man an Dickens denkt, an Hugo, Dumas, Flaubert, Thomas Mann schließlich. Der Untertitel »Ein bürgerlicher Roman«, den er *Tadellöser und Wolff* gegeben hat, nachdem es zu diesem Titel einmal gekommen war,[4] meint nicht die klassische Form, sondern das Thema, ein Kapitel aus der Geschichte des (deutschen) Bürgertums.

Zur Frage der Form sei hier kurz doziert. Es ist immer mißlich, wenn aus der Fülle des in der großformatigen Prosa formal Möglichen dies oder jenes herausgegriffen und als »das Eigentliche« vorgestellt wird. Die Form Roman war immer die weite Pluralität dessen, was in Prosa zwischen zwei Buchdeckel paßte. Es gibt nicht die Keimform, die sich dann bis zur Reife entwickelt und dann zur Spätform. Man hat so gedacht und ist in die Diskussion geraten, ob es den Roman noch gibt, geben darf, wie er allenfalls noch aussehen könnte und so wei-

4 War eigentlich der von Kempowski zuerst gewählte Titel *Im Strom* (parallel zu *Im Block*) eine Anspielung auf Fontanes *Vor dem Sturm*? Ledig-Rowohlt unterlief in seinem Absageschreiben eine solche Fehlleistung: »... daß wir uns die Veröffentlichung von ›Im Sturm‹ versagen müssen« (Hempel, Kempowski, S. 126).

ter. Aber »der Roman« war von Anfang an ein Genre des Disparaten. *Don Quijote* und *Tom Jones, Clarissa* und *Tristram Shandy* – was ist der gemeinsame Nenner? In Deutschland beginnt es nach den Riesenformaten des Barock mit ihren ausufernden Figurentableaus und den graphisch gestalteten Präsentationen ihrer Wörter, der Handlung, die manchmal erzählt wird, manchmal etwas wie ein Leselibretto ist, nach dem *Simplicissimus* (Singularität und Gattungsexempel in einem) mit dem Formmosaik der *Geschichte des Agathon*, und Wieland experimentiert sein ganzes Leben lang mit der Form Roman, die doch durch nichts ausgezeichnet ist als das Fehlen des Versmaßes – Prosa eben, nichts als eine negative Kennzeichnung – und einen gewissen Umfang. Nicht einmal, daß eine Geschichte erzählt werden muß, gehört zum »eigentlichen Roman«, so häufig auch Titel mit »Die Geschichte des/der …« sind. *Joseph und seine Brüder* ist nicht das, was am Ende der Form als Spätblüte noch gerade hingeht, nachdem der *Ulysses* oder die *Recherche*, die *Schlafwandler* und *Berlin Alexanderplatz* gezeigt haben, daß es nun eigentlich vorbei sei mit »dem« Roman, wobei man wahrscheinlich immer mitdenkt, daß *Madame Bovary* der Roman schlechthin sei, zu dem alles hingestrebt habe. Es gibt keinen »eigentlichen« Roman, auch keinen eigentlichen »bürgerlichen«, es gibt Romane – Plural –, und zur Gattung gehört, was hinzukommt. Etwas wie ein Gattungsmaß findet sich nicht.

Aber die Romantheorie hat sich von der Geschichtsphilosophie infizieren lassen, und so wie dieser, wenn sie Normalverläufe zu konstruieren versucht, ganze Epochen, gar Kontinente verlorengehen, weil sie sich nicht fügen, so machen Bücher, die »die Geschichte des Romans« präsentieren wollen, immer einen ziemlich rabiaten Eindruck, da wird gekappt, übersehen, entstellt, karikiert, daß es nur eine Art hat. Weh dem Studierenden, der glaubt, was er da liest.

Wer immer aus der Fülle dessen, was der Roman tatsächlich ist – die Romane im Laufe der Geschichte sind –, einer Fülle, die dadurch gekennzeichnet ist, daß sie ein offenes Möglichkeitsensemble ist und von Anfang an war und also bleibt, eine bestimmte Gruppe einander ähnlicher Romane herausnimmt und zu vorbildlichen Exemplaren der Gattung erklärt, hat »den Roman« nicht verstanden. Und er versteht auch die Romane nicht, die er an der so gewonnenen Norm mißt. Dieser Fehler durchzieht die ästhetischen Debatten mindestens des 20. Jahrhunderts. Wenn man sie sich noch einmal vornimmt, sind sie unendlich langweilig, und wer zurückgreift auf Lukács' *Die Seele und die Formen*, hat dieses prätentiös-nichtssagende Buch einfach sehr lange nicht mehr gelesen.

Selbstverständlich kann man Romane formal kritisieren – und man kann streiten. Arno Schmidt hat *Wilhelm Meisters Wanderjahre* als formlose »Rumpelkiste« bezeichnet, andere haben sie als erstes großes Experiment mit der »offenen Form« gepriesen. Beides führt nicht weit. Schmidt hat ein bestimmtes Vorbild vor Augen, das aber eben nicht für alle Romane gilt. Und man übersieht im Falle der *Wanderjahre* die sich mit den Zufälligkeiten der Drucklegung verbindende Nonchalance des Verfassers, wenn man sie als kühnen Formwillen auslobt. Goethe wußte, daß der Roman so etwas wie ein Formgesetz nicht hat; anders als Wieland entwickelte er aus dieser Einsicht aber keinen formalen Ehrgeiz.

Zurück zu Kempowski nun. »Unweit der kleinen Stadt Mitkau …« – das es, naturgemäß, ist man versucht zu sagen, nicht gibt, woran aber bitte nichts Deutendes zu kleben ist: »En un lugar de la Mancha de cuyo nombre no quiero acordarme …«, so etwas war dann schon im 18. Jahrhundert nicht mehr Spiel mit dem Leser, sondern nur das Signal: Ich schreibe hier einen ganz traditionellen Roman. So auch hier. Da muß man nicht klügeln, was denn der Ort-den-es-nicht-gibt auf sich habe. Ein wenig ist es wie bei *Tadellöser und Wolff*, »ein bürgerlicher Roman« fängt eben so an, *Tadellöser und Wolff* zwar nicht mit »Im schönen Rostock des Jahres …«, sondern, ebenso passend, so:

Morgens hatten wir noch in der alten Wohnung auf grauen Packerkisten gehockt und Kaffee getrunken

Das könnte so weitergehen: »… erinnerte sich Hans Jakob, legte behutsam seine Pfeife auf das kleine Tischchen und blickte in die Ferne, als wollte er im Geiste jene Szene noch genauer ...« – oder so: »... und uns auf die neue Wohnung gefreut. Wir – das waren ...« – aber wie wir wissen, geht es bei Kempowski so weiter:

(gehört das uns, was da drin ist?)

Ein nicht unbedingt plausibler Einschub. Aber man überliest ihn.

Helle Felder auf den nachgedunkelten Tapeten. Und der große Ofen, wie der damals explodierte.

Der Blick in die Wohnung, die da verlassen wird und uns (die Leser) nichts mehr angeht, die hellen Flecken auf der nachgedunkelten Tapete, man kennt das, der große Ofen, der damals explodierte, Erinnerung des Romanpersonals – wie läuft sie ab in solchen Momenten?, etwa so: Achja, der alte Ofen, der bleibt nun hier. Erinnert ihr euch noch, wie der damals ... klar doch, das weiß ja jeder, und x-mal hat man einander daran erinnert, heute zum letzten Mal. Darum kann man das abkürzen wie zitiert, und in der Abkürzung ist der ganze Vorgang, die Erinnerung und woran man sich erinnert, aufbewahrt: »wie der damals explodierte«, ein kleiner Schrecken, den man einander immer wieder per Weißt-du-noch ins Gedächtnis ruft. Ein letzter Blick zurück, und dann ist man in der neuen Wohnung.

Und der große Ofen, wie der damals explodierte.

Ohne Anführungszeichen im Satz. Es gibt kein Sprechersignalement. Braucht es nicht; das stets Gesagte, stets Gehörte klebt am Ofen, gehört zu ihm, auch wenn er dann Vergangenheit wird, weil man umgezogen ist. Dann wird der Satz realer als der Ofen selbst, den sieht keiner mehr an, jedenfalls nicht mit dem »wie der damals explodierte«-Blick, außerdem ist er vermutlich bald Bombenschutt. Aber das »wie der damals explodierte«, mit dem ich Sie hier so ausdauernd quäle, tritt mit Ovids »sub aqua sub aqua« in den Ring.

Dann ist man in der neuen Wohnung, in der die Fenster leider alle nach innen aufgehen. Das ist ein Problem, weil man immer die Blumentöpfe rücken muß, wenn man lüftet – im Buch heißt es:

»Das werden wir schon kriegen«, sagte meine Mutter. Aber die Blumentöpfe, die mußte sie doch jedes Mal rücken.

Das sind Kleinstlücken, größere sehen so aus:

Mein Vater »liebte seine Heimatstadt« [– jetzt sind da Anführungszeichen gesetzt –], wie immer gesagt wurde.

Das ist etwas, das jeder über jeden und jede zu jedem und jeder sagt, einfach immer mal wieder, so baut man eine Stadt aus sinnleeren Sätzen. Es gehört zum Standardrepertoire der Nachrufe: Er hat doch sein Rostock so geliebt. Der Satz überlebt sie alle, über die er gesagt wird, und die, die ihn sagen, und die Stadt, an die man dabei denkt. Sie kann in Trümmer gehen, der Satz bleibt. »Wie sie so sanft ruhen die Toten ...«, singt der Vater gern, wenn er aus dem Kontor kommt, wir lesen es gleich auf der vierten Seite. Nun also:

Mein Vater »liebte seine Heimatstadt«, wie immer gesagt wurde. Er war Mitglied des Vereins für Rostocker Altertümer und besuchte dessen Vorträge regelmäßig: »Die Exerzitien der Bürgergarde« oder »Rostock im 30jährigen Kriege«.

Absatz. Lücke. Dann noch ein Satz:

Mit Platt sei er in Flandern ganz gut zurechtgekommen.

Das Apropos ist »Krieg« (wir haben schon gelesen wo und wie: »Bei Ypern hatte er Gas abgekriegt«, und es gehört zum Frühstücksritual, daß man ihm sagt, mit seiner Haut stehe es heute gut). Und mit dem Fremdsprachenproblem sei es auch nicht so schlimm gewesen im Kriege, mit Platt ist er immer gut durchgekommen, Flämisch ist ja irgendwie ähnlich. Und durchkommen tut man eben, wenn man durchkommt, und Ypern hat man auch überstanden. Neben dem Frühstücksteller des Vaters liegt das Kalenderblatt von »›Meyers historisch geographischer Kalender‹ mit den Nationalen Gedenktagen«, man liest, was draufsteht: »1916 – Erstürmung von Fort Douaumont« – wir können das nachschlagen (21. Februar). Dieses Textdetail bedeutet aber nicht, daß es um eine bestimmte Szene geht, die an diesem Tag spielt (etwa Tag nach dem Umzug), sondern sie steht im Reigen der gleichbleibenden Rituale, der Gewohnheitsphrasen beim Wecken, Aufstehen, Sitzen beim Frühstück etc., dann geht es weiter mit dem, was nach dem Umzug geschieht, um sich neu einzurichten, die Wohnung, das neue Fahrrad, neues Kleid, neuer Anzug und so weiter. »Fort Douaumont« ist ein Einsprengsel wie »mit Platt durchgekommen«, Nach-Krieg eben. Und ein Foto wird gemacht und ins Familienalbum geheftet, alle neu ausstaffiert:

Die Mutter im Pelerinenkleid, Robert beim Segeln und ich im Hamburger Anzug. Vater sogar als SA-Mann unter einer Birke.[5]

Man kommt eben durch, und er hat doch Rostock so geliebt. Man kann sich daran erinnern, wenn der Vater später im Buch beteuert, national zu sein, aber kein Nazi. Man kann ihm das glauben, er sagt es ja schon vor 1945 dem späteren Schwiegersohn, einem Dänen. Die SA-Mitgliedschaft ist eben nur so.

Es stimmt für *Alles umsonst*, es stimmt für die voraufgegangenen Romane: keine Figurenzeichnung wie in anderen Romanen, aber Raddatz hat trotzdem nicht recht, wir werden doch, sagen wir mal: gut informiert. Bleiben wir noch bei *Tadellöser und Wolff*. Am Ende kennen wir die Familie ziemlich genau, und das liegt nicht daran, daß wir Fechners Verfilmung kennen und sich die Gesichter der Schauspieler und Schauspielerinnen – obwohl die natürlich ausgezeichnet ausgewählt waren – vor die Lektüre geschoben haben. Aber wenn man die ersten Seiten

5  Walter Kempowski, Tadellöser und Wolff. Ein bürgerlicher Roman, München 1971, S. 7–25.

mit den Anfangsszenen des Films vergleicht, geschieht etwas Bezeichnendes. Man erkennt, wo der Regisseur die Agierenden das tun läßt, was im Buch getan wird: »Die rechte Hand auf dem Rücken, mit der linken den Spazierstock führend, mal nach vorn und mal nach hinten. Da er viele Leute kannte, zog er dauernd den Hut.« Das sehen wir, und das wirkt dann plötzlich wie ein Zitat, fast ein wenig holperig. Der Roman hat mehr Fluß als der Film. Das ist ein wenig ungerecht, so ist es immer, wenn man den Vorlagetext kennt und gewissermaßen kontrolliert, ob der Regisseur auch alles nach Vorlage macht, es ist also der Haltung des Betrachters geschuldet. Und doch stimmt es, weil wir von den Figuren, die wir in den Anfangs-szenen des Films nur sehen, schon einiges wissen. Wir hören im Roman nicht nur, was sie so sagen, oft, sehr oft stereotyp und jeden Tag dasselbe, sondern auch, was sie denken. Und was sie nicht denken. Wir erleben wie subkutan mit, was im Roman nicht ausgeführt wird. Man kann es sich vorstellen, der Vortrag über den 30jährigen Krieg und wie man anschließend über den vor wenigen Jahren zu Ende gegangenen spricht und nicht spricht, und dabei kommt dann heraus, daß Flämisch so ein bißchen wie Mecklenburger Platt ist, und wenn der Sohn fragt, ob der Vater mal einen erschossen habe, sagt der: »Nicht daß er wüßte, er habe immer nur so ungefähr in die Richtung gehalten. Das seien dann so schwarze Punkte.« Übrigens: nicht »gewesen«, die schwarzen Punkte sieht er vor sich bei der Frage. Und wohl noch mehr, was sich mit der Formulierung »so schwarze Punkte« in der Erinnerung zu schwarzen Punk-ten zusammenzieht. Hier kann der Film in der Tat nur die akustische Präsentation dieser Anwesenheit des Vergangenen im Kopf der Figur zitieren – und dabei sieht man weniger als im Buch.

Es sind alles sehr strapazierte Menschen, die uns der Roman vor unsere inneren Augen stellt, und eben nicht als Sprech-puppen. Wir lernen sie kennen. Gewiß kann die Eigenheit der Kempowskischen Art, sein Personal sprechend agieren zu las-sen, zu Mißverständnissen führen. Die Popularität speziell von *Tadellöser und Wolff* bei Altersgenossen seines Personals war ja dem Wiedererkennen, dem für Nachgeborene enervierenden

»Genau so war's!« geschuldet und der dämlichen Bereitschaft, die wiedererkannten »Schnacks« (so das fürchterliche Wiedererkennungswort) in der eigenen Alltagsplauderei wiederzubeleben. Es war klar, wie die Reaktion der jüngeren Zuhörer ausfallen mußte: plaudernde Idyllisierung einer scheußlichen Epoche. Und das schob man dem Autor Kempowski in die Schuhe. Dabei ist es doch nur eines von vielen Beispiele dafür, wie gelesen wird.

Für diese Art der Rezeption gilt, was Raddatz dem Roman *Alles umsonst* zuschreibt, »pläsierlich« ist das Stichwort. Wie das »Platzkonzert« sonntags um 12 Uhr unter der »Eiche von 70/71«, »Väter mit Kleinkindern auf den Schultern«, Soldaten musizieren, Veteranen, der »Stabsmusikmeister« hinkt, der Oboist »ein Gefreiter, hatte Watte in den Ohren«. Nein, das *ist* nicht pläsierlich, der Roman führt Figuren vor, *die es sich pläsierlich machen wollen*, aber es gelingt ihnen nicht, man spürt die Anstrengung. Sie steckt gewissermaßen in den Lükken im Text. Unsere vielleicht halbbewußte Lesebemühung, den Zusammenhang zwischen den scheinbaren Einsprengseln – scheinbaren: stellen wir den Zusammenhang her, sind es keine mehr – mitzulesen, entspricht der Lebensform des Personals, ihn nicht herzustellen, ihn nicht im Bewußtsein zu halten oder dort nicht ankommen zu lassen, ihn wegzuleben, was dann zum Drüberwegleben wird. Die, noch einmal dieses unangenehme Wort: Schnacks sind die Signale dafür, aber sie sind eben auch ganz realistisch (und werden von den ehemaligen Zeitgenossen auch gerne so zitiert, erleichtert oft, als erlaube ihnen die Präsentation in Buch und Film regressive Entspannung), sie sind die Sprossen, die das Geländer tragen, an dem sich der festhält, der zu Recht dem Boden nicht traut und nicht der eigenen Fähigkeit, sicheren Tritt zu finden. Da steht neben dem »Wie isses nun bloß schön (könnt es nicht immer so sein?)« das »Wie isses nun bloß möglich«, und diese immer zuhandenen Sprüche erlauben tatsächliche Erschütterungsminderung. Zurück im zerbombten Rostock ist die Mutter nicht unbewegt, sondern der Spruch-auf-der-Zunge (»Wie isses nun bloß möglich«) erlaubt es, die immerhin nicht arg kaputte Wohnung so zu kommentieren, als hätten die Söhne bloß mal wieder nicht aufgeräumt, wo doch die Mutter sich täglich abrackert. Das kennt man dann.

Es geht darum, sich auszukennen, sich zurechtzufinden in einer Welt, in der man sich nie richtig ausgekannt hat, deren Zusammenhänge man nie verstanden hat, nie hatte man eine vernünftige Antwort darauf, was das nun wieder soll, aber niemand kann von morgens bis abends verdutzt sein, man kann, was man tut und läßt, nicht immer als existentielle Grenzsituation begreifen und als moralische Herausforderung. Vor allem aber: Wie schafft man sich ein Leben an, in dem man merkt, daß in ihm solche Herausforderungen vorkommen (und nicht selten) und daß man sich in solche begeben hat? Dies ist die Frage hinter den vielen Fragezeichen von *Alles umsonst*, wir kommen noch dahin.

Das Ende von *Tadellöser und Wolff* ist berühmt:

»Wie isses nun bloß möglich«, sagte meine Mutter. »Ich glaub', wir gehen 'rein.«

Vorher gießt sie Blumen, der Leserin fällt vielleicht Georg Kreislers »Blumengießen« ein, jedenfalls aber die Fenster, die nur nach innen aufgehen und also Mühe mit den Blumen machen, die man jedesmal rücken muß, aber man kommt klar. Die Zimmerpalme hatte man beim Auszug verschenkt, zu groß geworden. Auf den Balkon kommen dann »Judenbart und Schlangenkaktus«, Blumen, deren Namen es ja in sich haben und die ein Autor nicht einfach so plaziert, und ich würde sagen: ein wenig *zu* sicht- und hörbar, wenn nicht (ich wette) fast jeder drüber wegläse, genauso wie über das oben zitierte »Gehört uns, was da drin ist?«, also den Verweis auf die anderen Umzugskisten und die unbeantwortete Frage, wer da noch auszieht und wohin. Sollte man diese Frage noch im Kopf haben, wenn eineinhalb Seiten weiter der Judenbart erwähnt wird?[6]

6 Ich erwähne das als Hinweis darauf, wie Kempowski gelesen werden wollte. Tatsächlich ist die Frage merkwürdig, denn die sie stellen, irgendwie bloß so im ratlos-vergewissernden Umsehen beim Kaffee, sitzen ja in der eigenen Wohnung und nicht im Treppenhaus.

Wie immer man das lesen möchte, die letzte Blume, die im Roman erwähnt und gegossen wird, steht auch auf dem Balkon, neben Judenbart und Schlangenkaktus, eine Tradeskantie. Wer (wie ich) sowas nicht weiß, kann es nachschlagen, der deutsche Name ist »Gottesauge«. Wenn man's weiß, hört man's mit, und es wirkt denn doch ein wenig zeigestockbewehrt. (In Klammern gesagt: Jahrelang hat man diese Textarchitektur übersehen, überlesen, überhört und sich das Bild des gemütlichen Kempowski gemacht, dann kommt man darauf, es wird Allgemeingut, und die einen reichen immer denselben Textbefund ehrfürchtig durch die Seiten, den anderen kommt's zu den Ohren raus, und sie fragen, ob das alles nicht unangenehm trivial ist. Das aber ist kein Problem des Autors, sondern der ihm gewidmeten Philologie.)

Jedenfalls zugemacht werden Fenster gern und gern vorsorglich, so im Feriengasthof in *Tadellöser*. In dem kleinen Gutshof bei Mitkau sind gewissermaßen dauernd die Fenster geschlossen, es ist dennoch kalt, und es zieht, man friert, die »Herrschaft« wie das »Personal« – so hätte man zu andern Zeiten gesagt, jetzt sind es Fremd- bzw. Zwangsarbeiter, der eine mit einem »P« auf der Jacke. Die Besitzer des Gutshofs, die Strohwitwe Katharina, ihr Sohn Peter, das »Tantchen«, leben mit ihnen und der Welt, halten gleichsam die Luft an und merken's nicht. Kempowski konstruiert eine Retorte, eine Endspielsituation, aber keine in einer künstlichen bzw. Garnicht-Gegend, sondern einer sehr realen, Anfang '45 vor dem Sturm der Roten Armee auf Ostpreußen. Zu Anfang ist da nichts los. Peter spielt mit seinem Weihnachtsgeschenk, einem Mikroskop, das Tantchen hat immer was zu tun, der Pole, die Ukrainerinnen machen dies und das, warten –

Wladimir stand in der Stalltür, das »P« schief an der Jacke, und sah in den glitzernden Nachthimmel. Der hatte auch so seine Gedanken. War das Grummeln im Osten lauter geworden?[7]

7  Kempowski, Alles umsonst, S. 47 (weitere Seitenzahlen im Text).

Seine Ohren sind nach außen gerichtet, die Augen und Ohren derer, denen der Gutshof gehört, sind es nicht. Peter guckt durch das Mikroskop oder den Hund an, die Mutter hat wie beinahe immer die Tür abgeschlossen, ein Geschlossenes im Geschlossenen, es soll überhaupt keiner reinkommen. Das Tantchen

> hatte auch so ihre Gedanken. Sie stand auf und ging hierhin und dorthin, überall lag was herum. [...] Der Weihnachtsbaum, wann soll man ihn entfernen? Sollte der hier ewig stehen? War es nicht wieder einmal zum Verzweifeln? (49)

Verzweifeln, wieso denn? Weil die Rote Armee kommt? Darüber wenigstens redet niemand, denkt wohl auch keiner. Nein, zum Verzweifeln ist, daß immer was rumsteht und man daran denken muß, wie lange noch. Und daß man alles selber machen muß.

Fragezeichen, Fragezeichen, aber doch wohl nicht mit dem »Salzstreuer« über den Text getan, wie es Raddatz vorkommt. Tantchen hat ein Daseinsprogramm, und das ist, dafür zu sorgen, daß alles bleibt, wie es ist, aber aufgeräumt, und saisonale Unregelmäßigkeiten müssen weg, bevor sie zu sehr nadeln, keine Frage. Es bleibt an ihr hängen, denn die Dame des Hauses ist bloß da, wann immer möglich schließt sie sich in ihrem – naja – Boudoir ein. Sie, die Figur »Katharina«, kriegt ihre schwarzen Haare nicht »aufgepappt«, wie Raddatz meint, sie werden erwähnt wie der erste Tupfer am Porträt, das dann im Lesen fertig wird. Beim Sohn Peter ist es der Wuschelkopf, der den andern auffällt, zwar Locken, aber blond immerhin, wie denn auch das, was wir von den anderen Romanfiguren zu sehen bekommen, meist das ist, was den anderen auffällt, entweder Leuten, die früher mal da waren, aufgefallen ist oder denen auffällt, die nun in der Erzählung buchstäblich hereinkommen, die auf der Wanderung nach Westen sind und sich aufwärmen wollen und etwas zu essen, wenn man ihnen etwas gibt. Katharina gibt dem Mann auf Krücken, der von sich sagt, er sei Ökonom, was zum Staunen:

Donnerwetter! Was sich so alles auf dem Land versteckt ...
Diese Frau gehört doch von Rechts wegen sonstwohin?
Berlin! München! Wien! (19)

Keine Frage – und: Ausrufungszeichen. Und weiter:

Eine südländische Schönheit in dieser Einöde? Wo Fuchs
und Has' sich gute Nacht sagten? – Anselm von Feuerbach,
dessen Bilder kannte man ja. (21)

Damit wissen wir nun recht genau, wie sie aussieht, Feuerbachs
*Iphigenie auf Tauris* – die gehört eigentlich auch anderswo hin
und träumt davon. Katharina macht sich zurecht, wenn da jemand reinschneit, »schwarze Jacke, schwarze Hosen, Stiefel!«
(33) Das Ausrufungszeichen ist der Blick des Besuchers. Und
ihr Haschen nach dem Blick. Beim nächsten Besuch heißt es:

Nun erschien auch Katharina, ganz in Schwarz: schwarze
Hosen, schwarzer Pullover, schwarze Stiefel und auf der
Brust ein ovales Medaillon, golden mit einer brillantenen
Träne drauf. Sie hatte sich gerade hingelegt, und nun war sie
neugierig, was denn nun schon wieder los war. (40)

Sie legt sich gerne ein wenig hin, blättert in Büchern, und wenn
»etwas los« ist, drapiert sie sich. Kurz: Wir erfahren eine ganze
Menge über sie, es wird nur nicht beim ersten Erscheinen alles
gesagt. Und wie wir bei *Tadellöser und Wolff* die Familie an
Ende des Romans ziemlich genau kennen, ihr Aussehen, ihre
Gewohnheiten, ihre Empfindlichkeiten, wie sie so daherreden,
ja *daß* sie daherreden den lieben langen Tag und oft dasselbe,
das wissen wir, das ist lustig oder auch nicht mehr. Daß sie es je
nach Anlaß *auch anders* tun, daß dieses Sich-durch-Gerede-bei-
der-Stange-Halten – schließlich geht die Welt unter – *nicht* immer dasselbe ist, das merkt man, wenn man ein paar Seiten laut
liest und sich überlegt, wie es erst hier und dann da klingen muß.
In *Tadellöser und Wolff* geht die bürgerliche Welt unter –
und geht weiter in der Fortsetzung *Uns geht's ja noch gold*
in fortgesetzter Selbstdestruktion; in *Alles umsonst* geht die

Welt des Georgenhofs samt menschlichem Inventar fast ganz – wir wissen's nicht von allen – zum Teufel. Die Fragezeichen, die Raddatz moniert, sind die akustischen Markierungen. Wie heißt es doch: Punkt: Stimme senken. Da muß nichts mehr kommen, gesagt ist gesagt. Beim Fragezeichen kommt noch was, wird was erwartet, die Stimme bleibt oben. Wo alles voller Fragezeichen ist, ist das letzte Wort hoffentlich nicht gesprochen – und: wer voller Fragen ist, traut sich nicht zu sagen, wie es ist. Das ist die Akustik des Georgenhofs: leise, fragend hochgezogene Stimmen, die warten, daß irgendwer sagt, was der Fall ist. So klingt es, wenn sie miteinander reden, wenn sie vor sich hindenken (»der Weihnachtsbaum, sollte man ihn entfernen?«). So reden sie miteinander, wenn es allerlei zu sagen gäbe, was man nicht sagen mag.

Der Junge, Peter, spielt mit der mechanischen Eisenbahn, manchmal zieht er die Lokomotive zu sehr auf, und die Wagen springen aus den Schienen, das macht Lärm, und wenn was aus dem Gleis ist, sieht das nicht gut aus: »Nicht zu doll, mein Junge, nicht zu doll …«, das Gespräch geht weiter:

Daß Menschen mit Einblick im Osten Dinge gesehen hatten, die da vor sich gingen? [Fragezeichen] Unser gutes deutsches Vaterland? [Fragezeichen] Um Gottes willen? [Fragezeichen] (81)

Wir hören's, wie es der nicht mehr ganz so kleine Junge hört, wie die Kinder es eben gehört haben vor und nach '45, nichts Genaues, aber es reicht.

Die Ziegelei in Mitkau, die Menschen, die dort arbeiten müssen, Häftlinge in gestreiften Jacken? Was wohl noch alles kommt? »Wer hätte das gedacht?« (82)

Der Mann Katharinas ist erst in der Ukraine gewesen, »Weizentransporte Jahr um Jahr« (32), dann nach Italien versetzt worden, vermutlich um auch dort das Plündern zu organisieren. Aber so recht kommt nichts mehr an im Georgenhof in Mitkau, einer kleinen Stadt in Ostpreußen.

Der Frageton des Ganzen, den man hört, auch wenn da gar kein Fragezeichen steht, ist seltsam. Fragen, die keine Antwort wollen, sind ungewöhnlich. Wenn sie keine Antwort wollen, im Grunde nicht einmal gestellt werden, sondern nur so im Raume stehen als akustisches Äquivalent zur Arretierung des ganzen Geschehens, das auch nichts will, keine Änderung, kein Wegbewegen, nicht hierhin, nicht dorthin – das aber auch nicht bleiben will, wie es ist, weil es verlernt hat, irgendwas zu wollen –, dann wollen die, die Sätze sagen mit einem ritualisierten Fragezeichen am Ende, auch nichts mehr voneinander, sie halten das Gespräch nur noch pro forma aufrecht, es gibt nur noch die Töne, die leicht erhobene Stimme nach dem Fragezeichen, die nachklingt: »Um Gottes willen?« – ?

Und so auch die Leute, die da in den Tagen, die wir miterleben, hinein- und vorbeikommen. Tangentialberührungen, nicht mehr. Auch die eine, die dann doch alles in Bewegung bringt. Raddatz, Sie erinnern sich, ärgert sich über die Episode, in der »ein flüchtender Jude von der Schloßherrin mit müder Unbeteiligtheit versteckt« wird, er nennt das frivol – weil da was nicht geschieht? weil uns Kempowski keine antifaschistische Heldin präsentiert? weil er die Sache nicht so beschreibt, daß wir empört sind? Raddatz hätte gern, daß es uns anmutet wie von Dix oder Grosz gezeichnet – dabei wäre doch das wahrhaft brav: 2006 nochmal zu sagen, daß das alles grauenhaft und mörderisch war. Heute sich einen Grosz oder Dix vornehmen und in nachhallender Empörung sich sauwohl fühlen, *das* ist brav und betulich.

Die Geschichte: Der Pastor beredet die Hausherrin, einen Flüchtenden (daß er Jude ist, stellt sich heraus, als er schon aufgenommen ist) für eine Nacht zu verstecken. Sie möchte das nicht tun, möchte aber auch nicht Nein sagen, wie das so geht. Sie fürchtet sich, ist aber auch vom Abenteuer verführt, vom Abenteuer, das, wie das so kommen mag, etwas Erotisches hat. Ihre Erotik hatte ja etwas Eingesponnenes, meinte niemanden, war nur ein Warten auf ein Wer-weiß – Anselm Feuerbach, *Iphigenie*, es war erwähnt worden. Und als sie endlich Ja sagt, kann sie den Weg durch den Garten hinauf zu ihrem Schlafzimmer ganz genau beschreiben, so genau und ohne nachzudenken, daß sich der Pastor wundert. Kommentiert wird das nicht, aber man kann es schon verstehen, diesen Weg hat sie schon immer phantasiert (und Tantchen fragt sich, warum sie immer die Tür abschließt). So kommt anderswo und in anderen Romanen manche überraschende Tat zustande, irgendwas Tolles und Tollkühnes, ein Wagestück – Raddatz vermißt's, *er vermißt die Kolportage* –, aber hier tritt an die Stelle von irgend was Sensationellem bloß etwas Halbverschlafenes, das niemandem nützt, der Jude übernachtet, geht wieder, wird gefaßt, man findet den Zettel mit der Wegbeschreibung, Katharina wird verhaftet. Sie erlebt das alles mit »müder Unbeteiligtheit«. Das mag Raddatz nicht, muß er nicht mögen, aber es hätte ihm auffallen können, daß die Fragezeichen ab da seltener werden. Die Welt des Georgenhofs kann nicht mehr ganz hinter ihrem Vorhang vor sich hin existieren, und es geht dann recht schnell.

Katharina wird also verhaftet, die anderen machen sich auf den Weg. Der polnische Fremdarbeiter verläßt sie irgendwann, das Tantchen wird erschossen und das Pferd auch. Das Ende hat, Sie erinnern sich, auch Raddatz bewegt: »Bei Tod, interessanterweise, funktioniert die Lakonie-Technik. Da nimmt ›etwas‹ – in diesem Fall Krieg, Kriegsende-Treck – den Menschen ihre Individualität, sie werden zu zerbrochenen Puppen, ein Arm weg, ein Bein liegt im Graben, Auge raus, Pferd verreckt; das braucht kein Film-Tremolo, wird sogar intensiver durch das quasi unbeteiligte Kameraauge. Die Menschen – wie Tantchen, die vorher nur zu banalen Sprüchen verurteilt war – sind nun wirklich ›verurteilt‹, einfach weggeworfen wie die Koffer, das unnütze Silber, ihre Blusen. Menschenmüll.« Ja, das stimmt, das ist, wenn man so sagen will, »Lakonie-Technik«, aber »verurteilt« stimmt nicht. »Verurteilt« ist da niemand, nicht vom Autor vorher »zu banalen Sprüchen«, der Autor hat seine Figuren bloß leben lassen, wie so mancher lebt in diesen und anderen Zeiten, das Leben als bloßes Weitermachen ohne großes Um-zu, nur mit ganz kleinen Um-zus, denn Vegetieren ist es ja nicht, niemand überhebe sich!, man hält seinen Kram zusammen, da mag für den einzelnen gar Pathos aufkommen, das »Ja, wenn ich nicht wäre!« – aber das denken wir lieber nicht zu Ende, das »was wäre denn dann?«. Und »verurteilt«

auch nicht in einem ganz anderen Sinne, da spricht keine höhere Instanz ihr »Sie sind gerichtet« aus dem Off, damit wir das »Sie sind gerettet« mithören.

Der Autor läßt seinen Figuren passieren, was so passiert. Sie kriegen alle noch einen Abschiedsblick, das Tantchen, Peter sitzt daneben –

> das rote Blut im Schnee. Sollte er ein Vaterunser beten? »Es ist alles nicht so einfach …?« (329)

Da sind sie wieder, die Fragezeichen, da, wo zwar alles kaputt ist und tot, aber der Alltag stellt sein Bewältigungsrepertoire zur Auswahl: was nehmen? vielleicht das Vaterunser? – Kempowski hat eine grandiose Metapher dafür, daß es nach solchen Fragezeichen noch weitergeht mit der Welt, weil es mit ihrer Hilfe weitergeht.

> Das Tantchen war tot, ausgelöscht, als hätte man eine Decke glattgezogen. (330)

Hätte diese Metapher dem Tantchen gefallen? Wem das dabei nicht einfällt, kann nicht lesen, Raddatz konnte es nicht.

Unter dem Schutze dieser Metapher treibt Peter sich noch herum, weiß Leuten gegenüber Worte zu machen darüber, was er alles erlebt habe – die Welt ist nun offen, aber was soll er mit ihr machen? Das Pferd: »nun auch schon ganz von Schnee bedeckt« (337), glattgezogen. Den Polen und Vera, die Arbeiterin aus dem Georgenhof, sehen wir auch wieder, aufgehängt, »wir haben geplündert«. (351) Deutschland dekoriert sein Leichentuch. – Abschiedsblicke: Die Mutter verschwindet mit anderen Gefangenen, »und am Senthagener Tor kamen noch einmal dreißig KZ-Häftlinge dazu. ›Wohin?‹« (357) Wohin-mit-Fragezeichen – nein, nicht Autorenstimme, die tieferen Sinn à la Erbauungsliteratur der 50er Jahre hinzugibt, sondern direkte Rede, etwas, was man so fragt, wenn man ins Unbekannte gestoßen wird, nicht weil man denkt, es wäre eine Erkundigung, auf die man eine Antwort bekommt, sondern etwas, was man so fragt und damit bloß tut, als käme es noch darauf an. Das wissen Leute, die vielleicht gleich sterben müssen, da fragt man was, denn wer redet, ist nicht tot. Und die Prügel, die man kriegt, sind dazu da, daß die, die sie austeilen, noch wissen, daß und wozu sie selbst da sind. So ein Bauer, der neben denen, die die Straße entlanggetrieben werden und noch leben, entlangfährt und Prügel austeilt. Der lebt auch noch.

So, wie es auf dem Georgenhof einfach weitergeht, bis es nicht mehr weitergeht, bis es dann auseinanderfliegt in Zeitlupe, so zieht sich dies dahin, als wolle es ein Ende nicht sein. So ist die Zeit, erst dies, dann das, und dann immer noch was. Peter sieht sogar seine Mutter noch mal, aber übersieht sie. Als er irgendwie »ankommt«, da, wo es nicht weitergeht – eine Kaimauer, das Schiff, mit dem es weiterginge, ist zu voll, kein Platz mehr für ihn, die Barkasse legt ab –, da passiert etwas. Der »Oberwart« von Mitkau – so nennt er sich und ist auch so, wir haben ihn schon sehr kennengelernt, er hat für Ordnung gesorgt und die Tücher glatt gezogen und auch dafür gesorgt, daß Katharina ins KZ kommt –, der also hat noch einen Platz bekommen. Und den läßt Kempowski was sagen, die Barkasse dreht um, er sprang auf den Kai, schiebt »Peter auf die Barkasse, und er selbst blieb zurück«. (381) »Winkte er ihm noch zu?« Vorletztes Fragezeichen.

Der Autor gibt unserer Lektüre kein Fundament. Der oder die Leserin möchte ja vielleicht ihre oder seine eigene Moral, die ihr und ihm so durch die weltgeschichtlich illuminierten Tage hilft – oder die Moral des Autors, daß er sie uns auftische und mit ihr uns durch die Lektüre des Buches helfe, aber die fehlt. Welche sollte es auch sein? Klar, es gibt welche, die lesen möchten, wie die Eltern gelitten hätten, »damals« und »im Osten«, und die anderen möchten lesen: So und so haben sie es sich selbst angerichtet, Kriegsprofiteure und Mitmacher und Nichts-sehen-Woller. Beides bietet Kempowski nicht. Er läßt nur seinen Peter am Körper heil aufs Deck der Fähre geworfen werden – was aus der wird, wissen wir nicht, manche kamen ja durch, manche nicht, das Buch ist hier zu Ende.

»War nun alles gut?« ist der letzte Satz im Buch, letztes Fragezeichen. Der Fragesatz heißt einmal nur dies: Buch zu Ende, Ende offen. Gewiß, er heißt auch noch dies: Auch wenn's nach dem Ende ein Happy-End gibt (oder besser: gäbe), wäre es dann eines? Nein, ich bitte, nicht so etwas in dies Fragezeichen hineinzulesen, so einen Betulichkeitszucker kann drüberstreuen, wer es denn wirklich mag.

*Alles umsonst* heißt das Buch. Raddatz mochte den Titel nicht, Sie haben es vorhin gelesen. »Dies Prinzip (›Alles umsonst‹) macht alle nett bis in die schließlich gar langweiligen Rede-Stereotype à la ›Es ist alles so kompliziert‹ hinein. Er *schreibt* aber das Komplizierte nicht, er behauptet es.« Wieso macht *Alles umsonst* alle »nett«? Merkwürdig. Gäbe es in diesem Buch irgendeine Ambition, die zunichte wird, weil das Schicksal (»oder wie Sie das Dings nennen«, hätte Arno Schmidt geschrieben) es anders will, dann wäre das eine arg hohl tönende gewesen. Raddatz hat schon recht, wenn er den Seufzer, alles sei so kompliziert, mit dem Buchtitel in einen Satz packt. Beides ist komplementär. Würde man durch die Fragezeichen, denen man, wie man meint, bis in die Unendlichkeit ausgeliefert ist, nicht davon abgehalten, merkte man, daß es sub specie finis gar nicht so kompliziert ist, da kann man machen und tun, was man will. Darum macht und tut man ja, daß man's nicht so merkt. Früher sagte man vom Ende, jetzt sind wir bei Storm, »dat is de Dod, de allens fritt«. Hier heißt es: Die Decke wird glattgezogen.

Ja, gewiß, das kann man machen in der Literatur. Man kann auf so eine Nicht-Pointe zusteuern. Was *Alles umsonst* nicht tut. Pointen gibt es in diesem Buch nicht, keine Lehrstücke, keine Lektionen, allenfalls solche im Setzen von Fragezeichen. Oder im Weglassen. Man denke, der Titel hätte eines! – Was hat Kempowski uns da bloß geschrieben? Ein sonderbares, wunderbares Buch. Aber geht denn das, bei dem Thema? Mit der Frage hat er uns allein gelassen? War das recht von ihm?

# »Was hast du?«

## Sophokles über den Schmerz

> Bedenke, daß
> Gefahr und Unheil stets dem Menschen droht und er
> Im Wohlergehn des Wechsels muß gewärtig sein!
> Wer frei von Leid ist, mache sich darauf gefaßt
> Sophokles, *Philoktet*

In einem Buch[1] finden sich folgende Sätze aus dem Protokoll einer Selbsthilfegruppe von Schmerzpatienten: »Man muss sich einfach ablenken! Aber irgendwann sagt einem der Körper: Stopp, so geht das nicht weiter!« und: »Ich erlebe es jedes Mal als Niederlage, dass ich meinem Körper immer wieder Ruhepausen gönnen muss. Und selbst wenn ich das dann tue, wache ich nachts auf vor lauter Schmerzen und denke: ›Bitte gebt mir eine Säge, dass ich mir den Fuß absägen kann.‹« –:

*diérchetai*
*diérchetai* [...]
*apólola, téknon. Brýkomai, téknon. Papai*
*apappapai*

Da ist es wieder!
Da ist es wieder!
Ich bin verloren, Kind; es bringt mich um, Kind!
*Schreien*
Bei den Göttern, Kind, hast du hier in der Nähe wo
Ein Schwert zur Hand, so stoß mir's unten in den Fuß!
Schlag ihn sofort ab![2]

---

1  Einem erstaunlich positiv rezipierten und im Vergleich dazu bemerkenswert reflexionsarm zusammengeschusterten Buch: Sytze van der Zee, Schmerz. Eine Biographie, München 2013, S. 144.
2  Sophokles, Philoktet V 741 ff., in: ders., Dramen, hg. und übersetzt von Wilhelm Willige, Düsseldorf/Zürich 2003, S. 498/499. (Ich habe im Folgenden an wenigen Stellen in die Übersetzung leicht eingegriffen.)

Sophokles, *Philoktet*. Das Schreien – *apappapai, papa, papa, papai* – ist einerseits bloßes Lautgeben, der Übersetzer überträgt es mit »Ah, a＿＿＿ch, ah＿＿＿ch«. Aber es ist, hörbar, wie ich meine – oder wenn Sie es lieber so wollen: ich lese es so, höre es vor einem inneren Ohr –, weniger ein getragener Schrei als ein Schmerzensgestammel, ebenso das Artikulationslose des Schmerzes wie der im Schrei verstümmelte Wunsch, sich mitzuteilen.

*Philoktet* – das ist zunächst ein Stück der Intrigen und Machenschaften, Politik auf sehr überschaubarem Raum, einer Insel. Heiner Müller hat davon eine grandiose Adaption geschaffen, eines der ganz großen Theatererlebnisse meiner Schulzeit (und vielleicht das Beste, was Müller überhaupt gemacht hat). Der Krieg um Troja ist im zehnten Jahr. Durch einen gefangenen trojanischen Seher haben die Griechen von der Prophezeiung erfahren, Troja werde nur durch die Pfeile des Herakles fallen. Bogen und Pfeile des Herakles aber besitzt Philoktet: Der hatte sie einst, als der Halbgott den Tod vor Augen hatte, von diesem zum Dank für den letzten Dienst erhalten – das Entzünden des Scheiterhaufens, auf dem sich der Halbgott selbst verbrannte. Philoktet war unter denen, die nach Troja zogen, einer der prominentesten Krieger, wurde aber beim Zwischenhalt der Flotte bei der Insel Lemnos von einer Schlange gebissen, die Wunde heilte nicht. Philoktets Schmerzensgeschrei und seine »Lästerreden« waren nicht auszuhalten, man konnte die Opfer nicht ordnungsgemäß vollziehen. Odysseus nahm es in die Hand, Philoktet auf Lemnos auszusetzen. Dort lebt Philoktet seit fast zehn Jahren allein. Nun braucht man seine Waffen, Bogen und Pfeile. Abgesandt werden Odysseus und Neoptolemos, der Sohn des gefallenen Achill. Beide verabreden – so beginnt das Stück –, daß sich Odysseus, der für die Aussetzung Verantwortliche, nicht zeigt und Neoptolemos Philoktet eine Lügengeschichte erzählt: Er sei auf dem Heimweg, die Griechen hätten ihn nach dem Tod des Vaters nach Troja gerufen, ihm aber die väterlichen Waffen verweigert, die an Odysseus gefallen seien. So soll eine Gemeinschaft der von Odysseus Hintergangenen geschaffen werden. Sei Philoktet erst einmal auf diese Weise scheinbar freundschaftlich und schicksalsgemeinschaftlich umgarnt, solle ihm Neoptolemos Bogen und Pfeile rauben und ihn dann zwingen mitzukommen, denn Philoktet muß die Waffen selbst führen.

Neoptolemos ist unschlüssig, ihm behagt der Betrug nicht, aber er läßt sich vom Welterfahreneren – Philoktet sei voller Haß, werde nicht kooperieren und sei mit seinen Pfeilen äußerst gefährlich – bereden. Das Stück geht in Gesprächen zwischen Neoptolemos und Philoktet, in Wechselreden mit dem Chor voran, am Ende gelingt, was gelingen soll, Philoktet, dem Neoptolemos verspricht, ihn in die Heimat mitzunehmen, gibt diesem Bogen und Pfeile, und nun offenbart ihm Neoptolemos, er müsse mit nach Troja, dort werde er auch geheilt werden, müsse aber dann für die Griechen den Krieg zu Ende bringen. Odysseus kommt hinzu, Philoktet erkennt den Betrug, weigert sich mitzukommen. Odysseus blufft: Es gehe auch ohne Philoktet, der könne sehen, wo er bleibe. Philoktet will sich umbringen, Neoptolemos erbarmt und vor allem schämt sich, er will Polktet den Bogen zurückgeben, Odysseus will ihn zunächst mit Waffengewalt zurückhalten, holt dann aber Unterstützung vom Schiff. Als er zurückkommt, hat Philoktet seine Waffen wieder, er will Odysseus töten, woran ihn Neoptolemos hindert. Noch einmal versucht er, Philoktet zu überreden: gewisse Heilung (die Söhne Äskulaps sind beim Heer), dann gemeinsamer Kriegsruhm; aber Philoktet will nichts mehr tun für andere, will auch nichts mehr glauben; auch die Vorhaltung, er sei an seiner Wunde ja nicht unschuldig, habe er den Biß doch von einer Schlange erhalten, die ein Heiligtum schützte, das sein Fuß zu entweihen im Begriffe war, verfängt nicht. Die Mission ist gescheitert, da erscheint ex machina Herakles und befiehlt Philoktet, nach Troja zu gehen, ihm und Neoptolemos, gemeinsam zu kämpfen, und Äskulap selber werde er senden, den Fuß zu heilen.

So weit dies Stück; jedenfalls seine Handlung. Griechische Tragödien haben stets einen dem Publikum bekannten mythischen Stoff zum Gegenstand und verbinden dessen Abhandlung mit der Erörterung ganz unterschiedlicher allgemeiner, durchaus auch tagespolitischer Probleme – so spricht etwa die *Antigone* über das Totalitärwerden der Politik, *Die Troerinnen* über den Krieg, der wie die Besiegten auch die Sieger zerstört, der letzte Teil der *Orestie* gibt in seinen Schlußpassagen eine Theorie des Straf- und sogar Strafverfahrensrechts, der *Ödipus* streift eine Theorie des Unbewußten, die Sigmund Freud inspirierte, und so fort. Im *Philoktet* finden wir Erörterungen des militärisch-politischen Komments und, man könnte sagen: von Gesinnungs- und Verantwortungsethik. Neben Politik und Psychologie, die gewissermaßen an Hand des mythischen Stoffes behandelt werden, finden sich auch immer wieder Erörterungen und Demonstrationen existentieller Dimensionen der Conditio humana, die sich auf ihren sozialen und politischen Schauplätzen zeigen, aber durch ihre sowohl stoffliche wie, damit verbunden, gestische und expressive Bindung an das Mythische die Wucht des Unbefragbaren erhalten, immer wieder: Schuld, die sich als Fluch von der Dimension der Sühnbarkeit ablöst, Verfehlungen, die groß genug sind, nicht wieder gut gemacht werden zu können, und bei denen es nichts nützt, wenn einer sie einsieht: Geschieht das, ist es gewissermaßen definitionsgemäß zu spät (auf der Handlungsebene, denn der Mythos kennt weder die Dimension der Zeit noch (deshalb) die der Reparierbarkeit des menschlich Angerichteten).

Durch die Bindung an den mythischen Stoff ohne die moderne Obligation, ihm irgendeinen externen Sinn abzunötigen (also nicht: »Trauer muß Elektra tragen«), bei gleichzeitiger Präsentation in jeweils erkennbarer Problembezüglichkeit ohne die Nötigung, das zu harmonisieren,[3] kann die attische Tragödie auf ganz eigene Weise Affekte zum Thema machen. In ihr sind Affekte schon immer auch sozial gerahmt (zum Beispiel wird zuweilen ihr Unangemessensein getadelt), aber immer auch in ihrer vorsozialen Undefiniertheit und Ungerichtetheit deutlich – die Spannung zwischen dem Unkommunikativen in der Affektäußerung und der Notwendigkeit des

---

3 Man könnte sagen: ohne diesbezügliches Konzept, aber das wäre falsch: Dies ist das Konzept, nur daß eben der Begriff »Konzept« fälschlich ein Kalkül suggeriert, zu dem gehörte, es hätte auch anders ausfallen können. Von einem solchen Konzept – oder dann eben von Konzepten – wäre vermutlich eher bei der Komödie, vielleicht ab Aristophanes zu sprechen.

kommunikativen Umgangs ist oft unmittelbar bühnenpräsent. Die Klage der Antigone ist sehr wohl ein Hadern mit der Unvereinbarkeit des politischen Befehls mit anderen, konkurrierenden Imperativen (der Pietät, der innerfamiliären Pflichten), aber auch der Schrei des Leids, das so groß ist, daß es keinen Verursacher mehr kennt, sondern nur noch den Fluch, der nun auch, schreiend, wehklagend, hingenommen werden muß, als wäre die Hinnahme der letzte Sinn des Verderbens (aber, wohlgemerkt, ohne fromme Affirmation, auch wenn so etwas manchmal vorkommt, aber dann deutlich als Mahnung zur sozialen Affektzügelung).

Sophokles' *Philoktet* nun ist, neben dem Drama der politischen Ethik und einem dramatischen Gestalten der Modi von Mißtrauen, Vertrautheit, Vertrauen und Mißbrauch, das Drama des Schmerzes. *Das* Drama des Schmerzes, weil der Schmerz nicht nur in zentralen Passagen vorkommt wie in allen attischen Tragödien (als seelischer, als körperlicher), sondern die Voraussetzung des Geschehens ist und die affektive Rhythmisierung des dramatischen Ablaufs bildet. Sie haben Philoktet eingangs klagen hören:

*Papai apappapai*

Und Sie müssen es sich vorstellen. Die Schauspieler sind Maskenträger, ihre Maske ist die Kurzbeschreibung des Rollencharakters der Figur. Wir können uns die Maske des Philoktet verzerrt und mit aufgerissenem Mund vorstellen. Die Tragödien wurden gesungen – wir wissen nicht, wie das klang, wie sehr es unserer Vorstellung von Gesang entsprach, wie sehr wir es, wären wir Ohrenzeugen, »Litanei« nennen würden. Jedenfalls kommt die Tragödie aus der Tradition ritueller Chorgesänge, dann geteilt in Vorsänger und Chor (vielleicht wie in südstaatlichen afroamerikanischen Gottesdiensten), schließlich – das ist die Neuerung des Äschylos – treten zwei Schauspieler auf, ein Geschehen kommt in Gang, der Chor kommentiert zuweilen, zuweilen ist er selber Akteur und rollendefiniert, in den *Troerinnen* sind es die versklavten Troerinnen selbst, im *Philoktet* ist es die Schiffsmannschaft.

Das Wechselgespräch der Schauspieler dürfte etwas wie ein Rezitativ gewesen sein, die Wehlaute des Pholoktet denke ich mir getragen, hallend vor. Wir wissen, daß das athenische Publikum »mitging«, hoch emotionalisiert war – die Anekdote will, daß per Volksversammlungsbeschluß ein Stück verboten wurde, das die Zuschauer zu sehr zum Weinen gebracht hatte, weil es an eine militärische Niederlage erinnert hatte – und ein geschultes Ohr für ästhetische Feinheiten, etwa Betonungsfehler in der versifizierten Rede, hatte. Getragen, hallend – ist doch die Rede davon, daß dies die einzigen Laute waren, die auf der Insel zehn Jahre lang zu vernehmen gewesen sind: die Schmerzensschreie des Philoktet zwischen den Felsen:

*Papai apappapai*

Ich sagte, daß der Schmerz das Stück dramatisch rhythmisiert. Wie? So beginnt es: Odysseus und Neoptolemos betreten den Strand der Insel:

> Dies hier ist nun des meerumwogten Lemnos Strand,
> ein Land von Menschen nicht betreten noch bewohnt.
> Du, dessen Vater der Hellenen Bester war,
> du Sohn Achills, mein Neoptolemos, hier hab'
> ich einstmals Poias' Sohn, den Melier, ausgesetzt,
> wie es von unsern Feldherrn mir befohlen war,
> weil vom zerfressnen Beine ihm der Eiter troff,
> daß wir die Weihespenden und die Opfer nicht
> mehr ungestört verrichten konnten, denn die Reihn
> des Lagers waren voll von wildem Stöhnen, Schrein
> und Lästerreden.[4]

Das also hatte die Angelegenheit in Gang gebracht. Der Schmerz war nicht in den Ablauf der Tage aller andern integrierbar. Er störte nicht nur, er machte die nötige Ordnung unmöglich. Seine Präsenz verhinderte die ordnungsgarantierenden Rituale, überlaut war er – unkommunikativ und an-

4  V 11, S. 454/455.

tikommunikativ überschallte er alles –, aber auch antisozial: »Lästerreden«. Man kann nicht opfern, wo einer lautstark die Götter verwünscht – wo einer unüberhörbar den Sinn der gesamten sinnstiftenden Veranstaltung in Frage stellt.

Das Heer kann den Schmerz des Einzelnen nicht integrieren. Es kann ihm keiner helfen, sie müssen ihn zurücklassen, Odysseus, der Mann für solche Sachen, muß es irgendwie hinbekommen, daß Philoktet es erst merkt, wenn alle abgesegelt sind, denn der ist mit seinem Bogen ein gefährlicher Mann. Nicht einfach vermutlich, aber es hat geklappt. Philoktet wird auf der Insel zurückgelassen, allein mit seinen Waffen und seinem Schmerz, der zehn Jahre lang nicht vergeht. Ein Schmerz, wie wir dann sehen/hören werden, mit dem man zwar weiterlebt, mit dem sich aber doch nicht leben läßt. Philoktets Leben auf Lemnos ist ein dauerndes Sterben – ohne den erlösenden Tod.

Philoktet, das sehen wir gleich durch die Augen der beiden Angekommenen, lebt nicht auf Lemnos, er vegetiert, ein armes Luder im Wortsinn, ein lebendes Aas.

Ne: Ich sehe die Behausung leer; kein Mensch ist drin.
Od: Ist denn nichts drinnen, was sie bequem und wohnlich macht?
Ne: Laubstreu, gedrückt, als hätte jemand drauf geruht.
Od: Sonst alles öde? Ist nichts weiter unterm Dach?
Ne: Ein Trinkgefäß aus Holz, Behelfswerk, roh geschnitzt von ungeübter Hand, und Zeug zur Feuerung.
Od: Sein ganzer Reichtum also ist's, was du mir nennst.
Ne: Igitt, da ist noch was: ein Lappen trocknet da,
    vom Eiter einer üblen Wunde ganz getränkt.

Bald darauf wird Neoptolemos (dem Chor gegenüber) Philoktet den »Entsetzlichen, der in der Höhle haust«,[5] nennen. »Der Entsetzliche«, *deinós*, auch »gewaltig«, also wie im berühmten Chorgesang in der *Antigone* der Mensch, gut übersetzt mit »ungeheuer« (»... ist vieles, nichts ist ungeheurer als der Mensch«), hier also vor allem das Ungefüge, nicht

5  V 147, S. 462/463.

zu Rahmende meinend. Der Chor ist anteilnehmend, beklagt die schweren Umstände: das Alleinsein, die karge Kost, die mühsam erjagt werden muß, dann auch die Krankheit ohne Heilung, und dann fällt ein bezeichnend/bedeutsamer Satz:

*Pos pote pos*
*dýsmoros antéchei*

wie nur, o, wie
hält es der Ärmste aus?

Und das ist die Frage, die der Schmerzpatient von seinem Mitmenschen so gut kennt: »Wie halten Sie das bloß aus?« Man möchte ihnen eine runterhauen, diesen Anteilnehmenden, die einfach sagen, was man so sagt, wenn man wirken will, als nehme man Anteil, wo man doch eben dies nicht kann: Anteil nehmen. »Wie halten Sie das bloß aus?« Glauben Sie mir, die einzige Antwort darauf ist: »Ja, wer zum Teufel sagt Ihnen denn, ich hielte es aus?« Gemeint ist: »Wie schaffen Sie, daß ich es mit Ihnen, der es nicht aushält, aushalte?« Es gibt ja mehr oder weniger sozialverträgliche Formen des Nicht-Aushaltens. Der Unterschied ist wesentlich. Vor allem für die andern. – Der Schmerz und der Wahnsinn sind die schrecklichsten Absonderungsformen vom Mitmenschlichen.

Philoktet klagt, daß zwar zuweilen Schiffe bei ihm gelandet seien:

Und solche, wenn sie kommen […], bedauern mich
mit Worten wohl und reichen etwas Speise mir
aus Mitleid, schenken mir wohl auch ein Kleidungsstück.
Eins aber, wenn ich das erwähne, will man nie:
mich in die Heimat retten.[6]

Denn sie fürchten sich vor der Reise mit dem Geschrei und dem Fluchen. So bittet er denn Neoptolemos, als der ihm vorlügt, er sei auf dem Wege von Troja nach Griechenland:

6  V 308 ff., S. 472/473.

Als Ballast nimm mich mit! Ich weiß es freilich wohl,
daß diese Fracht viel Unbequemes mit sich bringt.
Ertrag es dennoch! [...]
Versuch es doch! Und wirf mich hin, wohin du willst:
Schiffsboden, Vorder- oder Hinterdeck, wo ich
die Fahrgenossen möglichst nicht belästige.[7]

Der Chor der Schiffsleute beklagt das Schicksal des Philoktet,
seine steten Schmerzen mit ihren konvulsivischen Ausbrüchen
des Zuviel und seine Einsamkeit. Nicht nur die faktische Einsamkeit auf der Insel, sondern deren besondere Bedeutung für
den Leidenden: sein Leid nicht mitteilen zu können. Wieder
das »Wie haben Sie das bloß ausgehalten?«:

Mich erfüllt Staunen darob,
wie nur, ach, wie er es ertrug,
hörend den Wogenschwall allein,
wie er in Tränen, Not und Pein
standhaft ertrug sein Leben.

Wie hat er es ausgehalten, oder eben: wie war sein Nicht-
Aushalten, wenn auch dieses ohne Möglichkeit, es jemandem
zu sagen, blieb? –:

Hier hauste er mit sich allein, im Gehn gehemmt,
ohn' einen Landsmann, der ihm als Nachbar half,
bei dem seine Klag' um den schwärenden, blutigen Fuß
Widerhall gefunden[8]

Und dann zeigt sich der immer vorhandene Schmerz plötzlich in besonderer Heftigkeit, bricht aus, wie man sagt von
einem reißenden Tier. Jeder weiß, daß Philoktet leidet –
Neoptolemos, der Chor, die Zuschauer –, und doch erscheint
der plötzliche Schmerzausbruch rätselhaft. Philoktet will be-
schwichtigen, hofft, daß es vorbeigeht, will gewiß verhehlen,

---

7  V 481, S. 482/483.
8  V 686 ff., S. 494/495.

wie schlimm es ist, damit Neoptolemos vom Versprechen, ihn mitzunehmen, nicht abgeht, will sich vielleicht auch nicht so zeigen, vollkommen »nur Körper und nicht mehr« zu sein, wie Jean Améry es formuliert hat.[9] Es ist eine sonderbare Stelle, in der Neoptolemos sich erkundigt, was der Schreiende eigentlich habe, was mit ihm los sei – ein Schrei, ein langgezogenes A-a-a-a, dann:

> *tí éstin;*
> *oudèn deinón.*

> Ne: Was hast du?
> Ph: Ach, nichts Schlimmes

– übersetzt meine Vorlage, doch da steht eben wieder *deinós* (gewaltig, schrecklich), »nichts Schlimmes« ist wohl kolloquial richtig, aber griechisch schwingt im *deinós* immer das Ungefüge, das Außerhalb-der-Bahn mit, das Unbewältigbare – doch das streitet Philoktet ab, nein-nein, es ist auszuhalten!

> Ne: Hast du jetzt Schmerzen, weil dein Leiden dich befällt?
> Ph: Nicht doch! Ich fühle eben schon Erleichterung.
> O Götter!
> Ne: Was stöhnst du so empor und rufst die Götter an?

– und Philoktet leugnet den Schmerzschrei – er habe die Götter nur eben so angerufen:

> Ph: Sie sollen als Beschützer helfend mit uns sein

– aber das nützt nichts, er stöhnt:

> Ne: Was quält dich? Sprichst du nicht und hüllst du weiter dich
> in Schweigen! Sieht man doch, daß dich ein Übel plagt.

9 Jean Améry, Die Tortur, in: ders., Werke Bd. 2, Stuttgart 2002, S. 74.

Ph: Ich bin verloren, Kind, und kann die Qual nicht mehr
vor euch verhehlen. Wehe! Ach!
*apappai*
Es bricht hervor! Ich Armer, Unglückseliger!
Verloren bin ich, Kind! Es bringt mich um, Kind!
Ach!
*apappapai*
Bei den Göttern, Kind, hast du hier in der Nähe wo
ein Schwert zur Hand, so stoß mir's unten in den Fuß!
Schlag ihn mir eiligst ab! Mein Leben schone nicht!
O tu es Kind!
Ne: Welch neuer Schrecken kam so plötzlich über dich,
daß du solche lautes Stöhnen und Geschrei erhebst?
Ph: Du weißt es, Kind.
Ne: Was ist's?
Ph: O Kind, du weißt!
Ne: Nein, sprich!
Ich weiß es nicht!
Ph: Wie solltest du nicht! – Jammer!! Ah!
*apappapai*
Ne: Entsetzlich
*deinós*
Entsetzlich drückt die Bürde dieser Krankheit dich.
Ph: Entsetzlich und unsagbar, ja! Erbarm' dich mein!
Ne: Was soll ich tun?
Ph: Erschreckt's dich gleich, gib mich nicht preis!
Das kommt von Zeit zu Zeit in gleichen Stößen, bis
es ausgetobt hat.[10]

Philoktet gibt Neoptolemos den Bogen, denn nach dem Anfall
überfällt ihn regelmäßig komatöser Schlaf. Und so geschieht
dann das oben Geschilderte. Aber zuvor gibt es noch eine Unterbrechung, nicht der Schlaf kommt, sondern ein neuer Anfall:

Ph: Ich fühl's, es bricht von neuem aus!
Ah, Jammer!

10   V 732 ff., S. 496/497 f.

*papai, pheu*
O Jammer
*papai*
Was für Not bereitest du mir, Fuß!
Es schleicht heran,
es kommt schon näher! Wehe mir Unseligem!
Nun seht ihr alles. Aber es geht nicht fort von mir!
O Elend!
*apapai*
O Tod, o Tod, wenn du so immer Tag für Tag
gerufen wirst, warum erscheinst du nicht einmal?
O Jüngling, wohlgeborner, komm! Ergreif' mich und
verbrenn' mich in dem vielgepriesnen Flammenbrand
von Lemnos, o du Edler! Habe doch auch ich
dereinst dem Sohn von Zeus für diese Waffe, die
du jetzt verwahrst, denselben Liebesdienst getan.[11]

Die Vorgeschichte wird zitiert, und auch sie ist eine des
Schmerzes. Der Zentaur Nessos – Zentaur: halb Mensch, halb
Pferd, wie viele Zentauren gelehrt und weise, aber von animali-
schem Temperament – trägt Deianeira, die Frau des Herakles,
durch einen Fluß, sie reitet auf ihm. Plötzlich wird er anderen
Sinnes, hält sie fest, will sich ihrer bemächtigen – Herakles
schießt: Es sind die Pfeile, die er ins Blut der erschlagenen
Hydra getaucht hat, schlangengiftige Pfeile, Nessos verendet
am Ufer unter Qualen, erweist, wie er sagt, Deianeira einen
letzten Liebesdienst: Mit dem Blut, das aus seiner Wunde
quillt, möge sie ein Hemd für Herakles bestreichen, wenn sie
an seiner Liebe zu zweifeln Grund habe. Deianeira verwahrt
das Blut in einer Flasche, die Jahre gehen hin. Herakles wirbt
um eine Jüngere. Er will Deianeira nicht verstoßen, aber sie
will nicht die Alternde neben der jüngeren Favoritin sein; sie
will ihn zurückgewinnen, bestreicht ein Hemd mit dem Blut
des Nessos. Das Hemd brennt sich in Herakles' Leib ein, frißt
ihm, ohne ihn zu töten, das Fleisch von den Knochen. Herakles, der Halbgott, brüllt, niemand wagt, sich ihm zu nähern.

11  V 785 ff., S. 500/501.

Er errichtet sich einen Holzstoß, will sich – Homöopathie des Schmerzes – selbst verbrennen, aber niemand wagt es, den Holzstoß zu entzünden. Es ist Philoktet, der es dann schließlich doch tut. Er erhält von Herakles zum Dank dessen Bogen und die giftigen Pfeile. Als Träger der Pfeile zieht er mit nach Troja, wird auf Lemnos von einer Schlange gebissen und dort zurückgelassen, nun bittet er selbst den Sohn des Achill, der diese Pfeile jetzt hat, um den Feuertod.

Aber Philoktet besinnt sich auf die Erfahrung mit dem Schmerz – er kommt wie ein Überfall, aber er geht auch wieder, für eine kleine Weile nur, aber doch –, Neoptolemos möge ihn nicht allein lassen. Neoptolemos versucht, ihm beim Gehen zu helfen, beim Stehen, Philoktet hält die Berührung nicht aus:

Dein Berühren tötet mich![12]

Der Schmerz also. Die Hilflosigkeit. Die Einsamkeit. Die Zentriertheit auf den Schmerz. Der Schmerz vor allem als das Hintergrundthema ebenso wie der unmittelbare Vordergrund des Geschehens, zyklisch, wie mythische Erzählungen sind, die das Es-war-einmal mit dem Es-ist in eins setzen, aber auch wie der Schmerz selbst, der Erinnerung ist und in der Erinnerung Erwartung des wiederkehrenden Schreckens, Erwartung und Gegenwart. Dann eben die Einsamkeit, nicht nur die des wie von der Geschichte vorgegeben Ausgesetzten, sondern die des wegen seiner Schmerzensschreie und seiner Weigerung, es auszuhalten – sagen wir: es fromm auszuhalten –, Ausgesetzten, des Mannes, der Angst haben muß, daß sich ebendeswegen keiner seiner erbarmen wird, der, dessen Überwältigtsein vom Schmerz benutzt wird, ihn erneut zu betrügen. Das alles ist stimmig als Geschichte, sie funktioniert als mythische Erzählung, indem sie mit dem Tod der Hydra, den vergifteten Pfeilen, dem vergifteten Hemd, das eine unheilbare Wunde macht, zum Geschenk der vergifteten Pfeile an den führt, den eine Giftschlange beißen wird, deren Biß nicht heilt ... – es ist stimmig als Intrige um einen schwachen, gemeinschaftsbedürftigen,

12  V 817, S. 502/503.

aber haßerfüllten und gefährlichen Mann, dem man das einzige nehmen will, um dessen willen er noch jemanden interessiert, stimmig auf der Ebene der Beschreibung des Redens über den Schmerz, des Verstehens, Nichtverstehens, der versuchten Anteilnahme – »wie halten Sie es aus?« – und des Nicht-mehr-Verstehens: »Was hast du?«, wenn er zusammenbricht. Die Einsamkeit, es nicht mitteilen zu können. Die Schreie als nur kreatürliche Äußerung ebenso wie als Tatsache, daß das Krea-türliche das Anti-Humanum im Humanum ist, das, was die Kommunikation unterbricht, abbricht, unmöglich macht. Der Schmerz zentriert und reduziert dann den Menschen auf das, was bloß Kreatur an ihm ist, auf seinen Körper – besser gesagt: was so, in dieser Reduktion, zum Bloß-Kreatürlichen wird, die Verbindung zu den andern Menschen wird gestört, gekappt gar, es ist äußerste Individuierung im banalsten Allgemeinen, ein empfindungsfähiges Stück Fleisch zu sein.

Siegfried Lenz schreibt in seinem Essay »Über den Schmerz«, je länger wir über den Schmerz nachdächten, »desto entschiedener rät uns die Vernunft, ihn nicht allein als Unheil zu betrachten«. Er eröffne »uns nicht nur unsere Ohnmacht und Verletzlichkeit, sondern läßt uns auch eine tröstliche Möglichkeit der Existenz erkennen – die Möglichkeit einer Bruderschaft im Schmerz«.[13] Wohl kaum. Je länger wir nach-denken und uns nicht unseren Wünschen hingeben, auch das Schlimmste möge bitte zu etwas gut sein in dieser Welt, und wenn sonst zu nichts, so doch bitte zu ein wenig Kitsch, wer-den wir erkennen, daß der Schmerz – großer, langanhaltender Schmerz – das ist, was uns zu extremer A- und Anti-Sozialität verurteilt.

Das Heft 6/2018 der Reihe *Der Spiegel – Wissen* trug den Titel »Den Schmerz besiegen«. Schon der Titel war ab-geschmackt. Immer muß etwas, meist der Krebs, »besiegt« werden. Und wenn das nicht am Ende steht, ist man nicht nur tot, sondern hat auch verloren. Aber es findet sich noch mehr Ärgerliches, etwa in den »Tipps für Angehörige«, wo

13 Siegfried Lenz, »Über den Schmerz«, in: ders., Über den Schmerz. Essays, München 2009, S. 29.

es heißt: »Versuchen Sie so weit wie möglich, trotz Schmerz einen normalen, aber entstreßten Familienalltag zu leben.«[14] Als ob sich der normale Familienalltag dadurch auszeichnete, daß er »entstreßt« sei. Aber davon abgesehen geht es doch nicht darum, wenn man mit einem Menschen zusammenlebt, der schlimme chronische Schmerzen hat, einen normalen Alltag aufrechtzuerhalten, sondern darum, anzuerkennen, daß für den, der diese Schmerzen leidet, nichts mehr ist, wie es war, als es diese Schmerzen noch nicht gab, und was man tut, wenn diese Normalität eben perdu ist.

Wenn man mit einem Menschen, der unter großen chronischen Schmerzen leidet, zusammenlebt, muß man ihn nicht einzugemeinden versuchen, denn das geht nicht, sondern muß akzeptieren, daß er in seelischer Vereinzelung lebt. Vor allem mute man ihm keinen Seelentrost zu. Es gibt keine »Bruderschaft« zwischen denen, deren seelische Gegenwart der Schmerz ist, und den anderen, die das Glück haben, daß es ihnen anders geht. Man muß sehen, wie man miteinander, also nebeneinander leben kann. Es gibt keine »Bruderschaft im Schmerz«, und der Schmerz lehrt nicht nur das nicht, er lehrt gar nichts. Er ist da und soll nicht sein. – Ist er vergangen, so ist es unmöglich, sich an ihn zu erinnern. Man erinnert sich daran, daß er gewesen ist, aber man kann ihn nicht imaginieren. Das ist ein Glück; die Vorstellung, man verliere mit dem Schmerz etwas gleichsam Bedeutsames, ist verrückt oder frivol oder einfach prätentiöser Unfug.

Der Mensch – und wenn man das sagt, sagt man nicht: jeder Mensch – kann aus vielem, das ihm widerfährt, etwas für sich machen. Wenn ihm das gelingt, kann es sogar etwas für andere sein, vielleicht ein Gedicht. Was ihm widerfuhr, hat ihm das aber nicht gegeben, er hat es sich genommen. Nicht weil, sondern trotzdem.

In seiner Autobiographie schreibt Bertrand Russell über die kranke Frau seines Freundes Alfred Whitehead. »Als wir heimkamen, fanden wir Mrs. Whitehead unter einem unge-

<hr>

14 Der Spiegel – Wissen 6/2018. Den Schmerz besiegen, Wie sich chronische Beschwerden erfolgreich behandeln lassen, S. 87.

wöhnlich schweren Anfall von Schmerzen leidend. Sie schien wie durch eine Mauer von Qual geschieden zu sein von allen und allem.«[15] Er nimmt den Sohn der Whiteheads, den er, wie er schreibt, bisher kaum beachtet hat, an der Hand und verläßt mit ihm das Haus: »es mußte verhindert werden, daß er die Mutter, die die entsetzlichsten Schmerzen litt, störe« – gewiß, es mußte verhindert werden, daß die Mutter dem Kind etwas vormachen mußte, es mußte verhindert werden, daß das Kind die Hilflosigkeit der anderen erleben mußte – und so weiter. Die Situation ist für den Kleinen und für den Gast irgendwie gemeistert. Die Mutter stirbt irgendwann. Zwischen Russell und dem kleinen Whitehead entsteht eine Freundschaft bis zu dessen Tod im Ersten Weltkrieg. Manchmal kann man sagen: immerhin das. Und geblieben ist diese Anekdote.

15  Bertrand Russell, Autobiographie I, Frankfurt am Main 1972, S. 224f.

# »Dattelbäume« – ?

## Stefan George läßt seine Aras träumen

Debatten darüber, was uns Informationen über Autoren über ihr Werk »sagen«, in welcher Weise sie unsere Lektüren künftig beeinflussen werden oder sollten, spielen sich meist als Diskussion der Frage ab, wie sehr sich moralische Räsonnements in unsere Lektüren einzumischen haben oder, im Gegenteil, wir sie aus unseren Lektüren herauszuhalten hätten. Da kommt man meist nicht weiter. Man kommt meist nicht weiter, weil sich die Frage als eine die moralische Verfassung des Lesenden betreffende darstellt, etwa: »Ach, du liest noch …?« Sage mir, was du liest, und ich sage dir, wer du bist. Die Frage ist darum beunruhigend, weil sie den Doppelcharakter des Lesens betrifft. Lesen ist ein intimer Vorgang, beim Lesen bin ich mit mir – und einem Stück Literatur – allein. Ohne Zeugen, ohne Rechtfertigung, ohne Nötigungen. Das Sprechen über Literatur bedeutet, daß ich anderen Auskunft über diesen intimen Vorgang gebe. Das ist an sich schon nicht ohne. Aber da so etwas nicht im Beichtstuhl, sondern oft auf der Bühne stattfindet, mischt sich in die anschließende Diskussion über solche Offenbarungen unübersehbar viel ein, und manches von dem, das sich da so einmischt, ist schwierig abzuwehren: »Das hat doch *damit* nichts zu tun!« – denn: Hat es oder hat es nicht?

Die Antwort »Es hat!« ist auch zuweilen moralisch konnotiert. Eine moralische Kritik an der Person des Autors oder der Autorin führt manche derjenigen, die diese Kritik üben, dahin, das Werk selbst moralisch zu be- oder verurteilen. Nicht, weil an dem Werk selbst dies oder jenes auszusetzen wäre, sondern weil es ein Werk dieses Autors oder dieser Autorin ist. Das kann zu verschiedenen *indices librorum prohibitorum* führen, auf denen zum Beispiel, je nach Weltanschauung, schwule oder schwulenfeindliche Autoren stehen. Schwul zu sein und schwulenfeindlich zu sein ist, notabene, nicht dasselbe. Dasselbe ist aber, ein Werk für nicht lesenswert (oder Schlimmeres) zu halten, weil sein(e) Verfasser(in) so oder so gelebt oder sich – außerhalb seines oder ihres literarischen Werks – so oder so geäußert hat. Solche Indices sind dumm und abscheulich. Kurz zusammengefaßt: Ein Roman, den ein Antisemit geschrieben hat, muß kein antisemitischer Roman sein, aber er kann. Das zu entscheiden ist Aufgabe der Analyse. Welche Stellungnahme das so oder so beschaffene Ergebnis der Analyse nach sich zieht, wird man sehen. Überlese ich die Passage mit Saul Fitelberg im *Doktor Faustus*? Drucke ich *Jud Süß* in einer Hauff-Ausgabe nicht ab oder nur mit Kommentar – und mit wie beschaffenem? Das ist Gegenstand der Debatte, die so zu führen sein sollte, daß es eine Debatte bleibt.

Diese Debatte samt ihren moralischen Implikationen ist die öffentliche Seite der Autor/Werk-Frage, von der ich hier absehen will. Das Problem, um das es im Folgenden – endend mit einem Lesebeispiel – gehen soll, ist: In welcher Weise mischt sich die (öffentlich gehandelte) Information über einen Autor oder eine Autorin in einen (privaten) Lesevorgang ein? Zunächst: Wie ist es mit der Intimität des Lesevorgangs, von der da etwas in die Öffentlichkeit gerät, bestellt? Ein Stück Literatur ist ein Blick in die Welt, der so zuvor noch nicht getan worden ist, unsere Anhänglichkeit an dieses oder jenes Stück Literatur hängt davon ab, ob wir diesen Blick tun wollen und was er uns bedeutet. Was man in der hermeneutischen Diskussion »intentional fallacy« nennt, ist die Ansicht, besagter Blick sei nicht unser Blick in die Welt, den die Lektüre uns ermögliche, sondern der Blick des Autors, den nachzuvollziehen uns das Stück Literatur nötige. Wenn wir uns auf dieses Literaturverständnis einlassen, bekommen biographische Informationen über den Autor oder die Autorin besonderes Gewicht. Aus ihnen erfahren wir einiges, das uns anzuleiten scheint, ihren oder seinen Blick besonders genau nachzuvollziehen. Aber das ist ein Phantasiespiel; es ist *unser* Blick auf den Text, der den Text für uns zu einem Blick des Autors/der Autorin erst macht.

Manch einer fühlt sich durch die Möglichkeit dieses Phantasiespiels beunruhigt, in seiner hermeneutischen Freiheit beeinträchtigt. Tatsächlich besteht die Einschränkung der Freiheit in der Beunruhigung. Ich möchte einen Blick nicht tun und schlage die Möglichkeit aus zu erfahren, was passiert, wenn ich ihn tue. Ich kannte eine Leserin, die durch die Lektüre der Tagebücher Thomas Manns verstört war. Sie mochte seine Notate, in denen er von seinen realen Blicken auf junge Kellner und die Nacktheit eines seiner Söhne in der Badewanne schrieb, nicht. Auf die Frage, wie sie denn den »Tod in Venedig« zuvor gelesen habe, antwortete sie: »*So* nicht!«, abstrakter, weniger, sagen wir: fleischlich. Was sie nicht bedacht hatte, war, daß ihr voriger Blick auf den Blick, den Aschenbach auf Tadzio tut, der von Fleischlichkeit möglichst gereinigte der Thomas-Mann-Verehrung der 50er Jahre gewesen ist, in der es um »die« Schönheit in möglichster Abstraktion von unplatonischem Begehren gegangen war. Dieser Blick war hermeneutisch beschränkt; die Tagebücher ermöglichten jenen, die sich nicht dieser beruhigenden hermeneutischen Gleichschaltung ergeben hatten, facettenreicher zu lesen. Nicht, daß die Lektüre der Tagebücher dazu *notwendig* gewesen wäre; für manche war sie aber biographisch *ursächlich*. Auch darf die Lektüre der Tagebücher nicht dazu verführen, den Blick Aschenbachs nur als den pseudonym kaschierten seines Verfassers zu verstehen und sich nun in der Attitüde: »Ach was, Tadzio – es war der Kellner Sowieso!« wohlzufühlen. – Das ist eigentlich hermeneutische Grundschule, aber sooft man derlei auch herbetet, man wird doch immer wieder feststellen, daß es solche Beunruhigungen durch biographische Informationen gibt. Sie gehören nun mal zu dem affektreichen Umgang mit Literatur.

Wir lasen vor einer Weile viel über Stefan George. Wir lasen vom Amsterdamer Castrum Pelegrini und dem dortigen Versuch, eine Gemeinschaft als idealen Ableger des George-Kreises zu leben, und seiner profanen Realität als sexueller Verführungs- und Mißbrauchsgemeinschaft. Wir lasen über dadurch veranlaßte Neubesichtigungen dessen, was wir über den George-Kreis wissen. Und wir lasen, immer mal wieder, Appelle, einige Gedichte Georges von vornherein von solchen Neubesichtigungen auszunehmen. Diese, ich möchte sagen: Bitte um das Verschontlassen von möglicher neuer Blickjustierung signalisierte, bei dieser könne für das Werk Georges nur Unangenehmes herauskommen, nicht, wie beim oben erörterten Thomas Mann, eine Erweiterung des Blicks, sondern eine Verengung, aus der man sich möglicherweise nicht mehr zu befreien vermöchte. Darum möge man, was doch schön sei und bleiben solle, von derlei frei halten.

Unter den Gedichten, auf die gern hingewiesen wird, wenn es heißt, es möge sich mit George verhalten, wie immer es wolle, aber einige (gewiß: nicht so sehr viele) Gedichte stünden doch da wie ohne Erdenrest, wird oft »Meine weissen ara« genannt.[1] Lesen wir einmal.

Meine weissen ara haben
Safrangelbe kronen
Hinterm gitter wo sie wohnen
Nicken sie in schlanken ringen
Ohne ruf ohne sang
Schlummern lang
Breiten niemals ihre schwingen –
Meine weissen ara träumen
Von den fernen dattelbäumen

Robert Gernhardt hat einmal gefragt, ob ein Gedicht sachliche Fehler enthalten dürfe, zum Beispiel ornithologische. Ob etwa in einem Gedicht ein Habicht »rütteln« dürfe, was Habichte nicht tun. Oder dürfe er es, weil es eben ein Gedicht sei, möglicherweise doch, weil er es nämlich doch nur im Gedicht tue? Soll heißen: In Prosa ohne Kunstanspruch dürfte man an den Rand »Fehler!« schreiben, an den Gedichtrand nicht, und wer es täte, wäre ein Banause. Ich denke, man darf sehr wohl, aber nicht, um nur einen sachlichen Fehler zu notieren, sondern um eine ästhetische Schwäche zu markieren. Wie ein Musikstück mit Tonhöhen, Lautstärken, Intervallen etc. operiert, operiert ein literarisches Kunstwerk mit semantischen Einheiten. Es arrangiert sie, es gibt ihnen eine spezifische Form, und diese erlaubt nicht mehr, einem Satz in einem Roman dieselbe Frage anzuhängen wie einem gleichlautenden in einem Sachbuchartikel, etwa: »Stimmt das denn?« Daß das nicht geht, wissen wir. Literatur schafft durch dieses (übrigens: konventionelle)

---

1  Vgl. u. a. Jürgen Kaube, »Der Dichter als Gedenkstörung«, in: Frankfurter Allgemeine Zeitung, Nr. 161, 14.7.2018, S. 11.

Verbot eine eigene semantische Welt. Wörter erhalten durch ihre literarische Form eine Bedeutsamkeit, die sie ohne diese nicht haben. Aber sie lassen ihre außerliterarische Bedeutung nicht hinter sich wie der Schmetterling die Puppenhülle. Diese Bedeutung ist ja das Material der literarischen Form.

Ein poetischer Text, für den die außerliterarische Semantik seiner Wörter keine Bedeutung hätte, spielte nur mit Lautgestalten. Das kann er tun, zuweilen kommt das vor, und es ergeben sich mitunter interessante Effekte. Aber eben als Abweichung, und wenn einmal vorgeführt worden ist, daß man sowas kann und welche Effekte sich ergeben, ist das Spiel auch schon bald langweilig. – Ein poetischer Text (das gilt für versifizierte Texte wie für Prosa), dem sein semantisches Material ganz oder bis zu einem gewissen Grade gleichgültig ist, ist schlechte Poesie, ebenso wie ein poetischer Text, der (Friederike Kempner!) die grammatischen Formen seiner Wörter hinbiegt, wie es das Versmaß verlangt, schlechte Poesie ist.

Stefan Georges Aras also. Es liegt ja auf der Hand, daß man nicht weiß, ob Papageien träumen, ob reale Aras träumen, wenn man's wüßte, spielte es keine Rolle. Man könnte in einem Gedicht lesen, daß eine Statue träumt, sogar ein unbehauener Fels könnte das, weil wir wissen, wie sehr »Traum« etwas ist, was in der Literatur der Jahrtausende sich seinen eigenen semantischen Raum geschaffen hat. Kein Gedicht existiert ohne diesen Verweisungsraum. Es hat die poetische Verwendung auf die allgemeine Semantik, wenn man so will, abgefärbt. Auch kann das Gedicht mit, wie der Terminus lautet, »kühnen Metaphern« arbeiten, das klassische Beispiel ist Celans »schwarze Milch«. Aber wir können so etwas nur wahrnehmen, besprechen, würdigen, wenn »Poesie« nicht die Lizenz zu vollkommen willkürlichem Wortgebrauch darstellt, deren Ergebnis unverständliche, weil jeder semantischen Bindung ledige Wortfolgen wären.

Poesie kann nur dann »einen neuen Blick in die Welt« tun, wenn durch die Wörter des Gedichts eine Welt erkennbar ist. Ich blicke in eine wenigstens in einigen Aspekten neue Welt und erkenne nicht einfach eine gewohnte wieder. Wenn es um die Poetisierung einer Wiesenlandschaft geht, mag sich ein Raubvogel einstellen. Aber wenn es ein Habicht sein soll, möge er nicht »rütteln«, weil für einen kundigen Leser dann das Gedicht lächerlich wird und seine poetische Pointe für die Katz ist.

Wie ist es mit Georges »Dattelbäumen« bestellt, fragen wir besorgt. Aras sind südamerikanische Papageien, die mögen träumen, wovon sie wollen, aber nicht von afrikanischen Datteln. Banausischer Einwand? Nein, weil hier eben nicht steht: »meine aras träumen« Punkt. Sondern das vom realen Traum abgelöste »träumen« wird ja wieder mit Realität gefüllt, die Semantik des poetischen Traums, der zu diesem, jenem, allem Möglichen werden kann, wird hier in den (unterstellten) realen Vorgang des Träumens zurückgeholt. Da träumt wer, und er träumt auch von irgendwas, und gerade nachdem man von den Aras zunächst nicht genau weiß, mit wieviel realitätsbezogener Semantik der Dichter sie ausstatten möchte, erfahren wir klipp und klar: Sie träumen von Datteln (von »Dattelbäumen« genauer gesagt, aber gut).

Natürlich ist es verführerisch, »träumen« auf »bäumen« zu reimen, aber gelungene Poesie besteht nicht zuletzt darin, solchen Verführungen nicht nachzugeben. Es gibt manche Gedichte, die wie schmunzelnd auf jene Reime verweisen, die sie verschmäht haben. Ein Fehler wie der von den Dattelbäumen, der auf der Unkenntnis oder selbstlizenzierten Nonchalance des Dichters beruht, erzeugt einen komischen Effekt. Man könnte sich zu den Gedichtzeilen einen Vogelbesitzer denken, der seinem Besucher vorfaselt: »Sehn Sie doch meine weißen Aras, sehn sie nicht aus, als wenn sie von den Dattelbäumen ihrer Heimat träumten?« »Aber Aras kommen aus Südamerika, da gibt's keine Datteln!« »Ach, Sie sind ein schrecklicher Besserwisser!« Der Einwand, ein Besserwisser zu sein, wird Hintergrundgeräusch des bräsigen Tons der beiden fatalen Zeilen – hören Sie noch einmal hin: »Meine weissen ara träumen / Von den fernen dattelbäumen«. – Wenn nicht bräsig, klingen die Zeilen ausgesprochen komisch, nicht parodistisch im Sinne einer George-Parodie, die Zeilen klingen gar nicht mal sonderlich »georgisch«, sondern *schlechthin* parodierend, wie man so mit dem lyrischen Topos des Traums/der Sehnsucht scherzt:

»Ein Nashorn wandert durch die Dünen, / Und sehnt sich nach den kühlen, grünen / Wäldern voller Papageienschreien / In der Luft, und in den Teichen viele / Gräulich-grüne Krokodile.« Solche beabsichtigte Parodie ist eben etwas anderes als unbeabsichtigte, die nur schlechtes poetisches Handwerk ist.

Und wenn man erstmal so anfängt ... was eigentlich sind das für »schlanke ringe«, »in« denen die Aras »nicken«. Es sind wohl die Bewegungen gemeint, die sie im Käfig vollführen. Des Dichters Blick goutiert die Ästhetik des Hospitalismus. Nein, so weit sind wir noch nicht, es sei nur angemerkt. Hier sei allerdings *be*merkt, daß die Bewegungsbeschreibung nicht stimmt. Es sind andere Bewegungen, die sie vollführen, sie nikken nur des Wortklangs wegen in schlanken Ringen. »Nicken« ist eine ruckartige Bewegung, in »Ringen« schwingt man oder schaukelt vielleicht, aber in Ringen schwingen, was nahegelegen hätte, wollte George sie natürlich nicht lassen, abgesehen davon, daß er »schwingen« als Substantiv noch braucht, also stellt er das harte »ick« gegen das weiche »ing«, ja, so muß das klingen, aber das Bild ist mißraten.

Das Gedicht ist mißraten. Man kommt um die Dattelbäume nicht herum. Wir sagen gemeinhin »Dattelpalme«. Klar, Palmen sind Bäume, also warum nicht, wenn's botanisch stimmt? Weil Palmen andere Silhouetten haben als Obstbäume. Die notorisch und in jeder Allerweltslyrik »schlanke Palme« bläht sich bei George – um den Reim auf »träume« hinzubekommen! – zum Obstbaum, in dem Datteln hängen wie Pflaumen. Nicht zuletzt darum habe ich oben »bräsig« gesagt.

Auch ist das »nicken« keine gesuchte Vokabel, die irgendwie mißriet. »Nicken« (oder »einen Diener machen« oder »Sich-Verbeugen«) nennen Papageien- und Kakadubesitzer oder -händler, die darauf aufmerksam machen wollen, weil es irgendwie putzig aussieht, die Bewegungen, die diese an Stangen geketteten oder in sehr kleinen Käfigen gehaltenen Vögel ausführen, weil sie keine anderen Bewegungen mehr ausführen können. Immer wieder, repetitiv. Hospitalismus, wie gesagt. Auf den Stangen flattern sie manchmal hilflos auf, die Schwungfedern sind ihnen zerschnitten. Georges Aras tun auch das nicht, sie »breiten niemals ihre schwingen«, nicht mal versuchsweise ihre gestutzten Flügel, weil der Käfig zu klein und sie zu zweit in diesem zu kleinen Käfig – nun, George nennt es, weil es sich auf »kronen« reimt, »hinterm gitter wohnen«. Wohnen, ja, bräsig auch dies.

Man kann sich über so vieles aufregen. Auch darüber, daß George seine armen, heruntergekommenen schön weiß-gelben Vögel besingt? Daß Ernst Jünger gerne Käfer fing, daß Nabokov in seinem wunderbaren *Erinnerung sprich* von dem leise krachenden Laut, wenn die Nadel durch den Schmetterlingsleib spießt, mit Wohlgefallen sprach? Daß, ungleich furchtbarer, Proust mochte, wenn man Ratten folterte, wie wir bei Benjamin lesen? Kann sein, daß wir solche Roheiten, die eklatant schauderhaften wie diese, die kleinen bösen wie bei den Insektentötern, die gedankenlose Alltagsroheit des Käfigvögel-Betrachtens-und-nicht-Hinsehens übersehen, kann sein, daß sie uns so stören, daß wir die Bücher weglegen. Wir müssen davon nicht Aufhebens machen, es ist ja unser Leben, nicht das der anderen, die wir mit derlei nicht behelligen müssen. Und welches Kulturgut ist nicht sowieso Zeugnis der großen Barbarei? Darüber kann man lange sprechen und klug. Muß man aber nicht. Prousts Rattenscheußlichkeiten machen den Titel »Im Schatten junger Mädchenblüte« nicht weniger schön, wie Wolfgang Pohrt resigniert feststellt. – Seien wir doch erleichtert, daß Goebbels Roman *Michael* kein guter Roman war. Und Georges »Meine weissen ara« ist kein gutes Gedicht.

Vielleicht ist da ja doch ein Zusammenhang, hier wenigstens. Betrachten wir einmal nicht Georges Gedichte im Lichte dessen, was wir über ihn, seinen »Kreis« wissen oder vielleicht doch nur vermuten, sondern hören wir auf den Ton, auf den er seinen Kreis stimmen wollte, indem wir auf den Ton und die Optik seiner Gedichte achten, gerade auch in den scheinbar nicht einschlägigen, wo nicht von Hochfahrendem oder Gefolgschaft geredet wird. Die »Aras«: Georges ästhetische Taubheit, die dummen Reime, das kenntnisarme Gefasel über Vögel, die besungen, aber nicht betrachtet werden, und seine Unempfindlichkeit gegenüber dem vor sich hin kümmernden Leben, das er sich als Wohnzimmerstaffage hielt, hängen zusammen. Und diese ästhetischen Befunde können uns, so vermute ich, allerhand darüber lehren, was das für ein »Kreis« gewesen ist, in dem um Gedichte ein Kult getrieben wurde, die eine Schule hochfahrender Unempfindlichkeit sind. Vielleicht ist Georges Lyrik tatsächlich dies gewesen: das Einüben eines Blickes, der das Leid nicht sieht. Vielleicht verbindet eben dies sein Getue um sich selbst mit seinen ästhetischen Patzern im Tertium öder Bräsigkeit.

Postskriptum: Der Plural von »Ara« heißt übrigens »Aras«, auch bei Majuskelmeidung, aber das macht nichts, denn es handelt sich (weiß, gelbe Hauben) gar nicht um Aras, sondern um australische Kakadus. Aber wie hätte das denn geklungen: »meine kakadus«?

»Gewalt gegen Tiere« –
was sagt man, wenn man das sagt?

»Nos quoque pars mundi«, heißt es im fünfzehnten Buch der *Metamorphosen* von Ovid: »Auch wir sind ein Teil der Welt«[1] – warum? und was bedeutet der Satz? Zunächst wiederholt er nur das Thema des ganzen Buches, nämlich die Veränderung des Einen, das Proteische des Seins. Modern formuliert und aufs Ganze gesehen besagt er zudem: *there is no difference that makes a difference.* – Die Geschichte ist die: Numa, der Sohn des Romulus und zweite König Roms, macht etwas wie eine Bildungsreise. »Ihm genügt es nicht, die heiligen Bräuche des Sabinervolks zu kennen. Sein großer Geist strebt nach Höherem und sucht das Wesen der Dinge zu ergründen.«[2] Sein Ratgeber wird Pythagoras, der Lehrer vieler, der im Gespräch eine ganze Kosmologie entwirft, den Ursprung von allem (»rerum causas«) benennt und den Zusammenhang von allem mit allem, »als erster tat er den Mund auf und sprach, gar weise, doch ohne Glauben zu finden, die folgenden Worte«[3] – und dann schließt sich eine Verdammung des Tieressens an: »O welche Sünde ist's [besser: Frevel, gar Meintat, JPR], Fleisch in Fleisch zu begraben, den Leib mit gierig verschlungenen Leibern zu mästen und vom Mord an einem anderen beseelten Wesen als denkendes Wesen zu leben!«[4]

Dies gehört zur historisch überlieferten Lehre des Pythagoras (wie auch das Verbot, Bohnen zu essen), aber Pythagoras in einer so prominenten Rolle und das Thema des Vegetarismus gleich zweimal – zu Beginn und am Ende seiner Lehrrede – wuchtig auftreten zu lassen, ist eine Entscheidung des

---

1  Ovid, Metamorphosen, hg. und übersetzt von Gerhard Fink, Düsseldorf 2004, XV 456, S. 772/773.

2  Ebd., XV 4ff., S. 745/746.

3  Im Original: »primus quoque talibus ora / docta quidem solvit, sed non et credita, verbis« (ebd., XV 73 f., S. 748/749).

4  Im Original: »heu! quantum scelus est in viscera viscera condi, / congestoque avidum pinguescere corpore corpus / alteriusque animantem animantis vivere leto!« (ebd., XV 88 ff., S. 748/749).

Dichters. Die Rollenrede des Pythagoras nimmt eine Passage vom Beginn der Dichtung auf, die Rede von den Zeitaltern, deren erstes als eine, wie man heute sagen würde, fruktarische Utopie geschildert wird – man habe nur gegessen, was die Erde selbst anbot, etwa Früchte, die wuchsen ohne jemandes »Zutun« (besser wohl: ohne Nötigung). Die Erde gab freiwillig, nicht durch Hacke oder Pflug »berührt« bzw. »verwundet«.[5] Dieses Bild ergänzt die Rede des Pythagoras: Der Mensch habe damals »seinen Mund nicht mit Blut [besudelt]«.[6] Es ist also nicht unbedingt eine ovidische Lehrrede, die der Dichter seinen Pythagoras sprechen läßt, vielmehr zieht die Rollenrede eine gedankliche Konsequenz. Könnte sich der Mensch nicht durch bewußten Verzicht auf Fleischkonsum einen Anteil am unwiederbringlich verlorenen Goldenen Zeitalter bewahren?

Begründet wird die Ernährungsethik mit der Lehre von der Seelenwanderung, die in der Antike zwar kein Allgemeingut, jedoch eine religiös-philosophische Option war: Wer ein Tier töte, töte potentiell und buchstäblich einen Verwandten. Flankiert wird diese Vorstellung – gewissermaßen als Säkularvariante für den diesbezüglich Ungläubigen – durch etwas, das in der späteren Geschichte der Ethik als »Verrohungsargument« auftritt. Wer sich an den Mord von Tieren gewöhne, gewöhne sich an Mord schlechthin: »Welch schlimme Gewöhnung, welche Vorbereitung auf das Ermorden von Menschen ist es, wenn einer ruchlos dem Kälbchen die Kehle durchschneidet, ohne sich von seinen Wehlauten rühren zu lassen, wenn er das Böcklein, obschon es wimmert wie ein Kind, erwürgt oder einen Vogel auffrißt, den er selbst gefüttert hat!«[7] Von »Thyesteis mensis«, also von »Thyestes-Mahlzeiten«, mit denen wir uns die Bäuche füllen würden, spricht Ovids Pythagoras. Thyestes hatte unwissend seine eigenen Kinder verspeist.

Man muß den religiös-philosophischen Rahmen der Seelenwanderung nicht akzeptieren, kann ihn als bloß metaphorische Einkleidung nehmen wie das Gleichnis vom Vater, der seine

5  Ebd., I 102ff., S. 14/15.
6  Im Original: »nec polluit ora cruore« (ebd., XV 97, S. 750/751).
7  Ebd., XV 462ff., S. 772/773.

Kinder frißt, als einen Appell an Empathie. Hör doch, wie das Kalb und das Böcklein schreien! Der Hinweis darauf, »wie« sie schreien, ist die Aufforderung hinzuhören. Und hört man hin, wird man gewahr, daß sie schreien.

Das ist die eine interessante Seite des ovidischen poetischen Vortrags. Auf die argumentative Einkleidung kommt es weniger an als auf die Bereitschaft zu empathischer Wahrnehmung. Die andere: Diese Bereitschaft ist eine genuin menschliche Fähigkeit – jedenfalls ist der Appell, die Empathie in sich zu kultivieren, ein Appell zur Selbstkultivierung des Menschen. Es ist ein Appell an seinen Stolz, denn am Blut würden sich nur wilde Tiere freuen.[8] Der Verzicht darauf, Tiere zu essen, erhält seinen Zusammenhang in der Sorge des Menschen um sich selbst: nicht einer von denen sein zu wollen, die Lust am Mord verspüren oder sie durch sein Ergebnis befriedigen. Der Mensch, der sich ein Goldenes Zeitalter als Sehnsuchtsort der Unschuld zu imaginieren vermag, kann den Begriff der Schuld auch auf außermenschliche Zusammenhänge erweitern. Ist von der Verrohung die Rede, handelt es sich also weniger um ein Zweckargument als vielmehr um eine Warnung an den Menschen: »heu!« – »wehe dir«, wenn du verlernst, auf das Schreien zu hören! Beseeltes lebe nicht von Beseeltem – für Löwen wäre dieses Gebot eine vergebliche Moral. »Anima« meint eben nicht nur »Seele«, sondern auch »Denken« oder »Vernunft«. Der Mensch kann sich Abstinenz abverlangen, weil er Mensch und nicht bloße »Natur« ist. Methodisch läßt sich daraus Folgendes gewinnen: Jedes moralische Engagement für Tiere ist notwendig anthropozentrisch.


## I.


Es gibt Tierschutzgesetze. Daß es sie geben sollte, ist unbestritten, historisch jedoch alles andere als selbstverständlich.

---

8 Hier verwendet Ovid das neutrale Wort »sanguis«, im Falle des Menschen, der Tiere ißt, heißt es dagegen »cruor«, also das im zivilisatorischen Zusammenhang (Mord, Krieg) vergossene Blut.

Umstritten ist, ob die Gesetze die richtigen sind, ob ihr Umfang, ihre Grenzen, die in ihnen zum Ausdruck gebrachte Haltung (die Bezeichnung »Tier*schutz*«) und so weiter genügen. Gestritten wird darüber auf ganz unterschiedliche Weise. Eine Überlegung scheint mir dabei von (theoretisch) grundlegender Bedeutung. Die Frage, ob ein moralisches Räsonnement Tiere einschließen solle oder nicht, läßt sich nicht aus dem Typus des zugrunde gelegten ethischen Modells beantworten:

– Jedes *utilitaristische Räsonnement* setzt voraus, daß bereits entschieden ist, wer und was in das moralische Kalkül einbezogen werden soll. Der Utilitarist (und frühe Tierrechtler) Jeremy Bentham plädierte dafür, das moralische Räsonnement den jeweiligen Vorstellungen entsprechend offen zu halten. Wessen Wohl und Wehe berücksichtigt werden solle, möge man nicht ein für alle Mal entscheiden, denn aus der Idee des Utilitarismus heraus ist nicht zu begründen, wo die Grenze der Moral gezogen werden soll.

– Der *kategorische Imperativ* wiederum kann so formuliert werden, daß er Tiere mit einschließt – oder auch so, daß er es nicht tut; und tut er es, bleibt unklar, in welcher Weise. Kants eigene Ausführungen zu der Frage, wie man sich Tieren gegenüber moralisch verhält, füllen diese Lücke nicht.

– Schließlich gibt es *Moralvorstellungen, die sich am Akt der Empathie* orientieren. Ein kurzes Nachdenken zeigt, daß auch hier keine Antwort auf die Frage nach dem Einschluß von Tieren in moralisches Räsonnement zu finden ist. Empathie als vorhandene oder nicht vorhandene Emotion läßt sich nicht theoretisch als »wahr« oder »falsch« festlegen, aber eben auch nicht als »zureichend« oder »unzureichend« (modern: speziesistisch oder nicht). Das liegt daran, daß eine Mitleidsmoral im Grunde eine anthropologische Hypothese über die Grundlage der Moral ist. Aus ihr lassen sich keine Aussagen über die individuelle, historische oder kulturelle Reichweite von Empathie ableiten.

Man kennt das alte moraltheoretische Problem: Ist die Frage, warum wir moralisch sein und handeln sollen, ihrerseits eine moralische, und wie wäre sie zu beantworten? David Humes Replik lautet: Das sei (außerhalb philosophischer Seminare) überhaupt keine Frage, vielmehr könne von der Tatsache ausgegangen werden, daß alle Menschen moralisch handeln und urteilen. Wie sie das tun und ob in ihrem Tun irgendwelche Regelmäßigkeiten erkennbar sind, macht er zur Aufgabe seiner moraltheoretischen Untersuchungen, die konsequenterweise nicht auf eine Morallehre hinauslaufen, sondern auf eine Anthropologie / Soziologie der Moralvorstellungen.[9] Die Frage, wie die Grenzen der Moral gezogen sind, ist für Hume eine empirische, allerdings gibt er einen weiterführenden, entscheidenden Hinweis: Man tut wohl recht daran, besagte Grenzen nach dem Modell eines sich erweiternden Radius zu denken. So gibt es immer einen Kreis, auf den bezogen moralische Vorstellungen eine Rolle spielen, und dieser Kreis kann unter Umständen auch ausgeweitet werden, muß aber nicht. Also fügt Hume, wie auch Immanuel Kant, über das bloße moraltheoretische Modell hinaus eine Überlegung hinzu, wie er selbst sich eine Grenzziehung vorstellt – die mir freilich, ebenso wie im Fall des kategorischen Imperativs, nicht zwingend zu sein scheint. Wie eine gegebene Moral beschaffen ist, ist mithin eine empirische Frage; wie unser moralisches Handeln auszusehen hat, ist eine der individuellen Überzeugungen und der Debatte über unsere Überzeugungen. Ein Teil dieser Debatte kann politisch geführt werden und gesetzgeberische Konsequenzen haben. – Also: Welche Debatte führen wir?

## II.

Im Zentrum der Ovid/Pythagoras-Rhetorik steht die Anklage. Der Mensch ist Mörder des Tieres. Er ist grausam (wie ein Tiger, aber ein Tiger ist nicht »grausam«, denn nur der Mensch, der sich wie ein Tiger benimmt, ist grausam). Die Anklage der Grausamkeit steht auch am Beginn des Tierschutzes. Die Aufmerksamkeit richtet sich auf einzelne, das Gefühl alarmierende Bräuche oder individuelle Akte wie Bären- oder

9 Vgl. David Hume, Eine Untersuchung über die Prinzipien der Moral, hg. und übersetzt von Gerhard Streminger, Stuttgart 2012.

Hahnenkämpfe, Fuchsjagden, das Einprügeln auf erschöpfte Kutschpferde, den Hund als Objekt der grausamen Willkür seines menschlichen Besitzers.

Es geht um Gewalt und damit – wie stets bei Gewalt – nicht um Gewalt schlechthin. Folglich ist die Bemerkung fällig, daß mit der Aussage, etwas sei »Gewalt«, gar nichts gesagt ist. Eine Tat »Gewalt« zu nennen, delegitimiert sie noch nicht. Daß es eine Gewalttat ist, einen Menschen von Staats wegen zu töten, läßt sich nicht bestreiten, aber das sagt nichts über die Legalität der Todesstrafe, und es sagt auch nichts über deren Legitimität. Es gibt keine Haltung, die einen ernsthaften Anspruch auf Verallgemeinerbarkeit hätte, die Gewalttaten allein deshalb für moralisch unzulässig erklärt, weil sie Gewalttaten sind. Beispielsweise mag man es zulässig finden, jemanden, der ein Kind töten will, mit einer Waffe daran zu hindern (auch wenn es nicht bei der Drohung bleibt).

Darum ist es auch kein gangbarer Weg, bei der Analyse von »Gewalt« gleich mit der Moral, oder sagen wir: mit der normativen Dimension zu beginnen. Wenn wir über Gewalt reden, ist zunächst zu klären, was sich überhaupt sagen läßt, ohne sogleich über kulturelle, historische, soziologische, psychologische Kontexte des Gewalthandelns zu sprechen. Das ist eingestandenermaßen wenig, aber nicht nichts. Man kann eine Phänomenologie körperlicher Gewalt – sie ist der keineswegs willkürliche Ausgangspunkt – aufstellen, die solchen Anforderungen genügt. Unser Reden über und unser Verständnis von Gewalt beziehen sich primär auf physische Gewalt, die Thematisierung psychischer Gewalt ist ein abgeleitetes Reden.[10]

Eine solche Phänomenologie habe ich andernorts dargelegt.[11] Normativität kommt ins Spiel, wenn ich einen Schritt über Phänomenologisches hinaus mache. »Gewalt«, das heißt Gewalt in welcher Form auch immer, ist kulturell niemals als solche sanktioniert. Aber jede Form von Gewalt ist – je nach kulturellen und historischen Umständen – entweder erlaubt,

10 Vgl. Jan Philipp Reemtsma, Vertrauen und Gewalt. Versuch über eine besondere Konstellation der Moderne, Hamburg 2013, S. 129 ff.
11 Ebd., S. 104 ff.

verboten oder geboten. Diese Normativität speist sich freilich nicht aus der Tatsache, daß Gewalt stets gegen einen anderen gerichtet ist. Sie ist – »und bist du nicht willig …« – stets gegen den Willen eines anderen gerichtet, somit eine Durchsetzungsform (sei es als Drohung, sei es als Vollzug) oder auch reine Verfügungswillkür. Aber, noch einmal, der Umstand, daß sie gegen etwaige Willensakte eines anderen gerichtet ist, macht sie noch nicht zu etwas Verbotenem, nicht einmal – transkulturell gesehen – zu etwas moralisch Prekärem. Daß es Gewalt war, einen Sklaven auszupeitschen, ist ja selbst von Zeitgenossen nie bestritten worden.[12] Daß ein Tier zu quälen oder zu töten gleichfalls Gewalt ist, auch nicht. Die Frage lautet immer nur: Ist es legal, ist es legitim, ist es moralisch, dies zu tun? In der Debatte bedeutet das: Ist es zulässig, von einem Verbot einer Gewalttat in einem Falle auf die Notwendigkeit des Verbots in einem anderen zu schließen?

Gewalt ist die Durchsetzung einer Intention gegen die Intention eines anderen mit dem Vollzug, der Androhung oder der symbolischen Androhung einer Tat, etwa dem Wegstoßen, Einsperren oder gar der Tötung. Es ist ein Zug unserer Moderne, Gewalt latent instrumentell aufzufassen bzw. zu legitimieren (etwas, das zu einem Zweck da ist) und Gewalt, die sich so nicht rechtfertigen läßt, zu ächten.[13] Gewalt ist gemäß dieser modernen Auffassung etwas, dem zu entgehen jede und jeder die Chance haben sollte: durch Sichdreingeben, durch Einwilligung, passive Zustimmung, aktive Unterstützung und so weiter. Das grenzt die Frage nach Gewalt für die Epoche der Moderne spezifisch ein: Ist es erlaubt, den anderen zu nötigen oder zu zwingen, und ist es erlaubt, das in dieser Weise zu tun? Wobei, notabene, »der andere« nie der Mensch schlechthin,

---

12   Dort, wo man liest, es habe jemand gesagt: »Die Schwarzen haben ein anderes Schmerzempfinden«, war die Kritik an der Gewaltausübung gegen Sklaven schon so weit fortgeschritten, daß »Gewalt« an sich (tatsächlich: Gewalt gegen Sklaven, die Mitbürger sein sollten) das Problem zu sein schien. So verlaufen Übergangsdebatten. Typischerweise.

13   So etwas heißt dann etwa »sinnlose Grausamkeit« (was einen Überschuß bezeichnet) oder wird pathologisiert. Daß dies ein modernes Phänomen ist, zeigen die römischen Gladiatorenkämpfe.

sondern jeweils spezifiziert ist: als der Mit-(Staats-)Bürger, der Unbescholtene, Angeklagte, Häftling und so weiter.

Die Aussage: »Der Mensch verübt einen Gewaltakt gegen den Willen des Tieres, das sich instinktiv und meistens auch für uns erkennbar wehrt. Insofern ist es moralisch falsch, Tiere zu töten«, die in einem Interview zu lesen war,[14] soll etwas jedem Offensichtliches behaupten, ist jedoch offensichtlich unsinnig: »Der Polizist verübt einen Gewaltakt gegen den Willen des Geiselnehmers, der sich erkennbar gegen seine Verhaftung wehrt. Insofern ist es moralisch falsch, Geiselnehmer zu überwältigen und zu fesseln.« Aber, wäre der Einwand, bei Tieren geht es doch nicht um die Abwehr von Geiselnahmen, sondern ums Töten! Ja, gewiß – und wie steht es um den gezielten Todesschuß? Auch darum, so der nächste Einspruch, gehe es nicht, sondern um die Tötung unschuldiger Wesen – oder um das Töten zum Zweck des Fleischverzehrs – und das sei etwas ganz anderes! Ja, gewiß, und darum muß man eben *darüber* reden und nicht über etwas anderes.[15]

Das entscheidende Problem des Redens über Gewalt gegen Tiere liegt also nicht dort, wo es, soweit ich sehe, regelmäßig vermutet wird.[16] Es geht gar nicht um die Frage, ob – und wenn ja, in welcher Weise – ein ursprünglich auf Gewalt gegen Menschen gerichteter Gewaltbegriff auch auf das Verhältnis des Menschen zum Tier angewendet werden kann, sondern ob das Verhältnis Mensch → Tier, sofern es nicht ein allenfalls Unterstützung bietendes Geschehenlassen tierischen Verhaltens ist, also etwa das Füttern von Wildtieren, anders denn mit dem Attribut »gewaltsam« bezeichnet werden kann. Und auch

14 Hilal Sezgin, »Tiere sind ein Zweck an sich«, Gespräch in: Der Spiegel, Nr. 6/2014, S. 108.

15 Es geht auch nicht um die Frage, »woher der Mensch seinen Hoheitsanspruch« ableitet, zu definieren, was er tun darf und was nicht – jedenfalls nicht, wenn man diese Frage nicht explizit in vormodernen Kontext stellt und dann zuläßt, daß sie ebenso beantwortet wird, à la: »nun, eben Genesis 1, 26, was wollen Sie sonst noch wissen?«

16 Vgl. Sonja Buschka/Julia Gutjahr/Marcel Sebastian, »Gewalt an Tieren«, in: Christian Gudehus/Michaela Christ (Hg.), Gewalt. Ein interdisziplinäres Handbuch, Stuttgart 2012, S. 75–82.

diese Beziehung müssen wir ohne Beimischung von Normativität untersuchen, einzig aufgrund der Tatsache, daß es so etwas wie die Gegenseite eines möglichen Einverständnisses nicht gibt. Nicht, daß ein Tier nicht der auf seinen Körper gerichteten Intention mit vielen Ausdrucksformen seiner Gegenintention begegnen könnte. Wer würde bestreiten, daß Tiere sich situativ so verhalten? Doch können sie statt dessen eben nicht in eine Interaktion mit dem anderen (wir reden hier über Mensch → Tier) eintreten.[17]

Dies ist übrigens nicht nur für das Verhältnis Mensch → Tier charakteristisch. Es betrifft zuweilen auch das Handeln Mensch → Mensch, das durch eine ähnliche Asymmetrie geprägt sein kann. Es gibt eine klassische Textpassage, die den Sachverhalt pointiert. In Lessings *Nathan der Weise* (1779) kommt die Rede auf ein von Christeneltern geborenes und getauftes Kind, das durch einen Juden aufgezogen wird. Nach den Gesetzen des Ortes, an dem das Stück spielt, ist eine solche Konstellation illegal. Denn als ungesetzlich gilt, wenn ein Juden »einen Christen zur Apostasie verführt« – und die darauf stehende Strafe gebühre noch »vielmehr dem Juden, / Der mit Gewalt ein armes Christenkind / Dem Bunde seiner Tauf' entreißt! Denn ist / Nicht alles, was man Kindern tut, Gewalt?« Gewalt ist also, was man einem antut, der keine eigene Vorstellung eines konsensuellen Miteinanderlebens entwickeln und danach leben kann. Lessing läßt den Patriarchen von Jerusalem seinem »alles, was man Kindern tut, ist Gewalt« ergänzend hinzufügen: »Zu sagen: – ausgenommen, was die Kirch' / An Kindern tut.«[18] Das ist kein wohlfeiler Scherz auf Kosten einer selbstgerechten Kirche. »Gewalt« führt hier schon den modernen Index mit sich, besonderer Legitimation zu bedürfen, und

17  In Grenzfällen wissen wir nicht Bescheid oder hantieren hilflos mit Analogien. Wenn mir der Hund »mit dem Ausdruck größter Freude« das Stöckchen bringt, mache ich ihm damit eine Freude oder spiele ich mit seinen instinktiven Zwängen? (Analog: Was tue ich, wenn ich ein Pferd zum Galopp ansporne?)

18  Gotthold Ephraim Lessing, Nathan der Weise. Ein dramatisches Gedicht, in: ders., Werke, Bd. 9: Werke 1778–1780, hg. von Klaus Bohnen/Arno Schilson, Frankfurt am Main 1993, S. 578 (IV 165 ff.).

die Kennzeichnung von etwas als »Gewalt« den prinzipiellen Verdacht der Illegitimität. So wird ein an sich zweifellos gewaltsames Handeln, wenn es eine Institution ausübt, die durch sich selbst legitimiert ist, zur Nichtgewalt. Dementsprechend wäre menschliche Verfügung über Tiere – so argumentieren manche – gewaltsames Handeln, das sich den Charakter, gewaltsam zu sein, abspricht, weil es menschliches Handeln ist. Der Unterschied: Die Selbstlegitimation der Kirche kann bestritten werden, die des Menschen nicht. Der Mensch kann diese oder jene Verhaltensweise delegitimieren, aber nicht davon absehen, daß er eine Willkür durch eine andere ersetzt.

Dagegen argumentieren diejenigen, die den »Tierschutz«, der von ihnen als eine einzig durch Konjunkturen des Mitleids abgemilderte Willkürherrschaft des Menschen begriffen wird, durch ein Konzept von »Tierrechten« ersetzen wollen, das diese Willkür überwinden soll, meiner Meinung nach aber nur zu verleugnen sucht. »Tierschutz«, meint etwa Mieke Roscher, war »grundsätzlich anthropozentrisch orientiert«. Sie spezifiziert ihr Argument so: »Selbstverständlich« werde im Tierschutzgedanken »das Interesse des Menschen am Tier über das Interesse des Tieres an einem tiergerechten Leben gestellt«.[19] Ebenso pointieren Sue Donaldson und Will Kymlicka, wenn sie schreiben: »Unter ›Fürsorge‹ verstehen wir eine Auffassung, die es akzeptiert, dass das Wohl der Tiere in moralischer Hinsicht eine gewisse Rolle spielt, den Interessen des Menschen jedoch untergeordnet ist.«[20]

19 Mieke Roscher, Ein Königreich für Tiere. Die Geschichte der britischen Tierrechtsbewegung, Marburg 2009, S. 77.

20 Sue Donaldson/Will Kymlicka, Zoopolis. Eine politische Theorie der Tierrechte, übersetzt von Joachim Schulte, Frankfurt am Main 2013, S. 13. – Ich möchte in diesem Zusammenhang auf eine Problematik hinweisen, die in der Tierrechtsdiskussion, so wie sie sich mir darstellt, nicht zureichend gesehen wird. Man kann (jedenfalls nicht ohne sich dem Vorwurf gedanklicher Inkonsequenz auszusetzen) eine Position wie »Tiere können keine Rechte haben, weil sie keine Menschen sind« nicht einerseits mit dem Argument ablehnen, sie sei willkürlich, andererseits aber eine Position wie »diese oder jene Tiere sind wie Menschen als Personen anzusehen, haben also Interessen und dürfen darum nicht …« als evident plausibel und unhinterfragbar hinstellen. Das ist eben der Kern des

Was hat es nun aber mit der Idee der »Rechte«, des »Rechte-Habens« auf sich? Die Idee des Rechts kann das bloße Gegenstück sein zu dem, was wir eine moralische Verpflichtung nennen: Dann hat jede ein Recht darauf, daß ihr nicht angetan wird, was die andere verpflichtet ist, zu unterlassen. Bei einer solchen begrifflichen Festlegung existiert kein Unterschied zwischen Tierschutz und Tierrechten, aber auch keiner zwischen Menschenschutz und Menschenrechten. Tatsächlich gibt es eine Vorstellung von Menschenrechten, der zufolge der wesentliche Sinn von Menschenrechten eben der Menschenschutz ist. Judith Shklar, der ich in vielem folge, nennt Rechtsstaatlichkeit das »ursprüngliche erste Prinzip des Liberalismus«, nämlich »das wichtigste Werkzeug, um Regierungen in ihre Schranken zu verweisen«.[21] Diese Auffassung von »Recht« entspricht ersichtlich nicht dem, was traditionellerweise unter dem Rubrum »Naturrecht« gedacht wird. Shklars Rechtsauffassung »kann sich nicht auf die Vorstellung gründen, dass Rechte etwas Fundamentales und Gegebenes sind, betrachtet sie aber als gerade jene Konzessionen und Ermächtigungen, über die Bürger verfügen müssen, um ihre Freiheit zu bewahren und sich gegen Machtmißbrauch zu schützen«.[22]

»Über die Bürger verfügen müssen« – in diesem Sinne besitzen Schutzbefohlene unter den Menschen, also Kinder oder andere menschliche Wesen, die keine komplette Rechtsausstattung haben oder über sie auf Grund körperlicher, geistiger oder sonstiger Einschränkungen vorübergehend oder generell nicht verfügen können, tatsächlich keine Rechte. Warum schützen wir sie? Der Option, diese Frage auf dem klassischen Wege der naturrechtlichen Argumentation zu beantworten, habe ich mich mit dem Referenzrahmen, den Shklar bereitstellt, begeben. Ich will das nicht weiter begründen, was übrigens

---

naturrechtlichen Dogmatismus, den diejenigen ablehnen, zu denen ich mich gerne geselle: Daß hier überhaupt von Evidenzen geredet werden kann (es sei denn, man meint damit Sätze, die zu hinterfragen wir uns abgewöhnt haben), erscheint mir fragwürdig.

21  Judith Shklar, Liberalismus der Furcht, hg. und übersetzt von Hannes Bajohr, Berlin 2013, S. 61.

22  Ebd., S. 62.

auch nicht nötig ist, denn Skepsis gegenüber dem Naturrecht signalisiert nur die Einschränkung, nicht das weltanschauliche Instrumentarium zu besitzen, das Rechte aus natürlichen Beschaffenheiten meint deduzieren zu können.

Also: Warum schützen wir sie? Anders gefragt: Wie tun wir das? Wir behandeln sie als Rechtspersonen, die nicht oder nur eingeschränkt über ihre Rechte verfügen können. »Über Rechte verfügen« bedeutet nicht: sich im Zweifelsfalle beschweren können (egal, ob einer zuhört).[23] Wenn die Idee vom »Rechte-Haben« mehr sein soll als das Gegenstück einer moralischen Verpflichtung, geht es in Wahrheit um Politik, mithin um das praktische Problem der Durchsetzbarkeit von Ansprüchen und folglich um Macht und Institutionenfragen. So wie wir »Rechte« politisch verstehen, ist die Idee des Rechts an die des Staates und das staatliche Gewaltmonopol gebunden.[24]

»Rechte zu haben« bedeutet also auch, das institutionelle System für sich in Gang setzen zu können, um eigene Rechte durchzusetzen. Jemandem ein Recht zu verleihen – beispielsweise das auf Freizügigkeit – bedeutet, ihm das Recht zu verleihen, dieses Recht durchzusetzen, etwa gegen seine Beschneidung zu klagen. Und es bedeutet damit, daß er in ein Rechtsgefüge eintritt, das für ihn gilt. Die Idee von Recht (und davon, Rechte zu haben) ist an die Existenz eines institutionellen Garantie- und Durchsetzungssystems gebunden, zu dem die Vorstellung von Reziprozität gehört. Es gibt in einem Rechtsgefüge niemanden, der Rechte hat, aber seinerseits keine Rechte achten muß.

»In ein Rechtsgefüge eingetreten sein« bedeutet zudem, in irgendeiner Weise an der (Weiter-)Entwicklung dieses Rechts-

---

23 Brecht erzählt die Geschichte eines Mannes, der einem Kind begegnet, das zwei Groschen hatte, aber einen von einem Jungen entwendet bekam. Das Kind weint deswegen, woraufhin der Mann fragt: »Kannst du nicht lauter schreien?« Das Kind verneint – der Mann sagt: »Dann gib auch den her!« (Bertolt Brecht, »Der hilflose Knabe«, in: ders., Ausgewählte Werke in sechs Bänden, Bd. 5, Frankfurt am Main 1997, S. 218.)

24 In einer Mafiaorganisation hat man keine Rechte. Man kann sich beschweren und muß abwarten, ob dem Chef die Beschwerde einleuchtet.

gefüges mitwirken zu können.[25] Man muß, im wörtlichen wie übertragenen Sinne, »eine Stimme haben«. Damit sind die Aspekte der Vergemeinschaftung durch Recht benannt, auf die – anstatt eines bloßen Geschütztwerdens – die Idee des »Rechte-Habens« hinausläuft: Rechte durchsetzen zu können, Rechte achten zu müssen, an der Rechtsentwicklung teilzuhaben.

Ganz unabhängig von der Frage, was Tiere können oder nicht können, also von den wissenschaftlichen Erkenntnissen, die in den letzten hundert Jahren und den letzten Jahrzehnten über die Intelligenz und die kognitiv-affektiven Fähigkeiten von Tieren gewonnen wurden, ist schlechterdings unbeschreibbar, was es heißen könnte, ein Tier setze seine Rechte durch,[26] achte mein Recht (und sei es nur das auf Leben) und wirke an der Gestaltung des Rechtsgefüges mit.[27] Von einem Recht zu sprechen, ohne den Begriff einer durch Rechte konstituierten Rechtsgemeinschaft ins Feld zu führen, ist entweder ein eklatantes Mißverständnis (man meint dann eine selbstauferlegte Verpflichtung) oder eben eine Emphatisierungsvokabel.

Allerdings gibt es Menschen, die in diesem Sinne keine Mitglieder einer Rechtsgemeinschaft sein können, denen gegenüber wir uns aber dennoch dazu verpflichtet fühlen, sie so zu behandeln, als seien sie unsere Rechtsgenossen. Wir fassen diese Praxis des So-tun-als-ob ihrerseits als rechtssetzend auf: Sie sind Rechtsgenossen dadurch, daß wir andere »Rechtspersonen« als Durchsetzer (daß ihre Rechte nicht verletzt oder Verletzungen geahndet werden) oder Fürsorger (daß sie nicht die Rechte anderer verletzen) oder als ihre politische Stimme (Beauftragte) einsetzen.[28] Genauso sollten wir auch

25  »In irgendeiner Weise« – hier ist nichts über die Form politischer Einflußnahme gesagt, wohl aber, daß es Möglichkeiten solcher Einflußnahme geben muß.

26  Zu unterscheiden – siehe oben – von einem Verhalten, das wir als ein Sichbeschweren deuten könnten.

27  Und wenn man es tut, wie es etwa Erich Kästner in der Konferenz der Tiere tut, spricht man eben über Fabeltiere.

28  Das Reden über Menschen, die im erläuterten Sinne keine Mitglieder einer Rechtsgemeinschaft sind, ist eine Als-ob-Konstruktion. Es

mit Tieren umgehen, fordern Tierrechtstheoretiker. Was spräche dagegen?

Prinzipiell nichts. Ebenso wenig, wie prinzipiell etwas dafür spricht. Wir sind frei, die Grenzen so zu ziehen, wie wir wollen – glücklicherweise und unglücklicherweise. Der Unterschied zwischen Mensch und Tier hat nichts mit den philosophische Seminare in Gang haltenden Fragen nach »Person sein«, »Interessen haben« oder dergleichen zu tun. Vielmehr stehen wir vor dem Umstand, daß wir im einen Fall mehr oder weniger wissen, wovon wir reden, während wir im anderen Falle nicht wissen, wovon wir reden.

Wir sind Kinder gewesen und können eines Tages Beeinträchtigte aller Arten sein. Aus der Erfahrung (und ihrer Bewertung) sowie aus unseren Ängsten und Hoffnungen leiten wir unsere etwaige Kompetenz als Stellvertreter, Durchsetzer, Fürsorger und Beauftragte ab. Man kann sagen: Wir passen auf unsere mögliche Zukunft auf und pflegen in Gestalt unserer Erinnerungen an Vergangenes ein sentimentales Verhältnis zu uns.[29] Aber so oder so: Daß wir ein Verhältnis zu Kindern haben, zeigt, daß auch das Verhältnis zu Beeinträchtigten nicht nur Dokument eines Kalküls, einer Vorwärtsversicherung ist.[30] Hier geht es, mit anderen Worten, um den empirischen Grund aller Moral. Man muß ja unterscheiden zwischen Theorien der Moral, die argumentative Gerüste präsentieren, mit deren Hilfe sich das Räsonieren über moralische Fragen intersubjektiv gestalten läßt, und der Frage, warum ein solches Räsonnement überhaupt einen Sinn haben kann. Ob man hier, wie Hume, den Begriff der »Sympathie« oder den Lessing/Schopenhauer-

handelt sich um die Selbstverpflichtung einer Gesellschaft, über den Umweg des Agierens von Durchsetzern/Fürsorgern/Beauftragten mit diesen Menschen so umzugehen, als handelten sie selbst.

29  Und in der Tat: Wer etwa ein auf besondere Weise gespanntes Verhältnis zu dem hat, was er geworden ist, hat möglicherweise eine besonders hartherzige Attitüde zu Menschen, die noch etwas werden wollen. – »Prügel haben noch niemandem geschadet!« »Du siehst doch, daß sie geschadet haben – dir!«

30  Andere Argumente finden sich in: Hume, Eine Untersuchung über die Prinzipien der Moral.

schen (fast gleichbedeutenden) des »Mitleids« ins Spiel bringt, ist am Ende gleichgültig. Immer geht es darum, daß es ohne die Fähigkeit des Menschen zur partiellen Identifikation (man könnte sagen: die »Goldene Regel« ohne den von Kant unterstellten Utilitaritätskalkül) keine Moral gäbe. Diese Sympathie/Empathie ist speziesübergreifend und im konkreten Falle nicht unbedingt an eine Reziprozitätserwartung gebunden. Freilich setzt das unter Umständen mit Empathie verkoppelte Räsonieren ein anderes, zumal mentales An-die-Stelle-Treten voraus. Als jemand, der die Rechte eines Artikulationsunfähigen vertritt, also etwa eines Menschen, dem weder bewußt ist, daß er »Rechte hat«, noch – nach unserem begründeten Dafürhalten – weiß, was ihm, außer Unmittelbarstem, gut oder schlecht tun wird, oder auch als jemand, der von Rechts wegen dazu bestimmt ist, zu beurteilen, ob jemand rechtens und richtig vertreten wird, muß ich gedanklich an die Stelle des anderen treten. Ist der ein Kind, so war ich auch einmal eins (und bin mir als Erwachsener natürlich darüber im klaren, daß die eigenen Erfahrungen, Wünsche, Enttäuschungen individueller Natur gewesen sind und nicht umstandslos zu verallgemeinern sind – weiß deshalb aber hoffentlich auch, was es heißt, ein Individuum, das sich nicht selbst artikulieren kann, zu vertreten). Wir können nie wissen, was ein andrer Mensch tatsächlich fühlt, aber nicht zu wissen, was eine Fledermaus fühlt (um ein klassisches Beispiel aus der jüngeren Philosophie zu nehmen), ist von einem anderen Schlage. Wenn J. M. Coetzee seine Elizabeth Costello sagen läßt, sie wisse manchmal, wie sich jemand oder etwas fühle, von dem man das »eigentlich« nicht sagen könne, etwa eine Leiche (eine Altersfrage, meint sie), so fügt sie hinzu: »Weiß ich, wie ich mich als Leichnam fühle, oder weiß ich, wie sich ein Leichnam fühlt? Das zu unterscheiden scheint mir belanglos.«[31] Nun, gewiß, für das Gefühl, seine Intensität, seine Mitteilung ist das belanglos, jedoch nicht für uns als Leserinnen dieses Emotionsprotokolls. Da schreibt jemand doch auf, was und wie eine Leiche (oder eine

31  J. M. Coetzee, Elizabeth Costello. Acht Lehrstücke, übersetzt von Reinhild Böhnke, Frankfurt am Main 2004, S. 99.

Fledermaus) fühle, und wir lesen einen Text, geschrieben von einer, die aufschreibt, was und wie sie fühlt, wenn sie ..., und so weiter. Und ist da ein Unterschied zu einem Protokoll über Gefühle, die sie vielleicht beim Anblick eines Menschen in der Menge empfindet, über den sie allerdings nichts weiß (außer daß er oder sie ein Mensch ist)?

Wäre diese Frage zu bejahen nicht das Resultat einer bloßen Konvention, die der Tatsache geschuldet ist, daß wir inzwischen viele Arten von Menschen unter die »Menschen« rechnen, nicht nur tote und lebendige weiße Männer? Und wäre diese Frage zu verneinen nicht Ausdruck unseres Wunsches, kreatürliche Grenzen, die uns natürlich erscheinen, zur Disposition unserer Konventionen (das heißt letztlich unserer politischen Entscheidungen) zu stellen?

Natürlich kann man sowohl, wenn jemand sagt: »Ich weiß, wie sich dieser Mensch jetzt fühlt«, als auch im Falle des »Ich weiß, wie sich dieser Hund jetzt fühlt« antworten: »Gar nichts weißt du«, doch müssen wir einräumen, daß beide Behauptungen etwas anderes bedeuten. Wir müssen anerkennen, daß der Satz »Ich weiß, was dieser Mensch jetzt fühlt« etwas anderes bedeutet, je nachdem, ob er über einen Säugling, einen Dementen oder über eine Person ausgesagt wird, die weder dies noch jenes ist. Und wir müssen anerkennen, daß die Aussage »Ich weiß, wie sich X jetzt fühlt« etwas anderes bedeutet, je nachdem, ob »X« für einen Menschen, einen Affen (welche Art von Affen?), einen Hund, eine Fledermaus oder eine Rose steht. Und wäre es absurd, für »X« einen Stein einzusetzen? Es gibt Schriftsteller, die das tun.

»Etwas anderes bedeuten« impliziert hier, wie anderswo auch, immer dies: zu beschreiben, welche Operationen wir vollführen müssen, um die Nachfrage »Wieso das denn?« befriedigend zu beantworten. In den möglichen Antworten spielen nicht nur Aussagen des Typs »Na, ich stelle mir eben vor ... – stell dir doch auch mal vor, du wärest ...« eine Rolle, sondern auch Sätze wie »Wenn ich der / die wäre ...«. Derartige Auskünfte sind nicht nur Umformungen der »Ich stelle mir vor«-Sätze, sondern sie verweisen auf tatsächliche Möglichkeiten, eben jetzt an der Stelle des Menschen oder Tieres (oder

Steines) zu sein. Und für einen solchen Kontext bleibt festzuhalten, daß dies im Falle des anderen Menschen etwas anderes bedeutet als im Falle des »Tier« genannten Mitgeschöpfs. Im einen Fall ist die Empathie *erfahrungsgesteuert*, im anderen *phantasiegelenkt*.

Jetzt ließe sich einwenden, unsere Unterscheidung beruhe letztlich auf sich historisch und politisch wandelnden Konventionen. Würde vor soundso vielen Jahren nicht jemand, genau wie er behauptet hätte: »Ich bin doch kein Affe, und also kann ich mich gedanklich nicht an seine Stelle setzen!«, auch gesagt haben: »Ich bin doch kein Neger!« Ja, hätte er. Also ist zu fragen, ob sich die Weigerung, den Gesichtspunkt eines Menschen anderer Hautfarbe einzunehmen, von der Weigerung, sich in einen Affen zu versetzen, nur dadurch unterscheidet, daß wir heute die Grenzen anders ziehen, als sie damals gezogen wurden, wobei prinzipiell nicht auszuschließen ist, daß wir sie (vielleicht) morgen wieder anders ziehen werden. In einer Hinsicht ist das so; in einer anderen nicht.

Zunächst, in welcher Hinsicht nicht? Zur Logik der »Wenn ich der/die wäre«-Sätze gehört die Vorstellung von dem, was der aktive Beitrag des/derjenigen zu einer etwaigen Diskussion über seine Lage oder Befindlichkeit wäre. Und hätte jemand kundgetan: »Was soll denn ein Neger schon Relevantes sagen?«, wäre diese rhetorische Frage nur als eine Metapher für seine unausgesprochene Behauptung: »Wir wissen (egal, was der Sklave sagen würde) sowieso besser, was für ihn taugt«, verstanden worden. Egal, wie die Griechen die Welt der Lebewesen faktisch taxonomiert haben: Die These, daß sie Sklaven nicht für Menschen hielten, ist eine dumme Behauptung. (Schließlich konnte jeder Mensch zum Sklaven werden. Die Aussage, es gebe »geborene Sklaven«, hat in Athen dasselbe bedeutet, was sie heute bedeuten würde: Misanthropie, die sich als Realismus ausgibt.)

Doch wenn wir über »Gewalt« sprechen, und das tun wir, weil wir mit Verletzungen und Tod befaßt sind, dann hat Empathie einen anderen Sinn. In diesem Kontext bedeutet »Ich weiß, wie es sich fühlt« etwas anderes: Gemeint ist nicht, daß ich wüßte, wie ein Tier seine Angst vor dem Tod erlebt, son dern daß ich mit eigenen Augen sehe, daß es entkommen will, alles daransetzt, zu flüchten, augenscheinlich sogar großen Schmerz in Kauf nimmt, wie etwa ein Fuchs, der sich den Fuß abreißt, um sich einer Falle zu entwinden. (»Was wissen Sie denn? Wahrscheinlich ist das Schmerzempfinden in solchen Fällen ausgeschaltet, und über sein Leben ohne Fuß kann sich der Fuchs doch gar keine Gedanken machen.« Antwort: »Darüber rede ich gar nicht. Ich führe auch keine Debatte darüber, wie eine Welt ohne Fuchsfallen aussehen würde. Die ist – jedenfalls zu gewissen Zeiten – leichter vorstellbar als eine Welt ohne Sklaverei. Was mich vielmehr beschäftigt, ist dieser Fuchs, der offenkundig Höllenqualen leidet. Und diese Qualen haben wir ihm verursacht.«)

Es gibt, anders gesagt, immer Strategien, sich diese Art von Empathie ausreden zu lassen. So vertraten Mediziner bis vor gar nicht so langer Zeit die Ansicht, Neugeborene und sehr junge Säuglinge besäßen kein Schmerzempfinden. Sie schrien ja nicht, wenn sie mit einer Nadel gestochen würden (sondern erst etwas später, also mußte ihr Schmerzausdruck etwas anderes sein – vielleicht eine Übernahmereaktion elterlicher Emotionen?). Man wußte in Wahrheit nichts über die allmähliche Entwicklung der Nervenleitfähigkeit, weshalb der Fachmann unwidersprochen konstatieren konnte: »Merkt noch nichts, das Kleine.«

Zur Verhandlung stehen die Grenzen der Empathie und mentale Strategien, deren Umfang weiter oder enger zu ziehen. Und damit kommt die eine Seite von Moral ins Spiel, die Arthur Schopenhauer auf die Maxime »neminem laede«, »verletze niemanden«, gebracht hat. Jemanden vor einem körperlichen Übergriff zu bewahren ist eine andere Maßnahme als die, Bedingungen herzustellen, die optimieren, was er/sie tun kann, wenn er frei von Gewalt(-drohung) lebt. Von diesen Bedingungen als der anderen Seite von Moral ist die Rede, wenn Schopenhauer seine ethische Regel um den Zusatz erweitert: »imo omnes, quantum potes, iuva«, »vielmehr hilf allen, soweit du kannst«.[32]

32 Arthur Schopenhauer, »Über die Grundlage der Moral«, in: ders., Werke in zehn Bänden, Bd. 6, hg. von Angelika Hübscher, Zürich 1977, S. 176f.

Zieht ein Tier X ein Leben »in Freiheit«, das heißt ohne die Beschränkungen, die sich aus jedem Kontakt mit Menschen ergeben, und ohne den Schutz vor anderen Tieren, einem Leben mit Freiheitseinschränkung, aber mit regelmäßiger Fütterung (Zoo) und einem gewaltsamen, womöglich aber schmerzarmen Tod (»artgerechte Nutztierhaltung«) vor? Wir wissen es nicht. Seine Präferenzen sind uns unzugänglich. Demgegenüber hätte ein Mensch sagen können, daß er ein Plantagenleben in Sklaverei dem Dasein in Freiheit vorziehe, wenn sich dieses Leben unter den Bedingungen eines Industrieproletariers im Jahre 1860 abspiele (hätte sich jedenfalls so äußern können; ob das jemals einer gesagt hat, wissen wir nicht; wir wissen allenfalls, daß es genügend Nichtsklaven gegeben hat, die behaupteten, daß ein Mensch so etwas sagen würde). Wir wissen, wie die Stellungnahme eines Sklaven zu diesem Thema hätte ausfallen können, ohne darüber zu spekulieren, was er im einzelnen gesagt hätte. Was ein Tier, welcher Art auch immer, auf eine analoge Frage antworten würde, wissen wir indes nicht, und die Behauptung, wir könnten uns seine Stellungnahme vorstellen, ist absurd.

Sie ist vor allem aber eines, nämlich anthropozentrisch – und zwar unreflektiert. »Anthropozentrisch« bedeutet ja nicht, menschliche Belange auf jeden Fall über tierische zu stellen, sondern alles unter menschlicher Perspektive zu denken, ohne darüber nachzudenken. Jedenfalls benutzt man in diesem Sinne die Begriffe »eurozentrisch« oder »ethnozentrisch«, wenn man sie als Vorhaltung oder Vorwurf verwendet. Man wird sagen müssen, daß wir (anders als im Falle des Euro- oder Ethnozentrischen) notwendigerweise anthropozentrisch denken und genau dieses mitdenken müssen. Dann würden wir von »aufgeklärtem Anthropozentrismus« sprechen oder besser noch das Wort (wie auch »speziesistisch«) gleich aus unserem Wortschatz streichen. Ein Beispiel für eine ihrer selbst nicht bewußte Haltung, auch wenn im Vokabular die Wörter »anthropozentrisch« und »speziesistisch« wie Wappenzeichen geführt werden, sind Peter Singers Ausführungen zur Schmerzempfindlichkeit und seine programmatische Beschränkung der Empathiefähigkeit des von ihm angesprochenen Menschen auf Lebewesen, die ein zentrales Nervensystem haben. Man vergleiche damit die Überlegungen von David Foster Wallace in »Consider the Lobster«,[33] um die Hartherzigkeit in Singers scheinbarer Weitherzigkeit zu erfühlen. Vielleicht wären dessen Betrachtungen zum Lebensrecht von sehr jungen Menschen und Behinderten anders ausgefallen, hätte er sich die Möglichkeit zur Empathie mit anderen Lebewesen bewahrt, die ihm ferner stehen als Affen, Katzen und Hunde, also etwa mit Hummern.

Jede Verleugnung des notwendig Anthropozentrischen in unserem Fühlen und Denken läuft auf die Verleugnung der Grenzen hinaus, die wir immer ziehen und ziehen müssen – auf Grund unserer Möglichkeit, sie ziehen zu können. Es steht uns schlicht nicht zu Gebote, keine zu ziehen: Niemand wird eine noch so universale Empathieforderung bis zu dem Punkt ausdehnen, wo er das Lebensrecht für Pasteurella pestis in meinem Körper fordert. Ich sage das nicht, um irgend etwas ad absurdum zu führen – wir können auch darüber sprechen, ob Ratten bedenkenlos getötet werden dürfen, und wenn nicht, ob es sich beim Recht auf Tötung mit Schaben, Läusen oder Zecken anders verhält –, sondern um darauf hinzuweisen, daß irgendwo Grenzen gezogen werden müssen. So liegt die grundsätzliche Pointe der Diskussion um Tierschutz und Tierrechte eben darin, als allererstes zu verstehen und zuzugeben, daß wir eine Position, die wir unter Umständen vertreten, darum haben, weil unser Denken ein Produkt der menschlichen Fähigkeit ist, die Einstellung zu dem, was wir sind und sein wollen, zu verändern. Wir müssen uns Rechenschaft darüber ablegen, daß unsere so oder so beschaffene Ansicht in diesen Fragen Ergebnis unserer Freiheit ist, die Maßstäbe selbst festzusetzen, mithin unserer Freiheit zu entscheiden, worüber wir nachdenken (»Consider the lobster or neglect its suffering?«) und welche Gefühle wir im Entwurf menschlicher Existenz mitwirken lassen. Wir können nicht moralisch urteilen und

---

33  David Foster Wallace, »Consider the Lobster«, in: ders., Consider the Lobster. And Other Essays, London 2012, S. 235–255, besonders S. 248 ff.

handeln und gleichzeitig die Freiheit, das zu tun, bestreiten – es wäre nicht Moral, sondern Verleugnung von Moralität. Wir können keine Grenze ziehen, angesichts derer wir dann ein vermeintlich von uns unabhängig gegebenes Recht haben zu sagen, daß uns die Sache ab hier nichts mehr angehe. Darum ist die von Donaldson und Kymlicka zitierte Grenzziehung, die Barbara Smuts vorschlägt, nämlich ob wir spüren, ob »im Innern des anderen Körpers jemand daheim ist«,[34] in Wahrheit kein Kriterium, sondern allenfalls eine etwas kindlich ausgefallene Umschreibung dafür, daß es irgendwie um die Reichweite von Empathie geht, nebst deren scheinbarer antianthropozentrischer Färbung. Es handelt sich genaugenommen, soll heißen: beim Wort genommen, um die von Empathie nur auf Grund komplexer Annahmen über die zugrundeliegende Psychodynamik (Annahmen, die zu den hier verhandelten Problemen nichts beitragen) zu unterscheidende menschliche Fähigkeit zur Projektion, ins Kindlich-Märchenhafte verfabelt: als wäre jemand »da drin« wie der Prinz im Frosch.

Donaldson und Kymlicka schreiben konsequent im Anschluß an das Zitat: »Die Grundprämisse der Theorie der Tierrechte lautet: Immer, wenn man ein solches verletzliches Selbst antrifft – immer, wenn man jemanden ›daheim‹ vorfindet –, benötigt der Betreffende Schutz durch das Prinzip der Unverletzlichkeit, das jeden Einzelnen mit einem Schutzschild aus Grundrechten ausstattet.«[35] Das heißt übersetzt: »Immer wenn wir ein Wesen treffen, das wir auf Grund des Gefühls, das wir ihm entgegenbringen, für uns ähnlicher ansehen und für wichtiger halten als ein anderes, sollten wir ihm nicht wehtun und auf geeignete Weise Sorge dafür tragen, daß auch andere ihm nicht wehtun.« Das ist eben die Art, in der seit jeher mit Tieren umgegangen worden ist. Eine mit weitreichenden Forderungen versehene neue Tierrechtsethik auf dieses Fundament zu stellen ist auf jeden Fall intellektuell unbefriedigend und in meiner Sichtweise zusätzlich der Versuch, sowohl den Anforderungen auszuweichen, die einige genauere Überlegun-

---

34  Donaldson/Kymlicka, Zoopolis, S. 60 und öfter.
35  Ebd., S. 61.

gen zum Thema »Anthropozentrismus« mit sich bringen, als auch den Umstand zu verleugnen, daß wir nicht nur für unsere Handlungen (in moralischer Hinsicht) verantwortlich sind, sondern ebenfalls für die moralischen Maßstäbe, die wir als Richtschnur gelten lassen.

## III.

Und deshalb komme ich um eine abschließende Bemerkung nicht herum. Sie hat drei Teile.

Teil eins:
Das philosophische Seminar ist nicht die Arena, in der solche Überlegungen wirksam ausgefochten werden. Das zu konstatieren ist trivial, es behauptet auch keiner. Ist das philosophische Seminar überhaupt eine Instanz für derartige Diskussionen? Ja, eine unter anderen. Bedeutsame Fragen werden in allen möglichen Arenen, in allen möglichen Vokabularen ausgetragen. Gibt es eine Besonderheit des philosophischen Seminars in dieser Hinsicht? In der Tradition des philosophischen Seminars gibt es die, aber muß jemand von außerhalb einen aus der philosophischen Tradition abgeleiteten spezifischen Geltungsanspruch ernst nehmen? Nun, gewiß nicht »einfach so«, doch sollte man schon genauer hinsehen: Philosophische Diskussionen haben seit jeher immer auch die Fragen traktiert, die mit der Grundfrage zusammenhingen, was es denn heiße, eine Ansicht mit intersubjektiver Verbindlichkeit zu vertreten (inklusive der möglichen Antwort, es gebe keine Antwort). An anderen Debattierorten kann man viel eher die Achseln zucken, nach Hause gehen, sagen: »Stimmen wir halt ab!« oder ähnliches. Das geht, traditionsgemäß, im philosophischen Seminar nicht (was nicht heißen soll, daß es nicht vorkommt). Und darum ist es nützlich für Nichtphilosophen, zuzuhören, wie solche Debatten im philosophischen Seminar geführt werden. Und für Philosophen ist es nützlich, sich daran zu erinnern, daß es um mehr nicht geht.

Teil zwei:

Ob nun Schopenhauer recht hat, wenn er Seneca als den Erzieher von Nero mit dem Satz zitiert, das Wollen lasse sich nicht lehren,[36] also mit dem Platon des *Menon* und Hume meint, moralisches Handeln geschehe nicht aus Gründen, oder ob man nur so weit geht zu sagen, daß Gründe wahrscheinlich eine unterschiedliche – und jedenfalls keineswegs die einzige – Rolle spielen im Streit darüber, was wir tun sollen, kann hier undiskutiert bleiben. Ich möchte auch nicht diskutieren, wie das Verhältnis von (im weiteren Sinne) philosophischen Texten und literarischen ist und wie es sich mit der Frage nach der Überzeugungskraft und der überzeugenden Wirkung (was nicht ganz dasselbe ist wie Überreden) verhalte. Auch möchte ich nicht diskutieren, warum ich (in dieser Frage) Coetzee, Foer, Wallace oder Duve für die intelligenteren, vor allem – erlauben Sie mir dies altmodische Wort, das ich sonst aus guten Gründen meide – für die tiefer gegründeten[37] Philosophen halte als Singer und viele andere seiner Art. Mir geht es darum, anläßlich der Feststellung, daß wir nicht nur für unsere Handlungen verantwortlich sind, sondern auch für unsere Maßstäbe (und sie nicht irgendwo herholen, wo sie mit dem Expertenschildchen »universal anwendbar« herumhängen), zu betonen, daß wir eben (um noch einmal Schopenhauer zu zitieren) nie nur über Anweisung der Ethik (ihr »ό,τί«), sondern immer auch über deren Fundament (»διότι«) reden, es »mag nun in der Natur des Menschen, in den äußeren Weltverhältnissen, oder worin sonst gesucht werden«.[38]

Wir lehnen weder Gewalt gegen Menschen schlechthin ab (siehe oben) noch Gewalt gegen nicht menschliche Lebewesen (siehe oben). Wir lehnen manche Gewalt gegen manche Menschen unter manchen Umständen ab. Und oft ist die Debatte um dieses »manche« eine Kontroverse um das Ganze unserer Zivilisation. Wir geben in solchen Auseinandersetzungen

---

36  Im Original: »Velle non discitur«. Schopenhauer, Über die Grundlage der Moral, S. 290.

37  Oder: subtileren und sublimeren?

38  Schopenhauer, Über die Grundlage der Moral, S. 176.

Auskunft darüber, wer wir sein wollen und wer unter keinen Umständen, und damit auch Auskunft darüber, worum wir uns nicht kümmern wollen. Das ist in der Debatte um das Verhältnis zwischen Tier und Mensch nicht anders. Wir reden auch und gerade in diesem Kontext über uns.

Teil drei (die Frage, wer redet hier):
Es geht jetzt um eine Anekdote und ein Lektüreerlebnis. Nicht, daß die Anekdote einen besonderen Begründungswert hätte; nehmen Sie sie, wenn Sie wollen, als colorandi causa erzählt. Ich war, ich weiß nicht mehr, wie alt, aber sicherlich älter, als man normalerweise ist, wenn man so etwas tut. Wespen mochte ich noch nie. Bin auch früher öfter aufs unangenehmste von ihnen gestochen worden. Aber darum ging es nicht. Da krabbelte eine Wespe auf der Fensterbank. Ich betrachtete sie und vor allem ihre faszinierend dünne, wie man so sagt: »Wespentaille« – dünn wie gar nicht vorhanden. Ich nahm eine sehr feine Schere und schnitt sie durch. Mal sehen, was dann passiert. Die Wespe schrie. Ich konnte sie nicht hören, aber ich sah, wie sie schrie, schrie in äußerstem Schmerz. Sie krümmte sich. Und schrie. Ich sehe sie immer noch vor mir und meine, sie zu hören. Es gab in diesem Moment (und in den Momenten, in denen ich mich daran erinnere) keinen Spezies-Unterschied zwischen mir und der Wespe – doch, den gab es natürlich, ich sage nur, daß dieses Wissen in dem Augenblick keine Rolle spielte und keine Rolle spielt, wenn ich mich an diese Momente erinnere. Und irgendwie wußte ich, daß ich mich in diesem Augenblick definiert hatte: Ich war jemand, der so etwas tun konnte – einem Wesen furchtbaren Schmerz und Tod bringen (ich habe sie dann totgeschlagen, falls Sie das noch wissen –, und jemand, der das getan hatte, Schmerz und Tod bringen, nur der Laune »Mal sehen, was dann passiert« wegen – und hatte mich als der definiert, der so einer nicht sein möchte.

Esse ich Tiere? Weniger und weniger gerne. Neulich bin ich auf eine Zeitschrift gestoßen, die *Beef!* heißt, eine kulinarische Zeitschrift für den richtigen Mann,[39] mit Reportagen über

---

39  Das Folgende aus: Beef! Für Männer mit Geschmack, 6/2013.

rustikale Herdschmiede, Reklame für die schärfsten Messer, dicke Uhren, ein Auto, von dem gesagt wird, es sei »zuverlässig«, mache »jeden Spaß mit« und sei »wie ein Freund«, Bier aus richtigem, grobem Getreide von richtigen groben Männerhänden in die Kamera gehalten, mit einem so angepriesenen Weihnachtsmenü: »Die Erleuchtung. Gelangen Sie über den Beef!-Pfad zu vollkommener Glückseligkeit – mit Entenbrust, Ochsenschwanzsuppe, Hirschsauerbraten und Rum-Kuchen«. Mit kleinen Rubriken über Schnaps oder »Männertee?« (mit Fragezeichen und der Antwort: doch, so was gibt's tatsächlich!) und einer, die auf die Frage »Wie schmeckt eigentlich … Murmeltier?« antwortet. Ein bebilderter Artikel mit der Überschrift »Lass raushängen!« informiert über die Erwerbsmöglichkeiten und Zubereitungsarten von Kuheuter und Rindshoden. Viel Fleisch, viel Bratkruste, viel über Markknochen, eine Reportage über Karpfen. Die ist übertitelt mit »Schlag auf Schlag«. Ja, gemeint ist, was Sie jetzt denken. Man sieht einen Karpfen, dem gerade mit einem Knüppel auf den Kopf geschlagen wird und der – nun ja: schreit. »Hülle und Fülle« – gemeint sind gefüllte Geflügel, bebildert ist das mit einem ausgenommenen Huhn, seinen danebenliegenden Füßen und seinem abgeschlagenen Kopf, einer Ente, Ganzkörper, mit ungerupftem, auf dem gerupften Körper drapiertem Kopf, einem Huhn, gerupft, an den Füßen aufgehängt, der Kopf hochgebunden, damit wir ihm ins tote Gesicht sehen können. Ich hatte derartiges nicht erwartet. Vor mir liegt eine Zeitschrift für Mörder und Kannibalen. Nicht eine, die etwas verleugnet, um etwas ohne Gedanken und Gefühle (außer denen über Garzeiten und über orale Freuden) tun zu können, sondern eine, die mit dem Genuß wirbt, den das Töten verspricht, das Ausweiden, Verschlingen und, wenn man schon nicht selber tötet und ausweidet, dann Genußsteigerung verspricht, wenn man beim Verschlingen daran denkt. Eine gelungene Illustration zu Ovid, Buch XV.

Es ist der Ekel vor sich selbst gewesen, der die Menschen davon abgebracht hat, gegen ihresgleichen bestimmte Gewalttaten zu begehen. Die Folter, sagte Friedrich II. von Preußen, sei etwas, das eines Königs, der über Bürger herrschen wolle, unwürdig ist. Der Blick auf den leidenden Auch-Menschen, genauer: ihn vor allem als Leidenden wahrzunehmen und nicht als denjenigen, der er immer auch sonst noch gewesen ist (Mörder, Hexer), war notwendig, um von gewissen Orgien der Grausamkeit Abstand zu gewinnen – aber immer auch (ich muß nicht sagen: vor allem) der Ekel vor dem, was man ist, wenn man das billigt, vielleicht genießt. Wer über Ekel redet, redet über Scham. Darum geht es bei moralischer Evolution: sich dessen zu schämen, der man ist. (Oder es eben nicht zu tun. Oder es zu tun und trotzdem irgendwie so weiterzu-machen wie bisher – wie Thomas Jefferson auf Monticello.)

# Das Scheinproblem »Willensfreiheit«
## Ein Plädoyer für das Ende
## einer überflüssigen Debatte

Ich stelle das titelgebende Ergebnis meiner Überlegungen gleich zu Beginn vor: Diejenigen, die mit aus dem Zusammenhang der Neurobiologie gewonnenen Argumenten »die Willensfreiheit bestreiten«, tun dies nicht, sondern greifen – zu Recht übrigens – bestimmte verschrobene philosophische Konzepte an, von denen manche meinen, die Idee der Willensfreiheit sei in ihnen fundiert. Da sie aber nicht behaupten, bloß diese Konzepte zu bestreiten, sondern die Idee der Willensfreiheit selbst, übernehmen sie zwangsläufig diese Konzepte, und so wird die ganze Angelegenheit eine Art Schattenboxen gegen einen nicht vorhandenen Gegner.

Was meine ich, wenn ich von »Willensfreiheit« spreche? Ungeachtet der Tatsache, daß es sich um ein unglücklich gebildetes Wort handelt, hat es sich derartig eingebürgert, daß man nur um den Preis sprachlicher Verrenkungen darum herumkommt, es zu verwenden. »Willensfreiheit«: Damit sei gemeint, daß wir unterstellen, die Leute hätten (mehrheitlich und in mancher Hinsicht) anders handeln können, als sie es getan haben. »Mehrheitlich«: Wir geben zu, daß es psychische Konstitutionen gibt, bei denen wir nicht davon sprechen können, X habe anders handeln können, als er gehandelt hat. »In mancher Hinsicht«: Wir sagen nicht, daß es eine freie Willensentscheidung ist, ob einer atmet, was einer träumt, ob einer erschrickt und so weiter. Oft streiten wir darüber, ob eine bestimmte Handlung unter die Handlungen zu rechnen ist, die wir »frei« nennen, oder nicht. Das alles muß hier nicht ausgeführt werden, es tangiert das Grundsätzliche nicht.

Zu unterstellen, Menschen hätten auch anders handeln können, als sie es getan haben, bedeutet, daß es nicht lächerlich ist, wenn man jemandem Vorhaltungen und Vorwürfe macht, daß man jemandem nicht Unrecht tut, wenn man ihn bestraft (sondern allenfalls in bestimmten Fällen Unrecht), daß man sich zu Recht Vorwürfe machen kann, wenn man jemanden nicht vor bestimmten Dingen gewarnt hat. Auf der Unterstellung dieses Auch-anders-handeln-Könnens beruht die gesellschaftliche Konvention des Moralisierens, die Institutionalisierung des Rechts, die individuelle Konstitution des Gewissens. Eine Gesellschaft ohne die Unterstellung des freien Willens wäre nicht denkbar – oder so unterschieden von allem, was wir historisch gewohnt sind, daß wir sie nicht denken können. Verzichten können wir als handlungsleitende Unterstellung auf die Idee des freien Willens nicht.

Ist es sinnvoll, viele Gedanken darauf zu verwenden, ob es sich bei dieser Unterstellung nur um eine nützliche Fiktion handelt? Ich weiß nicht, ob jemand so weit gehen würde zu bestreiten, daß es sich dabei um eine *nützliche* Fiktion handelt. Er müßte die eben als »undenkbar« bezeichnete Gesellschaft schildern und uns schmackhaft machen. Solange er das nicht tut, können wir das auf sich beruhen lassen. Ich will auch nicht das Argument bemühen, daß die von den meisten Menschen geteilte Intuition, sie seien in oben angeführtem Sinne frei, zumindest einen evolutionären Sinn gehabt haben müsse – denn dieser Sinn verpflichtet uns schließlich zu gar nichts, ebensowenig wie die Biologie, die ein evolutionäres Schicksal ist, darum als soziales Schicksal legitimiert ist. Die Frage, ob Fiktion oder nicht, ob evolutionär bedingte Illusion oder nicht, muß keine praktische Relevanz haben, um interessant gefunden zu werden. Jedenfalls ist zu bemerken, daß auch die Idee einer nützlichen Fiktion die Gemüter verstört, und so ist denn zu fragen, ob zu Recht und durchdachterweise.

Es gibt zweifellos Menschen, denen die Vorstellung, ihre Gedanken, ihre sonstigen psychischen Vorgänge hätten ein materielles Substrat, unangenehm ist. Sie möchten mehr sein als Materie. Sie machen dabei den Fehler zu meinen, das Materielle erniedrige sie. Diese Menschen werden gerne von anderen provoziert, die sie mit Ansichten wie »Der Mensch ist doch in Wahrheit nichts als …« schockieren. Dieses Spiel ist ebensowenig sinnvoll, wie es der Streit zwischen einem Akustiker in einem Tonstudio und einem Komponisten wäre, der dort sein Musikstück aufnimmt, wenn ersterer darauf bestehen würde, die aufgenommene Musik sei »nichts weiter als« die-und-die aktuellen und potentiellen Schwingungen und die-und-die elektronischen Speicherungen, die aktuelle in potentielle und potentielle in aktuelle Schwingungen umwandeln können. Das wäre ebenso unsinnig, wie es unsinnig wäre, wenn der Komponist antwortete: »Nein, in Wahrheit ist meine Musik ...« Natürlich läßt sich das Musikstück vollständig so beschreiben, wie das der Akustiker tut, und daß er seine Arbeit zufriedenstellend tun kann, liegt genau daran, daß es sich vollständig so beschreiben läßt. Das heißt aber nicht, daß das das einzige ist, was dazu zu sagen wäre. Der Komponist wird etwas anderes betonen, etwa seine im Stück Ausdruck gewordene Auseinandersetzung mit bestimmten Traditionen der Tonalität oder was auch immer. Und dies ist ebensowenig das »Eigentliche«, sondern nur die Beschreibung des Aspekts, um den es ihm geht – für ihn ist diese Beschreibung ausreichend, um seine Arbeit tun zu können. Beide Beschreibungen, die des Akustikers und die des Komponisten, streiten nicht gegeneinander, keine reduziert das Phänomen, keine ist fundamentaler als die andere. Beide Vokabularien sind nicht voneinander ableitbar, keines enthält das andere als Teilmenge. Beide Vokabularien sind prinzipiell jedem der beiden zugänglich, wenn sie sich über einen bestimmten Umgang mit dem Stück unterhalten wollen.

Ebenso verhält es sich mit Gedanken, Stimmungen, Neigungen, Entscheidungen, Befürchtungen etc. Nichts spricht gegen die Annahme, daß solche Phänomene als Hirnvorgänge in einem neurobiologischen resp. biochemischen Vokabular einst vollständig beschrieben werden könnten. Nichts spricht für die Annahme, daß mit der Möglichkeit einer solchen Beschreibung ein Vokabular der moralischen oder eines der ästhetischen oder eines der juristischen Beschreibung solchen Verhaltens überflüssig würde. Ebensowenig spricht dafür, daß die letztgenannten Vokabularien das Wesentliche an diesen Phänomenen erfaßten, wogegen die ersteren nur die »materielle Erscheinungsform«. Es sei denn, diese Diskussion mache einen so nervös, daß er sich bemüßigt fühlte, zu diesem, sagen wir: alteuropäischen Philosophem seine Zuflucht zu nehmen.

Nun könnte einer bis hierhin mitgehen, aber dennoch einwenden, daß das naturwissenschaftliche Vokabular sich auf die Dimension der Kausalität beziehe und damit doch eine über das ihm implizite Beschreibungsinteresse hinausweisende Konsequenz habe. Wo Kausalität sei, sei nun mal keine Freiheit – wo also naturwissenschaftliches Vokabular *möglich* sei, schränke es die Möglichkeiten anderer Vokabularien ein. Ich möchte hier nicht mit den Schwierigkeiten kontern, mit denen sich der Kausalitätsbegriff in der Wissenschaft spätestens seit Hume und neuerdings wieder vermehrt konfrontiert sieht. Ich möchte auch nicht mit dem Hinweis auf Kants dritte Antinomie kontern, die ja das oben durchgeführte Argument der Aspektbezogenheit unterschiedlicher Beschreibungsvokabularien vorzeichnet.

Es gibt ein berühmtes Experiment, das eine große Rolle in der Diskussion um die Willensfreiheit spielt, das Libet-Experiment. Ich verzichte darauf, den oft beschriebenen Versuchsaufbau noch einmal nachzuerzählen, auch darauf, die Einwände zu diskutieren, die gegen das Experiment als Experiment vorgebracht worden sind. Ich nehme der Einfachheit halber an, daß das Experiment so aussagekräftig ist, wie jene voraussetzen, die sich seiner Ergebnisse als starkes Argument in der Diskussion bedienen. Sie sagen, daß das Entstehen des Bereitschaftspotentials im Gehirn vor dem Treffen eines bewußten Entschlusses, die Handlung auszuführen, zeige, daß alles Reden von der Willensfreiheit Unsinn sei. Tatsächlich zeigt das Experiment allenfalls dies: daß der Bewußtseinsvorgang, den man im Satz »Ich will jetzt das-und-das tun« wiedergeben mag, später entsteht als – ja, was? Wollen wir sagen: der Entschluß? Das Problem ist deutlich die Vermischung der Vokabularien. Das Libet-Experiment zeigt, daß das Bereitschaftspotential entsteht, bevor die Versuchsperson etwas wie ein Bewußtsein davon hat. Was hat das mit dem Thema der Willensfreiheit zu tun? Nur unter einer Voraussetzung überhaupt etwas Nennenswertes: dann nämlich, wenn man den Bewußtseinseindruck mit dem, was man in einem anderen Vokabular »Entscheidung« nennt, identifiziert. Das nun ist erstens methodisch nicht bekömmlich; es ist aber vor allem auch auf merkwürdige Weise dümmer, als wir in unserem Alltagsverstand sind. Und wenn Wissenschaft eines nicht sein darf, dann dümmer zu sein als das Alltagsräsonnement.

Empfinden wir unser Handeln als unfrei, wenn es nicht von voraufgehenden Vorstellungen, die als »Jetzt treffe ich einen Entschluß« verbalisiert werden könnten, begleitet ist? Ich mache darauf aufmerksam, daß die wenigsten unserer Handlungen von diesem Typ sind. Wenn unser Handeln so beschaffen wäre, daß jeder Bewegung ein Entschluß in diesem Sinne vorgeschaltet wäre, kämen wir nicht durch den Tag. Wir haben aber nicht den Eindruck, Routine mache uns zu Gefangenen. Auch wichtige, in der Vorstellung von Routine nicht aufgehende Vorgänge, die wir, wenn wir sie retrospektiv beschreiben, beschreiben, als wären sie von Bewußtseinsvorgängen begleitet gewesen, können sich unbewußt vollziehen, ohne daß uns das – im Alltag – irritiert.

Zwar hat Sigmund Freud mit seiner Behauptung, ein Teil unseres Seelenlebens sei stets unbewußt (wenn auch auf Grund von Indizien teilweise erschließbar), viele verstört; und auch wenn Wolf Singer auf seine Weise das Unbewußte noch einmal neu entdeckt, verstört er manche. Im Alltag aber benutzen wir dauernd unser intuitives Wissen um unbewußtes Fühlen und Denken auf ganz praktische Weise. Wir sagen bei wichtigen Entscheidungen, wir müßten sie überschlafen – wissend, daß wir oft ratlos ins Bett gehen und nach dem Aufwachen klar sehen, was wir tun sollen. Uns fällt etwas nicht ein, und wir wissen, daß es nichts nützt, sich darauf zu konzentrieren, im Gegenteil: Wir denken an etwas anderes, und prompt fällt uns ein, was wir vergessen haben. Wenn ich mit einem Vortrag nicht weiterkomme, mache ich mich an einen anderen, und nach einiger Zeit weiß ich, wie der Vortrag weitergehen muß – er hat sich »von selbst« weitergeschrieben. Oder ich gehe an meinen Büchern entlang und warte darauf, daß mir irgendein Titel ins Auge sticht. Das geschieht fast immer, fast immer hat er prima facie mit den Problemen, über die ich nachdenke, gar nichts zu tun, aber fast immer findet sich etwas darin, was mir weiterhilft. Wir alle kennen diese Beispiele, und niemand von uns käme auf die Idee, sie als Belege für etwas zu nehmen, was wir irgendwie sinnvollerweise »unfrei« nennen würden.

Wenn wir denken, erleben wir niemals jene Momente des bewußten Überlegens, des Schwankens zwischen mehreren Möglichkeiten, die manchmal – notabene: manchmal – das begleiten, was wir entscheiden nennen. Wir stehen nicht gewissermaßen vor unseren Gedanken und wählen den Gedanken aus, den wir dann anschließend denken – so wie wir manchmal vor imaginierten Handlungsmöglichkeiten zu stehen meinen. Und doch kämen wir nicht auf die Idee, unser Denken darum »unfrei« zu nennen, weil es nicht von Bewußtseinserlebnissen begleitet ist wie andere Dinge, die wir mit unserem Hirn tun. Woher kommen unsere Gedanken? Das kann niemand beantworten, ja man kann mit Fug anzweifeln, ob es sich überhaupt um eine sinnvolle Frage handelt. Jedenfalls führt die Antwort: »Aus den so-und-so beschaffenen neuronalen Prozessen«, nicht weiter, denn das, was im Sprachspiel unseres Alltags »unsere Gedanken« heißt, wird im Sprachspiel der Neurobiologie zu »so-und-so beschaffene neuronale Prozesse«, ohne daß damit Bedingungsverhältnisse bezeichnet wären, es gibt keine Kausalbeziehungen zwischen zwei Bezeichnungen. Und doch hat sich diese Redeweise eingebürgert, und es ist allein diese Redeweise, die die gegenwärtigen Aufgeregtheiten produziert.

Ich möchte dies am Beispiel eines Textes von Wolf Singer deutlich machen.[1] Singer geht von der Frage aus, ob alle mentalen Aktivitäten (Empfindungen, Kognitionen, Emotionen) Aktivitäten der neuronalen Strukturen des Gehirns seien, und bejaht diese Frage selbstverständlich. Er wendet sich dann speziell den neuronalen Grundlagen von Entscheidungsprozessen zu und beschreibt zunächst die Mechanismen unwillkürlicher Entscheidungen, die als »bloße« Gehirnaktivitäten zu verstehen uns meistens keine Mühe mache. »Aber für Entscheidungen, die auf der bewußten Abwägung von Variablen beruhen und die wir als gewollt empfinden, fordert unsere Intuition anderes. Wir neigen dazu, eine von neuronalen Prozessen

---

1  Wolf Singer, »Verschaltungen legen uns fest: Wir sollten aufhören, von Freiheit zu sprechen«, in: Christian Geyer (Hg.), Hirnforschung und Willensfreiheit, Frankfurt am Main 2004, S. 30–65.

unabhängige Instanz anzunehmen, die neuronalen Prozessen vorgängig ist.« Nun ist das eine bloße Behauptung – aber nehmen wir an, daß sie stimmt. Daß Singer die Vorstellung eines Subjektes »hinter« den neuronalen Prozessen, das sich ihrer gleichsam bedient, ablehnt, versteht sich, und ich wüßte auch nicht, wie für eine solche Vorstellung zu argumentieren wäre.

Singer geht dann zu der oben getroffenen Unterscheidung von Entscheidungen über, die vom Bewußtsein des Abwägens von pro und contra begleitet werden, und solchen, bei denen das nicht der Fall ist. Nur die letzteren, so behauptet er, verstünden wir als »frei«. Daß das nicht der Fall ist, habe ich schon dargelegt, aber darum wollen wir uns vorderhand nicht kümmern. Singer schreibt: »Die in der lebensweltlichen Praxis gängige Unterscheidung von gänzlich unfreien, etwas freieren und ganz freien Entscheidungen erscheint in Kenntnis der zu Grunde liegenden neuronalen Prozesse problematisch. Unterschiedlich sind lediglich die Herkunft der Variablen und die Art ihrer Verhandlung: Genetische Faktoren, frühe Prägungen, soziale Lernvorgänge und aktuelle Auslöser, zu denen auch Befehle, Wünsche und Argumente anderer zählen, wirken stets untrennbar zusammen und legen das Ergebnis fest, gleich, ob sich Entscheidungen mehr unbewußten oder bewußten Motiven verdanken. Sie bestimmen gemeinsam die dynamischen Zustände der ›entscheidenden‹ Nervennetze.«

Die entscheidenden Wörter lauten: »das Ergebnis festlegen«. Das ist eine sprachliche Unschärfe, die es erlaubt, ein Problem am Leben zu erhalten, das eigentlich durch die Argumentation des Textes erledigt sein sollte. Entweder ist mit dem »Ergebnis« die Handlung gemeint, die der Betreffende auf Grund seiner Entscheidung trifft. Das wäre banal, und ich könnte ebenso sagen, daß seine bewußte Entscheidung das »Ergebnis«, das heißt die dann vollzogene Handlung, »festlegt«. Oder es ist das Bewußtseinserlebnis gemeint, das die Entscheidung begleitet. Dieses aber als »Ergebnis« zu beschreiben ist ausgesprochen unplausibel. Hier würden Entscheidung und begleitender Bewußtseinsprozeß als Ursache-Wirkung-Verhältnis verstanden. Zur Beantwortung der Frage nach der Willensfreiheit trüge das gar nichts bei, weil Singer ja gerade die Auffassung kritisiert, das Bewußtseinserlebnis als Freiheitskriterium aufzufassen. Oder es ist die Entscheidung selbst gemeint, die als »Ergebnis« neuronaler Prozesse »festgelegt« wird. Aber was in aller Welt ist diese »Entscheidung« – wenn nicht die neuronalen Prozesse selber? Wenn sie in ebendiesen neuronalen Prozessen besteht – so argumentiert Singer und zu Recht –, dann hat der Satz keinen nachvollziehbaren Sinn: Die neuronalen Prozesse legen sich nicht als Ergebnis ihrer selbst fest. Wenn »die Entscheidung« aber nicht identisch ist mit den neuronalen Prozessen, dann muß sie etwas von ihnen Getrenntes sein. Das heißt, Singer muß eine Metaphysik, die er eigentlich bekämpft, wieder einführen, um zu einer deterministischen Behauptung zu kommen. Das, möchte man meinen, kann sein Ernst nicht sein: Ja, es gibt etwas – wo eigentlich? –, das nicht identisch mit den Hirnvorgängen ist, die mit dem Vokabular der Wissenschaften beschreibbar sind, aber es ist nicht frei, sondern determiniert. Ergibt das irgendeinen nachvollziehbaren Sinn? Kaum.

Singer macht hier etwas, was viele Autoren tun, denen es um ähnliches geht. Sie sprechen von »ich« und »wir«, als handelte es sich dabei nicht bloß um grammatische Formen, mit deren Hilfe es uns gelingt, selbstbezüglich zu sprechen, sondern um Instanzen oder Substanzen. Es ist erstaunlich, wie wenig Hirnforscher sich mit ihrem Gehirn identifizieren können. Nicht »wir« handelten, sondern unser Gehirn, nicht »wir« dächten, sondern unser Gehirn – oder »wir« benutzen unser Gehirn zum Denken. Alle diese schön-schaurigen Dementis unserer Freiheit verdanken sich der Fortexistenz einer dualen Sprechweise, die für mehr als eine façon de parler zu halten ja gerade kritisiert werden soll.

Wie kommt es dazu? Der Ort, wo ein solches substantialistisches Denken gepflegt wurde (allerdings auch der Ort, wo es zuerst kritisiert worden ist), ist natürlich die Philosophie. Die Philosophie ist ein akademisches Lehrfach, aber sie hat eine Besonderheit. Sie versteht sich selbst – und dies nicht seit jeher – als Grundlagendisziplin. Lange Zeit war die Theologie an diesem Platz, und die Ergebnisse anderer Disziplinen mußten sich durch den Nachweis ihrer Kompatibilität mit der Theologie legitimieren. Als die Theologie diese Bedeutung verlor, reklamierte die Philosophie, bis zu diesem Zeitpunkt als akademisches Fach eher ein studium generale, diesen Ort – in Deutschland natürlich durch die Feder Kants (der als Professor noch ebenso Logik wie Geographie lehrte) und seiner Schüler, für die dann immer mehr die reine Philosophie der einzige Lehrgegenstand wurde.

Dieser Anspruch hat einigen Widerspruch hervorgerufen – in Deutschland besonders prominent durch Herder, Wieland und, mit Maßen, Goethe –, aber dieser Widerspruch übersah zeitgebunden etwas. Die moderne Universität bildete sich heraus, und diese bildete die sich zunehmend funktional differenzierende Gesellschaft durch akademische Differenzierung ab. Zwar ist die gemeinsame Leitdifferenz der Wissenschaften die Unterscheidung wahr/falsch, aber wie diese sich jeweils ausprägt, welche Wahrheitskriterien jeweils aufgestellt werden, ist Sache der Einzeldisziplinen. Man kann zwar in der Philosophie Wissenschaftstheorie betreiben, aber es ist für die Medizin oder die Physik ganz belanglos, was dabei herauskommt. Anders gesagt: Die Philosophie konnte den Anspruch auf eine Grundlagendisziplin darum erheben, weil ihn niemand außerhalb des philosophischen Seminars überhaupt zur Kenntnis nehmen mußte.

Zuweilen erleben wir die – im Grunde vormoderne – Ambition anderer akademischer Disziplinen, eine Grundlagendisziplin zu werden. Eine Weile war das die Physik. Woran merkt man diesen Anspruch? Nicht daran, daß ein Physiker behauptet, alles (oder doch wenigstens einiges), was andere Wissenschaften mit ihren Vokabularien beschreiben können, mit dem eigenen auch beschreiben zu können. Das ist nichts Besonderes. Nein, man merkt es daran, daß Vertreter dieser Anspruchsdisziplinen anfangen, sich mit Philosophie zu beschäftigen. Sie sagen dann, sie hätten die Antworten auf die Fragen, die dort – ohne zufriedenstellendes Ergebnis – seit Jahrhunderten behandelt werden. Wenn dieser Anspruch erhoben wird, gibt es Schlagzeilen. Fragen wir uns nicht seit Jahrtausenden, ob der Zufall Realität hat oder nur eine subjektive Täuschung ist, weil wir nicht den richtigen Überblick haben? – Einstein sagt, Gott würfele nicht. Hat nicht schon Augustinus gesagt, er wisse wohl, was Zeit sei, könne es aber nicht sagen? – Stephen Hawking kann es! Und wie ist es mit dem freien Willen? Hume hat dies gesagt, Kant jenes, Schopenhauer wieder etwas eigenes – aber jetzt kommt die Neurobiologie und sagt, wie es sich in Wirklichkeit verhält.

Das Kuriose dabei ist, daß in dieser Weise ambitionierte Akademiker den Anspruch der Philosophie zunächst ernst nehmen müssen, um ihn dann vehement bestreiten zu können. Sie machen sich ferner von der Art der Problembehandlung abhängig, die sie im philosophischen Seminar vorfinden, genauer gesagt: die Art der Problembehandlung, die sie in Büchern gelesen haben, die ihnen mehr oder weniger zufällig in die Hände geraten sind, und die sie für die allgemein gängige halten. Denn die Unkenntnis der philosophischen Tradition ist ja bei diesen Texten oft mit Händen zu greifen. Es ist ein unausweichliches Ergebnis der modernen Wissensdifferenzierung und -akkumulation, daß jemand jenseits seines Faches nur selektiv unterrichtet sein kann. Man kann sehr wohl fachübergreifend reden und argumentieren, muß aber aufpassen. Ein solches Aufpassen paßt allerdings schlecht mit der Ambition auf Grundlagendisziplin zusammen. So kommt es, daß Texte, die eine solche Ambition zum Ausdruck bringen, oft vor allem die mangelnde Bildung ihres Verfassers offenbaren. Die Erkenntnisse seines Faches werden dann in einer Weise unterkomplex und oft beinahe naiv zubereitet, wie es jemandem, der die entsprechende Diskussion in den letzten, sagen wir: 250 Jahren Philosophiegeschichte einigermaßen kennt, nie passieren würde. Aber das nur nebenbei.

Da ich nun erstens – mit Philosophen wie David Hume, Ludwig Wittgenstein und Richard Rorty – der Meinung bin, daß es bestimmte Fragen nur darum gibt, weil sie in den philosophischen Seminaren, befeuert von der Ambition der Grundlagendisziplin, am Leben erhalten werden, und zweitens meine Ambitionen nicht dahin gehen, einen philosophiehistorischen Allroundblick zu simulieren, will ich wieder zu der Frage zurückkehren, was wir eigentlich meinen, wenn wir über unsere Freiheit reden. Mit »wir« meine ich die von Singer angesprochene »lebensweltliche Praxis« ebenso wie jene gesellschaftlichen Funktionssysteme, in denen das Reden von Freiheit eine Rolle spielt, wie etwa das Recht. Ich meine, daß das genaue Betrachten dieses Redens und der mit ihm verbundenen Praxis der Weg ist, die Probleme zu lösen oder wenigstens debattierbar zu machen.

Wann fühlen wir uns frei? Ich bin auf ein merkwürdiges Beispiel der Beschreibung von Sich-unfrei-Fühlen in einem Buch von Gerhard Roth gestoßen. Er erzählt von dem ärgerlichen Fall, ein fertiggeschriebenes Manuskript nicht mehr finden zu können. Termingenötigt schrieb er den Text ein zweites Mal, fand dann das verlorene Manuskript wieder – verglich und stellte fest, daß die beiden Texte sich voneinander nicht sonderlich unterschieden. Ich glaube, er verwendete das Wort »peinlicherweise«. Vielen ist so was schon passiert, mir auch. Mein Gefühl war anders, und ich glaube Roth sein Gefühl nicht. Was wäre denn, wenn der Text ganz anders ausgefallen wäre? Hätte er das als Ausweis seiner Freiheit aufgefaßt? Kaum. Er wäre zutiefst erschrocken gewesen über den Nachweis seines inkonsistenten Denkens. Was denken Sie über einen, der Ihnen heute von Shakespeare vorschwärmt und morgen *Macbeth* für einen langweiligen Schmarren erklärt? Sie werden herauszufinden versuchen, ob er vielleicht mit einer unkonventionellen Bewertung Aufsehen erregen will, aber wenn er dann sagt: ebenso blöd wie der *Lear*, werden Sie das nicht respektvoll als einen Ausweis seiner Freiheit im ästhetischen Urteilen auffassen, sondern fragen, was für eine Macke er hat.

Wir erwarten von unseren Mitmenschen das, was wir auch von uns erwarten: daß wir einigermaßen konsistent handeln. Wir sind nicht der Meinung, daß jemand, der plötzlich unkontrolliert zuckt, von seiner Freiheit Gebrauch macht, ebensowenig wie wir das von jemandem sagen würden, der seine Ansichten wechselt wie das Hemd. Wir gehen davon aus, daß man Menschen kennenlernen kann, das heißt, daß man bis zu einem gewissen Grade wird voraussagen können, wie ein Mensch unter den-und-den Umständen handelt. Stellen wir uns vor, jemand wäre in der Lage, einen Roboter zu bauen, der einem bestimmten Menschen gleicht, und zwar inklusive Emotionen und der Möglichkeit, sich frei zu entscheiden (was immer das auch bedeuten mag). Wir kennen das Vorbild, sagen wir: Peter I, und wir kennen den Roboter, Peter II. Peter I liebt Bach, verabscheut Wagner und ist Vegetarier. Peter II entwickelt sich zu einem regelmäßigen Bayreuth-Besucher und entwickelt eine Vorliebe für Steaks. Der Konstrukteur, dem wir unsere Verwunderung darüber mitteilen, sagt uns, Peter II mache von seiner Freiheit Gebrauch. Wir sagen: Peter II ist entweder schlecht konstruiert oder kaputt.

Die moderne Hirnforschung zeigt uns, wie wir im Laufe unseres Lebens zu dem werden, was wir sind. Sie sagt uns dabei nichts, was grundsätzlich neu wäre. Wenn wir unter »Freiheit« verstehen würden, daß Menschen handelten, als hätten sie eingebaute Zufallsgeneratoren, würden wir die Freiheit nicht schätzen, und sie wäre ein Synonym für eine gravierende psychische Störung. Niemand, jedenfalls niemand, der recht bei Troste gewesen ist, Philosoph oder nicht, hat »Freiheit« jemals so verstanden. Sagen wir es ganz pointiert: Die Bedeutung von »Willensfreiheit« ist niemals die Unterstellung, jemand könne oder solle handeln, als wäre er nicht er selbst oder jemand anderes. Und damit sind wir bei dem Sinn, den unser Alltagsverständnis der Vorstellung von Willensfreiheit gibt: daß man handeln kann, wie man selbst handeln möchte. So hat es auch schon Voltaire formuliert: »Freiheit ist das Vermögen, etwas zu tun, was man will.« »Willensfreiheit« ist darum ein so mißliches Wort, weil es das Wollen in zwei getrennte Vermögen zu zerlegen scheint, gewissermaßen ein Vordergrund- und ein Hintergrundwollen. Aber schon (und vermutlich nicht erst) Schopenhauer hat sich über die Vorstellung, etwas wollen zu wollen, lustig gemacht.

Freiheit meint Autonomie. Freiheit heißt nicht handeln, als wäre ich nicht ich selbst, sondern anders handeln zu können als jemand anderes. In unserem Gefühl ist Freiheit durchaus verträglich mit dem Gefühl, zu irgend etwas genötigt zu sein – wenn nur ich selbst es bin, der da nötigt. Die Formel, in der wir unsere Autonomie und unsere Freiheit zur Deckung bringen, heißt bezeichnenderweise: »Hier stehe ich, ich kann nicht anders.« Ein jeder vergegenwärtige sich Situationen, in denen er wichtige Lebensentscheidungen getroffen hat. Wann trat das Gefühl auf, wirklich frei entschieden zu haben? In einer Situation, wo man zwar irgendwann sagte: »Ich habe mich entschieden, so soll es sein«, aber insgeheim immer noch von dem Gefühl (man achte auf das Wort) umgetrieben wurde, es könnte vielleicht doch klüger sein, es anders zu machen, oder dann, wenn man zu sich selber sagte: »Nur so geht es, etwas anderes kommt gar nicht in Frage!«? Ich denke, jeder wird dieselbe Antwort geben. Was tut es hinzu, zu erwähnen, daß dies »Wollen«, »die Entscheidung«, wie immer wir es nennen wollen, im Gehirn stattfindet? Wo denn sonst? Was tut es hinzu, daß sich dies »Wollen«, »die Entscheidung«, wie immer wir es nennen wollen, als eine Abfolge neuronaler Prozesse beschreiben läßt? Nichts.

Warum aber sind Aufsätze, in denen diese merkwürdigen philosophischen Scheingefechte über die Willensfreiheit ausgetragen werden, imstande, uns zu irritieren? Der Mensch ist, wie wir wissen, nicht in der Lage, mit allen seinen Fähigkeiten und Beschränkungen sich abzufinden oder zwanglos umzugehen. Kinder haben einen magischen Weltbezug – das gewöhnen wir uns meistens ab, aber wenige Erwachsene können aufrichtig von sich sagen, nicht abergläubisch zu sein. Wir wissen spätestens, wenn wir Fremdsprachen lernen, daß bei Wörtern Lautgestalt und Semantik nichts miteinander zu tun haben. Ob Mond, moon, la lune – gleichviel. Und doch sind wir versucht, wenn uns jemand nicht versteht, weil er unsere Sprache nicht spricht, besonders laut oder deutlich zu sprechen, als könnte sich der Sinn durch die Akustik vermitteln. Wir haben eben das Sprechen zu einer Zeit gelernt, als wir noch magisch dachten und empfanden, und diese Koppelung ist nur intellektuell, nicht emotional aufzulösen. Warum nun gehen wir mit dem psychischen Vorgang »entscheiden« anders um als mit dem psychischen Vorgang »denken«? Daß unsere Gedanken frei sind, zweifeln wir in der Regel nicht an. In der Regel: Zuweilen bekomme ich Briefe von Leuten, die darüber klagen, daß ihre Gedanken von Geheimdiensten manipuliert werden, und ich möge doch meine Beziehungen (welche immer das sein mögen) einsetzen, damit diesem Verbrechen Einhalt geboten werde. Wenn uns jemand das sagt, wissen wir: Der Betreffende hat eine gravierende psychische Störung. Ein Alkoholiker trinkt nicht nur zu viel, er bekommt es auch irgendwie nicht hin, sich zu entscheiden aufzuhören – das heißt, er entscheidet sich dauernd aufzuhören, aber setzt diese Entscheidung nicht um bzw. entscheidet sich immer wieder anders. Auch denkt er dauernd an Alkohol, er sieht auf die Uhr, ob die Läden noch offen sind, und wenn es zu spät ist, ob er an der Tankstelle oder am Bahnhof noch was kriegt. Diese Gedanken empfindet er als »zwanghaft«, und Jack London spricht vom »Dämon Alkohol«, als wäre der eine Person, die dem Alkoholiker die Gedanken und das Wollen aufzwingt. Auch hier, bleiben wir noch beim Denken, ist das Gefühl von Unfreiheit mit dem Gefühl, nicht autonom zu sein, verbunden.

Wenn man uns erzählt, Bilder, die in Filmen so kurz auftauchen, daß sie bewußt nicht wahrgenommen werden, könnten unsere Gedanken auf den Erwerb irgendwelcher Waren lenken, beunruhigt uns das: Wir fühlen uns manipuliert. Wir neigen auch dazu, politische Propaganda als »Fremdbeeinflussung« zu verstehen und diejenigen, die auf Grund politischer Propaganda auf eine bestimmte Weise handeln, als unfrei zu verstehen. Ob das gerechtfertigt ist, will ich hier nicht diskutieren (ich meine, daß jemand, der einem politischen Slogan folgt, das tut, weil er ihm einleuchtet, nichts weiter). Aber wir meinen doch, daß irgendwie ein Unterschied gemacht werden sollte zwischen So-und-so-Handeln, weil man einleuchtende Argumente gehört hat, und So-und-so-Handeln, weil man indoktriniert worden ist. Ich will gar nicht dafür plädieren, diese Unterscheidung aufzugeben, obwohl sie meist künstlich ist und in apologetischer Absicht gemacht wird. Daß wir sie aber überhaupt machen, zeigt, daß wir ein »freies« Denken von einem »unfreien« unterscheiden und letzteres als heteronom auffassen.

Daß die Unterscheidung so schwierig zu machen ist, liegt daran, daß wir Handeln auf Grund von Argumenten und Handeln auf Grund von Propaganda nur durch die Analyse der gesamten Situation unterscheiden können, nicht aber auf Grund irgendeiner Art von innerem Erleben. Wir können einen Fanatisierten wie einen Besessenen beschreiben, und wir können einen Indoktrinierten fragen, warum er glaubt, was er glaubt, und wenn er dann anfängt zu stottern, sagen, daß er nicht auf Grund einleuchtender Argumente glaubt, was er glaubt, denn sonst könnte er ja Auskunft geben.

Beim Entscheiden ist das anders. Wir kennen Situationen, in denen wir unentschieden waren, in denen wir geschwankt haben, wir haben nachts wach gelegen und wußten nicht, was tun. Darum fragen wir nach Entscheidungen anders als nach Gedanken. Wir fragen nie: »Warum hast du das gedacht?«, sondern: »Warum meinst du, daß das richtig ist?« im Sinne von: »Warum meinst du, daß ich das auch für richtig halten soll?« Bei Gedanken unterscheiden wir Genesis und Geltung, und nur in besonderen Situationen der Neugier fragen wir: »Wie bist du denn darauf gekommen?« – bezeichnenderweise wissen wir dann nicht, wie eine Antwort darauf aussehen könnte. Wenn sich jemand entscheidet, etwas zu tun, fragen wir: »Warum hast du dich so entschieden?« Obwohl wir es aus eigener Erfahrung besser wissen, tun wir so, als fielen hier Genesis und Geltung zusammen, als würden wir, wenn wir unser Handeln mit guten Gründen zu rechtfertigen versuchen, die Entscheidungssituation rekonstruieren. Wir neigen dazu, so zu tun, als würden wir auf Grund von Gründen entscheiden, weil in einigen Lebenssituationen unser Entscheiden tatsächlich vom bewußten Erwägen von Gründen begleitet ist. Wir tun uns schwer damit, zu sagen: »Ja, bis gestern abend wußte ich nicht, was tun, aber heute morgen war mir klar: So muß es gehen!« – jedenfalls schieben wir einer solchen Auskunft sogleich eine Reihe von Gründen nach, die uns angeblich genötigt hätten, so und nicht anders zu handeln.

Das ist ja im allgemeinen ganz in Ordnung. Unser Handeln betrifft andere, und wir müssen über unser Handeln in dieser Hinsicht Auskunft geben können: Warum sollen andere unsere Entscheidungen hinnehmen? Wir stiften eine gewisse Gemeinsamkeit, wenn wir so tun, als wäre unsere Entscheidung in Hinsicht auf diese Zumutbarkeit gefallen. Es würde unfreundlich und rücksichtslos klingen, wenn wir sagten: »Ich habe halt entschieden, wie ich entschieden habe – für dich gibt es nun folgenden Grund, das ohne Murren hinzunehmen ...«

Wir möchten lieber anders reden und anders angeredet werden. Wir möchten nicht bloß hören, daß das, was der andere tut, auch in meinem Interesse ist, sondern daß er tut, was er tut, *weil* das auch in meinem Interesse ist.

Es handelt sich hier um eine façon de parler, die im Interesse unseres sozialen Zusammenhalts ist und darum schlecht aufgegeben werden kann. Daß unser eigenes Wollen der Rechtfertigung bedarf, die scheinbar die Rekonstruktion eines inneren Vorgangs ist, muß übrigens gelernt werden. Sie werden feststellen, daß kleine Kinder eine Frage nach dem Warum ihres Wollens zunächst nicht verstehen, auch wenn sie sonst schon recht gut sprechen können. »Warum hast du das gemacht?« »Weil ich es wollte!« – das ist eine Standardsequenz, und die Nachfrage: »Warum wolltest du das?« wird zunächst immer mit dem erstaunten »Weil ich es eben wollte!« beantwortet. – Im Grunde sind Kinder damit realistischer, wenn auch sozial inkompetent. Sie wissen noch, daß die Frage nach dem Warum ihres Wollens sinnlos ist, und wissen auch noch intuitiv, daß sie, wenn sie bestraft werden, nicht für ihre Handlungen bestraft werden, sondern für das, was sie sind.

Dieser Gedanke mißfällt uns irgendwann, und Menschen, die ihn vortragen, gelten als inhuman. Jemand, der ganz entschieden dieser Ansicht war, war Arthur Schopenhauer. Wenn Menschen sich entscheiden, wie sie sich entscheiden, tun sie das vollständig determiniert auf Grund ihres Charakters. Wenn sie für ihr Handeln bestraft werden, dann für das, was sie sind. Strafen ist darum sinnvoll, weil die Strafdrohung einschüchterbare Charaktere einschüchtert. Nichts anderes sagt übrigens Singer. Interessanterweise kommt der Determinist Schopenhauer zu derselben Auffassung wie der Philosoph, von dem der Satz stammt, wir seien zur Freiheit verurteilt, Jean-Paul Sartre. Nach Schopenhauer enthüllt sich der Charakter im Handeln (»an dem, was wir thun, erkennen wir, was wir sind«), nach Sartre entwirft er sich im Handeln und transzendiert, was er bisher war. Aber tatsächlich tut der Handelnde stets beides: Er entscheidet demgemäß, was er bisher ist (und enthüllt es dem Beobachter), und fügt sich und die Welt neu zusammen: ein Ineins von Notwendigkeit und Freiheit.

Und so ist es denn doch gar nicht so merkwürdig, daß Schopenhauer und Sartre – trotz der Unterschiedlichkeit ihrer philosophischen Systeme – in dem Gedanken konvergieren, daß der Mensch verantwortlich ist für das, was er *ist*. Das »Werk unserer Freiheit«, so Schopenhauer, hätten wir »im ganzen Seyn und Wesen (*existentia et essentia*) des Menschen selbst zu suchen [...], welches gedacht werden muß als seine freie That«;[2] bei Sartre heißt es: »Der Mensch ist nichts anderes als das, wozu er sich macht [...] der Mensch wird zuerst das sein, was er zu sein entworfen haben wird. Nicht, was er sein will. Denn was wir gewöhnlich unter wollen verstehen, ist eine bewußte Entscheidung, die bei den meisten von uns erst später gefällt wird, von demjenigen, zu dem sie sich selbst gemacht haben [...] Der Mensch [ist] für das, was er ist, verantwortlich.«[3]

Darum übrigens zielt Moral immer auf den ganzen Menschen, und daraus resultiert das, was Niklas Luhmann ihre »polemogene Funktion« nennt. Moralische Kritik richtet sich eben nicht nur auf das, was einer tut oder getan hat, sondern auf den Menschen, der die Tat begangen hat. Das heißt nicht, daß der moralische Tadel die ganze Person verwirft, aber man kann den gravierenden Unterschied zwischen der Kritik an einer technisch mißlungenen und einer moralisch falschen Handlung nicht leugnen. Wenn ich wegen der falschen Handhabung einer Maschine getadelt werde, so mag ich mich vielleicht schämen, daß ich so tolpatschig bin, aber ich werde keine Schuldgefühle empfinden. Die Kritik bleibt auf die Handlung und ihre mangelhafte Ausübung beschränkt. Wenn ich aber versäumt habe zu üben und durch die fehlerhafte Handhabung Menschen gefährde, werde ich moralisch kritisiert, und die Kritik richtet sich nicht nur auf die einzelne Handlung, sondern auf mich als Person: als Person, die zu faul war zu üben, die sich über die möglichen Folgen der Handlung keine

2 Arthur Schopenhauer, »Preisschrift über die Freiheit des Willens«, in: ders., Werke in zehn Bänden, Bd. 6, Zürich 1977, S. 137.
3 Jean-Paul Sartre, »Der Existenzialismus ist ein Humanismus«, in: ders., Philosophische Schriften I, 4, Reinbek 1994, S. 121.

Gedanken gemacht hat, vielleicht sogar als Person, für die Menschenleben keinen genügend hohen Wert darstellen. Nicht meine Handlung allein, ich selbst stehe in Frage. Und wenn ich auf die moralische Kritik antworte – indem ich sie akzeptiere oder indem ich sie zurückweise, indem ich aber auf jeden Fall mein »Gewissen sprechen« lasse –, gebe ich Auskunft über mich als Person.

So in der Moral, aber in modernen Gesellschaften sind Recht und Moral voneinander geschieden, aus guten Gründen. Ein Gericht beurteilt eine Handlung, eine Person nur in besonderen Fällen. Die Existenz von Gerichten setzt die Unterstellung voraus, daß jemand anders hätte handeln können, als er gehandelt hat. Singer nennt es »eine triviale Erkenntnis«, »daß eine Person, tat, was sie tat, weil sie im fraglichen Augenblick nicht anders konnte – denn sonst hätte sie anders gehandelt«. Nun, non sequitur: Daß jemand gehandelt hat, wie er gehandelt hat, beweist natürlich überhaupt nicht, daß er nicht anders handeln konnte, sondern allein, daß er nicht anders handeln wollte. In den unerquicklichen Unfug vom »wollen wollen« wollen wir uns bitte nicht wieder hineinbegeben.

Das Strafrecht ist kein Kommentar zur Metaphysik des Willens. Die Strafzwecktheorie kann und sollte ganz freigehalten werden von philosophischen Turnübungen. Man straft, um abzuschrecken, und niemand, der bei Trost (und ehrlich mit sich selber) ist, bestreitet die Wirksamkeit der Abschreckung, auch wenn wir in der Regel nur die Fälle kennenlernen, wo sie versagt hat. Wir verbinden zudem mit der Strafe einen Resozialisierungsauftrag – ich ziehe es vor, es die sittliche Notwendigkeit zu nennen, die demoralisierende Wirkung längerer Gefängnisaufenthalte irgendwie zu kompensieren. Schließlich ist Strafe unser kultureller Ausdruck dafür, daß eine Norm gültig ist und daß im Falle ihrer Verletzung das Fortbestehen ihrer Gültigkeit demonstriert wird. Wenn das Strafrecht von der »Schwere der Schuld« spricht, um in einem konkreten Fall das Strafmaß zu finden, so spukt darin ebenfalls längst keine Metaphysik oder Theologie mehr. Wir bringen damit zum Ausdruck, wie und in welchem Maß wir die zu bestrafende Tat empörend finden.

Das Gericht ist zudem der Ort, an dem folgenreich über Verantwortlichkeit gestritten werden kann. Auch hier wird über Freiheit geredet, aber immer in einem konkreten und nicht in irgendeinem grundsätzlichen Sinn, der uns auf einen philosophischen Diskurs verpflichten würde. Wenn jemand mit vorgehaltener Pistole dazu gezwungen wird, etwas Ungesetzliches zu tun, nennen wir sein Handeln »unfrei«, was genaugenommen nicht zutrifft – er ist ja frei, sich erschießen zu lassen. Aber wenn wir sein Handeln dennoch »unfrei« nennen, bringen wir damit zum Ausdruck, daß wir ihm eine solche Entscheidung nicht zumuten wollen. Ein anderes Reden über Freiheit und Unfreiheit hat mit der Unterstellung einer gewissen Normalität zu tun. Diese Vorstellung von »Normalität« ist diffus, alltagsentlehnt (wenn auch nicht mit dem Alltagsgebrauch identisch) und muß nicht präzisiert werden. Wir beurteilen das Verhalten von Menschen, die unter einer Intoxikation stehen, anders als das nüchterner Menschen. Wir beurteilen Menschen vor dem Hintergrund ihrer Lebenswege und sind geneigt, in Rechnung zu stellen, daß bestimmte Benachteiligungen es manchen besonders schwer machen, gesetzeskonform zu handeln. Auch in diesen Fällen haben wir das Gefühl, mit unseren Zumutungen nicht zu weit gehen zu dürfen.

Über all diese Fälle wird gestritten, und wer einen solchen Streit vor Gericht mitbekommt, stellt fest, daß das Beantworten philosophischer Grundsatzfragen diesen Streit gar nicht tangiert. Mit welchen Argumenten der Streit ausgetragen wird, ändert sich im Laufe der Zeit und ist abhängig von sehr unterschiedlichen Modifikationen dessen, was man allgemein für recht und billig hält, welche Wissenschaften vom Menschen in und außer Mode kommen und so weiter. Ganz gewiß kann die Neurobiologie einiges dazu beitragen, aber sie kann nicht grundsätzlich etwas daran verändern. Es kann sein, daß wir zu bestimmten Taten und Tätern auf Grund neuerer Einsichten anders Stellung nehmen als vorher, aber letztlich gibt das Reden über Verantwortlichkeit vor Gericht niemals Auskunft über die Freiheit des menschlichen Wollens schlechthin, sondern über Unterschiede, die wir bei der Zumutbarkeit gesetzeskonformen Handelns machen wollen. Dabei geht es um

Unterscheidungen für den Einzelfall, nicht um die Frage eines so oder so beschaffenen Menschenbildes.

Wer meint, die Neurobiologie könne das Strafrecht auf ein ganz anderes wissenschaftliches Fundament stellen, hat das Funktionieren moderner Gesellschaften nicht verstanden. Denn das Strafrecht ruht auf überhaupt keinem wissenschaftlichen (oder philosophischen) Fundament, sondern beruht auf den Unterscheidungen, die sein spezifisches Vokabular erlaubt, in der Welt zu treffen.

# Täterstrafrecht und der Anspruch
## des Opfers auf Beachtung

Vorweg gesagt: Ich meine, daß im deutschen Recht, so wie ich es überblicke, an der »Rolle des Opfers im Strafrecht« nichts grundsätzlich verbessert werden muß. Gleichwohl ist es von Nutzen, einmal (noch einmal, einmal wieder) grundsätzlich zu werden in dieser Hinsicht, und zwar aus einem bestimmten Grunde. Es gibt eine notwendige Spannung zwischen dem »Opfer« als theoretischer Größe im Straf- und Strafprozeßrecht – dem »Verletzten«, so der Terminus – und dem, krude ausgedrückt: empirisch vorhandenen Opfer, real, als Stimme in der Öffentlichkeit und als imaginierte Größe in der Kriminalpolitik.

Teil des Strafverfahrens ist die Definition der Tat. Das Verfahren macht den Angeklagten, wird er schuldig gesprochen, zum Täter und definiert, was für ein Täter er ist. Der Verletzte wird so zum Opfer einer bestimmten Tat. Man könnte meinen, das Verhältnis sei symmetrisch, die Tat definiere beide, den Täter wie das Opfer. Aber der Begriff »Tat« ist täterlastig. Ob sich der Verletzte am Ende des Prozesses als Opfer einer schweren Körperverletzung oder als Opfer eines Mordversuchs wiederfindet, hat mit Zuschreibungen zu tun, die den Angeklagten sive Täter betreffen, nicht den Verletzten/das Opfer. Sehr simpel: Ob etwas eine Körperverletzung oder eine schwere Körperverletzung oder versuchter Totschlag ist, darüber befindet das Gericht in Hinsicht auf den Täter; das Empfinden dessen, der verletzt worden ist, hat keine Definitionsmacht (wenn auch das, was der Verletzte sagt, seinen Teil zur abschließenden Tatdefinition beiträgt). Der Angeklagte bzw. sein Verteidiger kann sich in den Definitionsprozeß einmischen, und zwar durch Selbstdarstellung und Selbstbewertung. Er kann sagen: »Ich habe nicht …«, oder: »Ich bin anders …«, oder ähnliches, es geht um ihn, seine Selbstdarstellungsmöglichkeiten sind umfangreich. Der Verletzte tritt als Zeuge auf, als Teil des Tatgeschehens. Darüber hat er – wahrheitsgemäß – zu berichten. Im Grunde hat es sich damit. – Notabene, ich spreche darüber, wie es »rein theoretisch« ist.

Wir wissen, daß die Erwartungen von »Opfern« und »Opferanwälten« zuweilen weit darüber hinausgehen. Und wir wissen, daß da vieles unberücksichtigt auf der Strecke bleiben muß. Das betrifft zumeist das Strafverfahren und das Strafverfahrensrecht, manchmal aber werden auch das Strafrecht und seine Grundsätze in Frage gestellt, jedenfalls in Teilen, aber auch dann manchmal so, daß es auf einmal ums Ganze geht. Der extremste Fall ist, wenn die Frage erhoben wird, ob bei bestimmten Delikten die Beweispflicht nicht umzukehren sei, sprich: nicht dem Angeklagten seine Schuld zu beweisen sei, sondern der Angeklagte seine Unschuld zu beweisen habe, zuweilen in Verbindung mit der Überlegung, ob der Grundsatz, der Zweifel habe zugunsten des Angeklagten den Ausschlag zu geben, bei manchen Delikten nicht aufgegeben werden müsse. Motiv eines solchen Ansinnens ist, daß dem Verbrechensopfer irgendwie Genugtuung werden müsse – ich lasse die verdutzte Frage beiseite, worin in aller Welt denn hier die »Genugtuung« liege. Käme man solchem Wunsch nach, würde in Kauf genommen, daß möglicherweise ein Unschuldiger verurteilt wird – was unser Rechtsdenken auf den Kopf stellen würde. In dieser Überlegung liegt schon ein Gutteil der Antwort auf die Frage, was es heiße, daß unser Strafrecht ein Täterstrafrecht sei.

Es ist nicht so, daß auf diese Weise das Strafrecht den Täter schützt. Es schützt vielmehr jeden von uns davor, ohne zureichende Verfahren zu Tätern gemacht zu werden. Es schützt den Bürger vor dem Staat; es schützt uns davor, daß die staatlichen Organe in den Dienst von Verdachtsträgern genommen werden.

Unter »Verbrechen« verstehen wir die mit Strafe sanktionierte Verletzung einer Verhaltensnorm. Die Verletzung zieht die Strafe ebenso nach sich, wie die Strafe (die Strafandrohung) die Verletzung zum Verbrechen macht. Manchmal wird letzteres als Kritik an der Praxis des Strafens vorgebracht, aber aus der Formel, die Strafe mache das Verbrechen, folgt ja nicht die Beliebigkeit der verbrechensdefinierenden Strafsetzung.

»Täterstrafrecht« heißt, daß es um diese *Verletzung* geht (und zunächst nur um diese) und um den *Verletzenden*. Wir müssen nicht fragen, was es mit der Norm auf sich hat, daß wir ihre Verletzung nicht hinnehmen möchten – das ist Politik, Gesetzgebung und alles, was da hineinspielt. Und die Verletzung interessiert uns zunächst auch nur als solche. Darum ist der § 211 Strafgesetzbuch mit der Formulierung »Mörder ist, wer ...« auch ein Fremdkörper in unserem Recht. Nicht, wann und wie diese Formulierung ins Gesetzbuch gekommen ist, nicht die Differenzierung zwischen Totschlag und Mord ist das Problem, sondern die Kennzeichnung eines Täters statt einer Tat.

Durch die Tat charakterisieren, besser: definieren wir den Täter, nicht durch Annahmen über den Täter die Tat. Damit sprechen wir nur über das, was er hinsichtlich der Tat ist. Das gilt auch dann, wenn wir nach etwas wie »Tatmotiven« fragen. Es geht immer um die Analyse der Tat und ihrer Umstände, ihrer Vor- und Nachgeschichte, aus der – irgendwie – das Bild des Täters gewonnen wird. Verurteilt wird der Täter nicht, weil er so oder so ist, sondern weil er dies (und nicht jenes) getan hat. Das ist die gedankliche Systematik, die hinter unserer Idee von Strafrecht steht.

Diese aus einer Moraltheorie abzuleiten, wie es nicht selten geschieht, ist insofern problematisch, als die Unterscheidung von Recht und Moral zu unserem Rechtsverständnis gehört (wenn das auch sehr vielen Leuten nicht bewußt ist). Trotzdem kann man sagen, daß in unserem Rechtsverständnis die Normverletzung selbst der Schaden ist, nicht der Schaden, der aus ihr folgt. Sagen wir es drastischer: Ein Mörder (jemand, der einen Mord begangen hat) wird nicht verurteilt, weil er Leid zugefügt hat – einem Menschen, seinen Angehörigen –, sondern weil er nicht durfte, was er tat. Man kann anderen Menschen sehr viel Leid zufügen und dabei keine strafbewehrte Norm übertreten.

Was unter Strafe stehen soll und wie, ist eine Frage der Politik, der politischen Kultur, der Moralauffassung, die sich in der Öffentlichkeit durchsetzt und politisch wirksam wird. Instruktiv ist, was man da »Wandel der Rechtsauffassung« nennt. Lange war in juristischen Seminaren der Fall des fiktiven Körperverletzers, der zu seinem Opfer zurückkehrt und ihm die Brieftasche raubt, weshalb ihm nun erst eine empfindliche Strafe droht, ein gern belachtes Beispiel dafür, daß Vermögensdelikte unter Umständen höhere Strafen nach sich zogen als Übergriffe auf den Körper. Da hat sich allerlei geändert, und wir können auch sagen, warum. Eine Nachkriegsgesellschaft, eher gewöhnt an körperliches Leid, sucht, wieder zu Wohlstand zu kommen, und Vermögensdelikte wirken, sagen wir: schmerzhafter. Ist man zu Wohlstand gelangt, wirken Vermögensdelikte nicht mehr existenzgefährdend – sei es nun tatsächlich, sei es als Angriffe auf die individuelle oder kollektive Werthierarchie –, Angriffe auf den Körper werden aber zunehmend als fremd, gar barbarisch wahrgenommen. Die Strafandrohung paßt sich den geänderten Wahrnehmungen an. Man denke, wie lange die Vergewaltigung in der Ehe nicht nur straffrei war, sondern das, was wir heute so nennen, so nicht bezeichnet und verstanden wurde – außer von Außenseitern/Außenseiterinnen, deren Ansichten irgendwann aber mehrheitsfähig wurden.

Die Debatten, die zu solchen Veränderungen führen, spielen sich wie gesagt in der Öffentlichkeit und in der Politik ab, es sind letztlich moralische Debatten. Aus solchen Debatten werden eventuell politische Entscheidungen, sie ziehen Gesetzgebungsverfahren nach sich, und am Ende werden deren Resultate Gesetz (oder eben nicht). Sind sie das einmal geworden, spielt ihre Entstehungsgeschichte keine Rolle mehr.[1]

Die Idee eines Strafrechts, das heißt die Verweisung von gewaltsamen oder gewaltheischenden Konflikten an das staatliche Gewaltmonopol, zielt auf innergesellschaftlichen Frieden. Der Strafprozeß löst die Praxis der Vergeltung durch das Verbrechensopfer oder durch seine Angehörigen ab. Daß sich ein Verbrechensopfer um seine eigene Angelegenheit – vor-

---

1 Wie alles leidet das gewisse Ausnahmen. Zuweilen kann bei Urteilsbegründungen auf etwas wie den »Geist des Gesetzes« oder die »Intentionen des Gesetzgebers« zurückgegriffen werden, um eine bestimmte Gesetzesauslegung so oder so zu begründen. Aber das sind Plausibilitätskonstruktionen, die mit der tatsächlichen Empirie des Zustandekommens eines Gesetzes wenig zu tun haben (müssen). Aber auch das können wir beiseite lassen.

zugsweise gewalttätig – kümmert, steht seinerseits unter der Androhung staatlicher Gewalt. Das weiß man, damit läßt sich in der Regel leben, aber trotzdem gibt es immer mal wieder Fälle, wo der Versuch, »das Recht in die eigene Hand zu nehmen«, mit einer gewissen Sympathie betrachtet wird. Das kann seine Ursache in einem Mißtrauen gegen »den Staat« generell haben, vor allem aber liegt es an der Konstruktion des Täterstrafrechts. Es ist eben nicht dazu da, dem Opfer »sein Recht werden zu lassen«, weil ein Rechtsanspruch des Opfers gar nicht zur Verhandlung steht.[2] Pointiert ausgedrückt: Zur Verhandlung steht die Tat, nicht das Leid.

Dazu kommt, daß das Strafverfahren wie alle Verfahren dazu da ist, das Tatgeschehen durch die Art und Weise, wie es verhandelt wird, den Beteiligten, wenn man so möchte: durch Abstraktion zu entfremden. Das liegt nicht nur daran, daß der Laie, wenn er vor Gericht steht – in welcher Rolle auch immer: als Angeklagter, als Zeuge, als Zeuge und Verletzter –, oft gar nicht weiß, wie ihm geschieht. Das ist immer so. Aber im Strafprozeß wird dieser Umstand für das Opfer – den Verletzten – gewissermaßen auf die Spitze getrieben. Seine Rolle ist die eines Zeugen und nicht einmal »in eigener Sache«, weil eben eine »eigene Sache« gar nicht zur Verhandlung steht. Daran ändern alle Überlegungen zum »Opferschutz« etc. nichts.

Gleichwohl ist es natürlich nicht nur gut und richtig, sondern auch geboten, Menschen auf ihre mögliche Rolle als Teilnehmer/Teilnehmerinnen in einem Verfahren vorzubereiten. Es könnte Teil der Staatsbürgerkunde werden, falls es so etwas an Schulen und nicht nur an Gymnasien noch gibt. Jedenfalls aber sollte, wenigstens als Möglichkeit, so eine Belehrung angeboten werden. Ich weiß: noch mehr Betreuungsangebote, noch mehr Informationspflichten, noch mehr Komplikationen aller Arten. Gleichwohl …

Ich will die Sache nicht zu sehr ausweiten. Jedenfalls sollte, wer als Verletzter, als Opfer (als Zeuge in eigener Sache, als Nebenkläger) vor Gericht steht, wissen, daß seine Belange

2 Ich spreche nicht von den (Anspruchs-)Rechten des Opfers im Rahmen des Täterstrafrechts.

nicht primär zur Verhandlung stehen. Als Nebenkläger hat er oder sie die Möglichkeit, im Rahmen der Strafprozeßordnung eigene Belange einzubringen in ein Verfahren, dessen Zweck es nicht ist, diese Belange zu verhandeln, sondern das sie nur berücksichtigt. Das ist mitunter nicht leicht zu akzeptieren. Wir haben es in den sogenannten NSU-Verfahren erlebt. Einige Nebenklägerinnen und Nebenkläger wollten eine möglichst komplette Aufklärung des Geschehens: Was war geschehen, wie konnte es dazu kommen, daß sie den Tod Verwandter zu beklagen hatten? Dieser Wunsch nach Aufklärung, was geschehen ist, ist nicht derselbe wie die Klärung dessen, was in diesem Geschehen als Tat, als strafrechtliche Verantwortlichkeit zu identifizieren ist.

Daß diese, sagen wir: institutionell eingebaute Frustration der eigentliche Sinn des Strafverfahrens sei, ist Niklas Luhmanns Deutung, die er in seiner berühmten Abhandlung *Legitimation durch Verfahren* erläutert. Diese Auffassung steht in einer gewissen Spannung zur Auffassung des (Straf-)Rechts als einer Problemlösung, die (jedenfalls prinzipiell) jedem Beteiligten einleuchten müsse (eine Auffassung, wie sie etwa Winfried Hassemer in seinem Kommentar zum Strafrecht vertritt). Man könnte meinen, beide Auffassungen schlössen einander aus, aber das ist meiner Auffassung nach nicht der Fall. Man kann Hassemer folgen und gleichzeitig einräumen, die Problemlösung, die der konkrete Strafprozeß nebst Urteil bildet, könne sehr wohl rechtlich gültig und befriedigend sein, auch wenn sie keinem der dem Urteil Unterworfenen – oder sagen wir: allen, die damit leben müssen – einleuchtet.

Daß ein Verurteilter mit seiner Verurteilung nicht zufrieden ist, damit rechnen wir. Wir sind keine Hegelianer, die die Würde des Verurteilten in seiner Zustimmung zum Urteil erblicken. Daß ein Verletzter, »das Opfer«, mit einem Urteil nicht zufrieden ist, war lange kein Umstand, um den man sich groß gekümmert hat. Nun geht es nicht darum, ob ein verurteilter Täter oder ein Verletzter am Ende des Verfahrens »zufrieden« sind, aber der Verletzte und sein Befinden ist mittlerweile eine Größe geworden, auf die man achtet. Der Satz von Winfried Hassemer: »Das Opfer ist aus dem Schatten herausgetreten, in dem ein auf den Täter konzentriertes Strafrecht es über Jahrzehnte, ja über Jahrhunderte, festgehalten hatte«,[3] ist auch schon bald zwanzig Jahre alt. Das Problem, auf das Hassemer im Buch, in dem das steht, hingewiesen hat, daß nämlich »das Opfer« eine kriminalpolitische Größe geworden sei, mit der man Öffentlichkeitsarbeit betreibe, war damals augenfällig und ist es heute nicht weniger. Auch darauf will ich nicht im einzelnen eingehen.

Ich möchte statt dessen auf ein Problem hinweisen, das die Idee unseres Strafrechts mit sich herumschleppt und das es nicht loswerden kann, weil es eben eine »Idee« ist. Das Strafrecht, die Praxis der Rechtsfindung und des Strafens, hat zwar ungeheure gesellschaftliche Auswirkungen, aber es ist an diesen Auswirkungen nur minimal orientiert, im Grunde gar nicht. Ich möchte das an den traditionellen Strafzwecken erläutern.

Erstens die *negative Generalprävention* (vulgo Abschreckkung). Vertritt man diesen Strafzweck, weil man an seinen Erfolg (jedenfalls in nennenswertem Maße) glaubt? Wird gefordert, ein bestimmtes Delikt härter zu bestrafen, als dies bisher der Fall ist, so ist da meist eine diffuse Vorstellung von nicht zureichender Gerechtigkeit, meinethalben Vergeltung ausschlaggebend, und nicht die Hypothese, veränderte Strafandrohungen würden quantitative Auswirkungen haben. Aber, wie gesagt, das ist nicht immer gut auseinanderzuhalten. Oft, wenn in der Öffentlichkeit von einer (angeblich) neuen Quantität von Delikten die Rede ist, gibt es die Vorstellung/Rhetorik vom »Eindämmen«. Es gibt immer wieder mal öffentliche Impulse, bestimmte Delikte härter zu bestrafen, als das gerade üblich ist, und irgendwie ist damit die Vorstellung verbunden, nun werde es weniger solche Delikte geben. Aber auch wenn man nach, sagen wir: fünf Jahren eine Statistik befragte, ob die Strafverschärfung erfolgreich gewesen sei oder nicht, ist es doch unwahrscheinlich, daß man bei negativem Befund mit einem resignierenden »Das hat also nicht geklappt« wieder

---

3 Winfried Hassemer/Jan Philipp Reemtsma, Verbrechensopfer. Gesetz und Gerechtigkeit, München 2002, S. 13.

zum vorherigen Strafmaß zurückkehrte. Woran liegt das? Wir *hoffen* zwar, daß eine verschärfte Strafandrohung mehr Menschen vom Begehen der Straftat abhält, aber wir *begründen* die Verschärfung nicht damit, auch wenn sich die Rhetorik manchmal so ausnimmt. Die Begründung für die Strafandrohung liegt stets in dem Maße, in dem wir das Ausbleiben einer Strafpraxis für unerträglich halten. Es handelt sich um einen Affekt, der sich in den Ausdruck »Es darf doch nicht sein, daß …!« kleidet.

Wir erfahren bekanntlich fast nur von Verbrechen, vor deren Begehung eine Strafandrohung *nicht* abgeschreckt hat, was manche, die das Strafrecht, wie wir es kennen und praktizieren, grundsätzlich ablehnen, als Argument anführen. Zu Unrecht. Intuitiv wissen wir – auch aus Introspektion –, daß es bestimmte Delikte gibt, die man nur darum nicht begeht, weil sie unter Sanktionsdrohung stehen. Was nicht heißt, daß, wenn es keine Strafandrohungen gäbe, jeder alles täte, natürlich nicht. Aber es hätte Auswirkungen – das wird niemand ernstlich bestreiten. Gleichwohl ist der Strafzweck der Generalprävention nur sehr locker mit einer gelingenden Empirie verknüpft.

Das gilt auch für – zweitens – die *Spezialprävention*. Wäre es anders, gäbe es keine Wiederholungstäter. Dennoch mag Strafe in manchen, ja vielleicht vielen Fällen vor Wiederholungstaten abschrecken. Aber in welchem Umfange das zutrifft, wissen wir nicht. Selbst wenn wir annähmen, eine spezialpräventive Wirkung von Strafen gäbe es kaum, würden wir doch meinen, daß die Wiederholung einer schon einmal begangenen (und bestraften) Tat eine höhere Sanktion rechtfertigt. Auch wenn eine solche Meinung – vielleicht: ein solcher Impuls – das streift, was man »Charakterstrafrecht« nennt und im Grunde zu Recht ablehnt.

Hier berühren wir den Teil des individualpräventiven Strafzwecks, der mit dem Umgang mit dem Verurteilten zu tun hat, sprich: die Resozialisierung. Hier ist die Spannung Strafzweck/Empirie besonders groß. Gegen den Satz, es gebe kaum schlechtere Einrichtungen als Gefängnisse, wenn es darum geht, Menschen von kriminellen Lebensläufen abzubringen, läßt sich wenig vorbringen. – Doch es gibt einen Einwand, und der ist anderer Art. Der Strafzweck der Resozialisierung ist vom Gedanken staatlicher Menschenformung getragen. Ein Blick auf das Recht, wie ich ihn favorisiere, sieht den Staat nicht in der Rolle des Erziehers. Es darf nicht darum gehen, Menschen zu besseren Menschen zu machen. Menschen dürfen sein, wie sie wollen, wir dürfen auch von ihnen nicht verlangen, daß sie die Sanktionen, denen wir sie unterwerfen, als moralisch gut akzeptieren. Die Aufgabe des Resozialisierungsbemühens ist anders fundiert. Eine Haftstrafe ist eine harte Maßnahme, eine sehr lange Haftstrafe ist ein dramatischer Eingriff in ein Leben. (Warum wir überhaupt mit Haft bestrafen, werde ich nachher noch diskutieren.) Haft ist eine leere Zeit; wenigstens ein Angebot zu machen, wie diese leere Zeit zu füllen sein könnte – mit Lernen im weiteren Sinne, wozu ebenso Ausbildung wie Therapie gehören kann bzw. sollte –, ist die Pflicht dessen, der eine solche Strafe verhängt, eine Pflicht dem Inhaftierten gegenüber – und eine Pflicht der Öffentlichkeit gegenüber, um der Wirklichkeit des Gefängnisses als »Schule des Verbrechens« entgegenzuwirken. Erwähnt werden sollte allerdings, daß die räumliche Entfernung von einem bestimmten Milieu – etwa einem ideologisch aufgeladenen – eine erhebliche spezialpräventive Wirkung haben kann.

Wir kommen schließlich drittens zur *positiven Generalprävention*, der Normenbestätigung durch Rechtsprechung. Diese Idee hat sich herausgebildet, um den angedeuteten Schwierigkeiten mit anderen Strafzwecken zu entgehen, oder sagen wir: So hat sie an Popularität gewonnen. Genau besehen ist damit die Idee, warum es überhaupt Strafen gibt / geben soll, umrissen. Ein gemeinschaftliches, staatlich verfaßtes Leben ist (lassen wir alles andere beiseite) auf Regeln und Normen gegründet, und Normenverletzungen werden geahndet. Warum? Weil sie sonst keine wären. So wie einem gegebenen Versprechen die Erwartung, daß es gehalten werde, entgegengebracht wird. Warum? Weil es sonst kein Versprechen wäre. Das Maß, in dem eine Normenverletzung geahndet wird, sagt etwas darüber aus, wie sehr eine politische Gemeinschaft meint, daß ihr Zusammenleben tangiert wird (bis hin zum Unmöglichwerden), wenn die in Frage stehende Normenverletzung nicht geahndet würde. Um solche Hierarchien imaginierter Beeinträchtigung geht die politische Debatte, ob bestimmte Delikte – wir hatten oben schon einen Hierarchiewechsel von bestimmten Eigentums- und Gewaltdelikten – künftig schärfer oder weniger scharf (oder neu – Vergewaltigung in der Ehe – oder überhaupt nicht mehr – homosexueller Geschlechtsverkehr, Cannabiskonsum in gewisser Größenordnung) sanktioniert werden sollen.

Die positive Generalprävention als Strafzweck tendiert so ein wenig zur Tautologie. Ein Delikt wird mit Strafe bedroht, weil es eine Norm verletzt, die zu bewahren (das heißt, ihre Verletzung mit Strafe zu bedrohen) wir für die Verfassung unseres Gemeinwesens für wichtig oder unerläßlich halten. – Hier muß ich innehalten. Es gibt durchaus Meinungen, die hier dissentieren. Sie sind zweierlei Art. Einmal gibt es die, die das vorhandene Täterstrafrecht aus seinem historischen Herkommen kritisieren. Dieser Form der Kritik liegt die Vorstellung zugrunde, daß etwas die Umstände, unter denen es in die Welt geriet – auch die Formen, die es früher einmal hatte –, nie wirklich loswird, mehr noch: eigentlich ewig im Banne seiner (Vor-)Geschichte steht. Das ist magisches Denken. Ob es nun den Girardschen Sündenbock wirklich gab (wohl eher nicht) – hätte es ihn als Befriedungspraxis gegeben, bedeutet das keineswegs, daß jeder, der heute bestraft wird, solche Sündenbockfunktion erfüllt. Im Grunde sind solche historisch-magischen Argumentationen Projektionen in eine phantasierte Vorwelt. Man versucht, in einer so oder so imaginierten Vergangenheit jene Züge klarer zu erkennen, die man in der Gegenwart verschwommen zu sehen meint, und anstatt in der Gegenwart klarer zu sehen, dichtet man sich eine Ursprungserzählung und sagt: Daher kommt's. Damit ist nicht viel anzufangen.

Die zweite Form der Kritik beanstandet das Strafen nicht nur als eine Praxis, die nicht leistet, was man sich von ihr verspricht, sondern als eine schädliche. Diese Kritiker haben weitgehend recht. Im Falle der negativen Generalprävention haben wir das schon erörtert; auch daß das Gefängnis kein wirklich guter Ort ist, Menschen vom kriminellen Milieu zu entfremden. Die Kritiker des Strafrechts (einige von ihnen) meinen, man könne und solle das Strafrecht ganz aufgeben und in zivilrechtliche Verfahren auflösen.

Wenn man auf *diese* Frage eingehen möchte, dann ist es ganz nützlich, historisch zu werden. Nicht, um aus der Geschichte zu lernen, wie etwas »wirklich« ist, sondern im Gegenteil: um zu sehen, wie kontingent unsere Bräuche sind. Denn auch wenn man immer schon gestraft hätte, müßte man es in der Zukunft nicht tun. Es ist so gekommen, wie es jetzt ist, es hätte anders kommen können, es könnte anders sein. Aber daß etwas historisch kontingent ist, ist kein Einwand dagegen, an dem festzuhalten, wie es nun einmal gekommen ist. »Ein Mann, wie du, bleibt da nicht stehen, wo der Zufall der Geburt ihn hingeworfen«, sagt Lessings Saladin zu Nathan, jedoch »wenn er bleibt, bleibt er aus Einsicht, Gründen«.

Die römischen Rechtsbräuche waren andere als unsere. Wie wunderlich genau waren die Regeln, nach denen zum Beispiel Konflikte um Verletzungen von Grundstücksgrenzen geschlichtet wurden. Rom war (vom Ursprung her) eine Bauernrepublik, und in einer solchen geht es darum, wo die Grenze zwischen Mein und Dein ist und wem der Apfel gehört, der vom überhängenden Zweig fällt, und wie es mit verirrtem Vieh zu halten ist, das Schaden anrichtet. Im Gegensatz zu dem, was in unserem Rechtsdenken »Gewaltkriminalität« wäre: Derlei regelte man möglichst selbst, ja man kann sagen, es war, anders als die Frage nach der Festlegung von Grundstücksgrenzen und damit verbundenen Rechten, keine eigentliche »Rechtsfrage«. Den Tod eines Verwandten zu rächen – gewaltsam – war eine sittliche Pflicht. Mit Recht hatte das nichts zu tun. Etwas wie ein Offizialdelikt gab es in dieser Hinsicht nicht, es sei denn, hier wurde die religiöse Sphäre tangiert (wie etwa beim Vatermord). Aber wenn jemand den Mörder eines Verwandten (vorzugsweise an dessen Grab) umbrachte, war die Sache comme il faut geregelt. Aber auch hier gab es etwas, wo die Obrigkeit (in der Regel jedenfalls) einzuschreiten hatte, gab es eine Grenze, hinter der das Private aufhörte, privat zu sein. Die Belange des Gemeinwesens werden durch bestimmte Gewalttaten tangiert. Warum durch diese und nur durch diese, muß uns nicht kümmern. Ob man meinte, ein Vatermord, bliebe er ungesühnt, bedrohe die Gemeinschaft aller – die Römer waren, wie manche Griechen amüsiert notierten, ein abergläubisches Volk –, oder ob der Vatermord vor religiösem Hintergrund, aber nur noch traditionell motiviert als so empörend angesehen wurde, daß eine Reaktion des Gemeinwesens nötig wurde, kann man auch dahingestellt sein lassen.

Das Strafen kommt dann ins Spiel, wenn eine Gemeinschaft der Ansicht ist, ein Delikt betreffe nicht nur den einzelnen, sondern eben die Gemeinschaft, und die Vorstellung, es gebe bei bestimmten Delikten eine Pflicht des Staates, sie sogar gegen den Willen des Opfers zu verfolgen, zeigt das.

Man muß hier auseinanderhalten, ob jemand das bestehende Strafrecht kritisiert, weil bestimmte Konflikte nicht mehr strafrechtlicher Beurteilung überantwortet werden sollten, oder ob er sagen will, daß jedes Delikt als Konflikt zwischen zwei Personen, die nur sie etwas angehen, angesehen werden sollte. Denn darum geht es. Die Idee des Strafens bedeutet nicht weniger, als daß eine Gemeinschaft bestimmte Delikte für so gravierend hält, daß sie nicht mehr Ereignisse zwischen zwei Personen sind, sondern eine Normverletzung darstellen, die das gesamte Gemeinwesen etwas angeht.

Man ginge fehl, hier das Echo einer abergläubischen Vorwelt zu sehen. Die Ursache ist die in der Moderne gewachsene Empfindlichkeit gegen Gewaltkriminalität, genauer: die im Zuge der Herausbildung des staatlichen Gewaltmonopols gewachsene Neigung, Gewalt zunehmend zu kriminalisieren. Es gehört zu unserer Moderne – ich meine damit die europäisch-atlantische Zivilisationsform, wie sie aus den Krisen des 16. und 17. Jahrhunderts hervorgegangen ist –, Gewalt zunehmend als Problem anzusehen, das im anzustrebenden Idealfall aus der Gesellschaft verschwinden sollte. Man denke daran, wie Gewalt aus dem öffentlichen Raum verschwunden ist und auch im privaten zunehmend geächtet wird.

In diesen Zusammenhang gehört auch, daß Strafen nur noch entweder durch Geldzahlungen abgegolten oder durch Haft verbüßt werden. Die Frage, warum das so ist, kann man nicht positiv beantworten, sondern nur negativ: weil es inzwischen zu unserer Kultur gehört, Leibesstrafen als abscheulich zu empfinden. Die Haft ist, was übriggeblieben ist. Wir haben nichts anderes, und wo uns etwas anderes einfällt, wie etwa Sozialdienst, greifen wir manchmal darauf zurück.

Die Karriere, die die Beachtung der Belange des Opfers in den letzten Jahrzehnten erfahren hat, gehört in diesen Zusammenhang kultureller Evolution. Das Interessante ist, daß sie einem sozialen Grundaffekt zuwiderläuft. Das Opfer zumal einer Gewalttat hat per se keinen guten sozialen Stand. Es erinnert seine Mitmenschen an ihre Verletzlichkeit. Auch trägt es die Aura mit sich herum, an seinem Schicksal selbst schuld zu sein, gar es auf sich gezogen zu haben. Wir hören das noch aus den harmlos-scherzhaften Erkundigungen heraus, die jemandem zuteil werden, der einen Unfall überstanden hat: »Was machst du denn für Sachen?« Keine TV-Krankenhausserie, die ohne diese Formel auskommt. Was einer, dem Gewalt widerfuhr, zu erzählen hat, mag eigentlich keiner hören. Kriegsheimkehrer wurden traditionellerweise geehrt, aber durch Heldengeschichten, die andere von ihnen erzählten. Wo diese wegfielen, wie in Deutschland nach 1945, blieb nur Schweigen.

Das änderte sich, wie gesagt, und es änderte sich weltweit. Das bekannteste und in vielerlei Hinsicht besonders instruktive Beispiel dafür war die TV-Serie *Holocaust*, die Geschichte einer Familie, die zum beispielhaften Opfer eines Jahrhundertverbrechens wurde. Man verfolgt ihr Leben über die Episoden der Diskriminierung, Schikanierung, Deportation bis zum Mord. Aber es gibt natürlich eine Figur, die verhindert, verhindern soll, daß hier eine reine Opfergeschichte erzählt wird, der Sohn, der zum Partisan wird und überlebt. Am Ende ist er derjenige, der etwas wie ein Sinnstifter ist.

Aber abgesehen davon, daß gar nichts dagegen einzuwenden ist, daß auf die Existenz und die möglichen Schicksale solcher Widerstandskämpfer hingewiesen wird, bildet diese Figur in *Holocaust* eine Art ästhetischen Vorbehalts ab: Kann man etwas erzählen, das eine *reine* Opfergeschichte ist? Widerspricht das nicht unserer Vorstellung eines »Helden«? Ich meine nicht den heldischen Helden, sondern die Rolle der Hauptfigur in einem erzählten Geschehen.

In der Tat sind Helden in diesem dramaturgischen Sinne, die Opfer sind und sonst nichts, etwas Neues, so etwas gibt es vor dem 20. Jahrhundert nicht oder wenigstens kaum. Sie kommen auf mit dem, was ich »Opfermemoiren« genannt habe, Berichte in Ich-Form von Überlebenden der Shoa, dann des Gulag. Diese Berichte haben etwas Merkwürdiges mit sich gebracht. Erstens hat es eine Weile gedauert, bis sie zur Kenntnis genommen wurden, aber es passierte. Dann aber wurden sie nicht nur als Zeugnisse für entsetzliche Verbrechen gelesen, sondern als mehr, als besondere Auskünfte über die Conditio humana. Ihre Verfasser berichteten nicht nur etwas über extreme menschliche Schicksale, die nur die betrafen, die so etwas erlebt hatten, und die von anderen mit Interesse (oder nicht) zur Kenntnis genommen werden konnten, sondern berichteten in dem, was sie über sich berichteten, irgendwie über uns als Menschen. Sie wußten mehr, nicht nur etwas mehr über das, wie es Menschen auch gehen kann unter extremen Umständen, sondern mehr über uns als Menschen schlechthin.

Und das färbte ab, wenn ich so sagen darf, auf Menschen, die Alltäglicheres, wenn auch glücklicherweise nicht Alltägliches zu berichten hatte. Menschen, die Opfer von Verbrechen geworden waren, spektakulären und weniger spektakulären wie Überfälle, Entführungen, Vergewaltigungen. Die Geschichten von vergewaltigten Kindern, erzählt von den Erwachsen-Gewordenen, sind im Zuge dieser sozial-kulturellen Veränderung geworden, was sie vorher nie waren: nicht verschwiegene, peinliche Schicksale, sondern bedeutungsvolle Erzählungen. Bedeutungsvoll nicht nur in einem instrumentellen Sinne, daß sie Zeugnis ablegen über Verbrechen. Das tun sie auch, das hätten sie immer getan, aber als man sie als in sich und für sich bedeutungsvolle Geschichten nicht hören wollte, hätten sie auch nur ausnahmsweise diese Funktion erfüllen können. Erst als ihnen der Öffentlichkeitsrang einer bedeutsamen Stimme zuwuchs, wurden sie auch forensisch so bedeutungsvoll, wie sie nun sind.

Wir wissen, oder wir wissen es gar nicht mehr so genau, was für einen schweren Stand Verbrechensopfer vor Gericht haben konnten. Man denke an die Opfer einer Vergewaltigung; man denke an die Opfer-Zeugen in den Auschwitzprozessen. Es war vor Gericht vieles üblich, was nun, da der gesellschaftliche Ort eines Verbrechensopfers sich – im Vergleich zum kulturell bis zur zweiten Hälfte des vorigen Jahrhunderts Üblichen – spektakulär geändert hat, nicht mehr möglich ist. Es ist eine Veränderung der Sittlichkeit des Strafverfahrens eingetreten.

Diese Veränderung hat ein Problem mit sich gebracht. Das Strafverfahren kann zwar das Opfer in der Prozeßgestalt des Verletzten anders behandeln, als dies früher üblich war, es kann der Stimme des Opfers anders Gehör geben, als dies zuvor möglich war, aber *eben nur* in der Prozeßgestalt des Verletzten, und dessen Rolle hat sich systematisch *nicht* geändert. Der Verletzte ist, sehen wir von seiner möglichen Rolle als Nebenkläger einmal ab, Zeuge – nicht: Zeuge in eigener Sache. Denn diese eigene Sache gibt es nicht. Er hat seinen Teil zur Aufklärung und rechtlichen Bestimmung der Tat beizutragen, und seine Aussage steht neben anderen Aussagen, hat per se nicht *mehr* Gewicht. Das hat eine subjektive Seite. Daß, was er über die Tat zu sagen hat, ebensoviel – das heißt: nicht mehr – zählt wie das, was ein anderer sagt, ein Augenzeuge, ein Sachverständiger und so weiter, kann eine schmerzliche Erfahrung sein. Eine schmerzliche Erfahrung, die sich in Empörung wandeln kann. Das »Ich weiß es doch wohl am allerbesten!« bekommt vor dem Hintergrund der kulturell gewandelten Rolle »des Opfers« eine ganz andere Resonanz. Ein Verletzter, der sich durch das Gerichtsverfahren in seiner Rolle als »Opfer« verletzt fühlt, trägt ein Unrechtsempfinden mit sich, das er mit einer gewissen Zuversicht, Aufmerksamkeit und Anteilnahme zu erregen, nach außen trägt.

Dabei kann – und soll – das Strafverfahren ihm nicht mehr Raum geben, als es ihm eben von der Verfahrensidee her gibt. Das ist hinzunehmen. »Das Opfer« in seiner sozial gewandelten Rolle als Sprecher für Belange, die im Grunde über sein spezielles Schicksal hinausgehen, als stellvertretende Deutungsautorität, hat im Strafverfahren keinen Ort. Es ist wichtig, sich dieses Umstands bewußt zu sein. Aber bewußt oder unbewußt, es entsteht eine Spannung, und diese Spannung spiegelt sich in der Rolle, die der Verletzte als Opfer im Strafprozeß spielt – und wird durch die Rolle, die ihm in der Strafzwecktheorie der positiven Generalprävention zufällt, deutlich.

Winfried Hassemer schreibt:

Die Unterschiede der Strafrahmen verdanken sich – neben anderen Kriterien, welche Unrecht und Schuld qualifizieren, wie etwa gewohnheitsmäßiges Handeln oder besondere Gefährlichkeit – vor allem einer »Hierarchie« der Rechtsgüter: Annahmen des Gesetzgebers, die bei bestimmten Rechtsgütern (wie etwa Leben) einen Anlaß zu schärferer Strafdrohung sehen als bei andere (wie etwa Vermögen).

Diese Annahmen kommen alltagstheoretisch zustande; sie können sich nicht auf saubere empirische Beobachtung berufen (etwa über den normativen Wandel in der Bevölkerung), ja noch nicht einmal auf einen strengen Diskurs über Maßstäbe und Kriterien, die ein bestimmtes Rechtsgut in einer bestimmten Quantität über ein anderes setzen. Sie verdichten sich, wenn die Zeiten günstig sind, bisweilen zu Argumenten, die sich in der kriminalpolitischen Auseinandersetzung beider Reform von Straftatbeständen und Strafrahmen durchsetzen.

Solche Annahmen zur Schwere einer Rechtsgutverletzung wirken nicht nur auf der Ebene der Gesetzgebung, sondern sicherlich auch auf der Ebene der Rechtsprechung. Da die gesetzlichen Strafrahmen dem Strafrichter in der Regel weite Räume zur konkreten Bestimmung der Strafe eröffnen, ist die Strafzumessung ein komplexes Geschehen, das nicht vollständig axiomatisiert und nicht rein deduktiv abgebildet werden kann. Strafzumessung ist ein Einfallstor verschwiegener, unbewußt bleibender und schwebender Entscheidungsgründe und ein Musterbeispiel der Differenz von Herstellung und Darstellung rechtlicher Entscheidungen, von Rechtsfindung und Rechtfertigung. Man wird folglich annehmen dürfen, daß Schwereeinschätzungen zur Rechtsgutverletzung auch zu den tragenden Gründen von Strafzumessung gehören – seien sie nun gesagt oder ungesagt. Und man wird annehmen dürfen, daß dies nicht nur für die Einzelfallentscheidung gilt, sondern vielmehr auch langfristig Veränderungsprozesse steuert [...].

Und nun, pointiert:

Annahmen zur Schwere einer Rechtsgutsverletzung sind Annahmen zu Graden des Leids. Grade des Leids sind Erfahrungen von Verbrechensopfern. Gerade sie können für Schwereeinschätzung, wie sie dem Strafgesetzgeber und dem Strafrichter obliegen, die treffendste Auskunft geben.[4]

Was ist mit dem auf der Hand liegenden Einwand anzufangen, Auskünfte über erlittenes Leid seien doch »subjektiv«, individuell so sehr von Konstitution, Vor- und Nachgeschichte etc. geprägt, daß sie schwer mit der Idee einer Art von Gradmessung zusammenzubringen seien? Natürlich ist das so. Aber gleichwohl ist Hassemer zuzustimmen, wenn man es so faßt: Die Erzählungen von Verbrechensopfern sind Auskünfte von einer Welt, die der bloß anteilnehmenden Phantasie – nun, ich will nicht sagen: nicht zugänglich sind, das wäre übertrieben, aber doch nicht »einfach so« in ihrem Erfassungsbereich liegen. Welchen Einbruch ins Leben ein Einbruch in eine Wohnung bedeutet, weiß man aus den Erzählungen von Einbruchsopfern und der Art und Weise, wie sie sich, oft mühsam, von dieser Erfahrung wieder erholen. Was für eine Erfahrung Hunger ist, nämlich eine, die das Leben lange prägt, auch wenn man wieder satt ist und sich wieder regelmäßig ernähren kann, wissen wir aus dem Leben von Lagerhäftlingen, die ihre Mitmenschen irritierende Verhaltensweisen (etwa Brot betreffend) an den Tag gelegt haben.

Ich darf eine eigene Erfahrung hinzufügen. Ein typische Reaktion von Menschen, die meinen Bericht über die 33 Tage meiner Entführung gelesen hatten, war, sich besonders darüber zu entsetzen, daß man gedroht hatte, mir einen Finger abzuschneiden und ihn meiner Familie zu schicken, um der Lösegeldforderung Nachdruck zu verleihen. Gewiß war das

---

4 Hassemer/Reemtsma, Verbrechensopfer, S. 167f.

eine scheußliche Drohung. Da ist die Angst vor dem Schmerz; gewiß – aber irgendwie noch mehr, daß sich da jemand die Verfügungsmacht über einen Teil meines Körpers anmaßt. Aber sie war weniger fatal als die lange Zeit der Überlebensungewißheit selbst und die Tatsache, vollständig der Willkür eines anderen ausgeliefert zu sein. Das Leben hängt nicht, wie die Redensart will, an einem seidenen Faden, sondern an der Laune eines Unbekannten. Lassen Sie mich das illustrieren. Ich bekam in jenen Tagen regelmäßig Nahrung und Wasser, morgens um acht und abends um acht, mal ein wenig später. Und einmal passierte am Morgen nichts. Es wurde halb neun, neun, halb zehn ... Was war los? Hatten die Täter das Haus, in dessen Keller ich angekettet lag und saß, verlassen? Würde ich hier verhungern oder verdursten? Mußte ich jetzt sehen, ob ich mich irgendwie würde befreien können? Die Chance dafür war, wie der Augenschein zu zeigen schien, gering, aber ich hätte es natürlich trotzdem versucht. Was aber, wenn die Täter doch noch da waren, es war nur irgend etwas geschehen, was die ganze Angelegenheit verzögert hatte, nun würden sie den Ausbruchsversuch bemerken und einen künftigen dadurch zu verhindern suchen, daß ich an Händen und Füßen gefesselt würde, mich nicht mehr würde rühren können –? Was noch? Phantasien dieser Art. Phantasien, die ausufernder werden, zusammen mit der Angst vor Tagen, in denen ich dem Tod entgegenwarten würde. Es dauerte dann bis halb zwölf, glaube ich. Dann kam die Ration. Es war, wie ich erst im Prozeß gegen den Haupttäter erfuhr, einfach so, daß der, der gerade dran war mit der Betreuung dessen, den sie sich da im Keller hielten, gerne lang schlief. Eine Facette dessen, was es heißt, existentiell von Launen abhängig zu sein. – Solche Erzählungen gehören dazu, um zu erfassen, was ein bestimmtes Verbrechen bedeutet. Ein Einbruch ist nicht nur ein Vermögensschaden, und auch eine Entführung ist nicht nur ein Vermögensschaden.

Gleichwohl bleibt das »Subjektive«, Unmeßbare. Der »Grad« an Leid ist ja auf keiner Skala angebbar. Darum geht es nicht allein um den Bericht eines Verletzten in einem bestimmten Strafprozeß, sondern darum, daß man überhaupt gelernt

hat, den Berichten, wie sie in solchen Verfahren abgegeben
– oder anderswo niedergelegt – werden, zuzuhören und daraus
Wissen zu schöpfen und Sensibilität zu gewinnen.

Den Zeugenaussagen der Verletzten in den Strafverfahren
und den Auskünften darüber, was ihnen widerfuhr, muß das
Gericht Rechnung tragen. Aber, und da liegt das Problem,
diese Zeugenaussage hat keine Definitionsmacht. Das Gericht
muß sich das Bild der Tat zusammensetzen, und der Bericht
des Verletzten dient dazu, aber eben nicht ausschließlich. Der
Verletzte im Strafprozeß hat den berechtigten Anspruch, daß
ihm Anerkennung zuteil werde, man ihn hört, seine Subjektivität von Belang ist. Dieser Anspruch auf Anerkennung, die
Berechtigung des Ansinnens, daß es auf seine Subjektivität bei
der Definition der Tat ankomme, ist ein Teil jener gewachsenen Rolle, die die Stimmen von Gewaltopfern in der Öffentlichkeit spielen.

Der Strafprozeß ist – siehe das zuvor zum Stichwort »Täterstrafrecht« Ausgeführte – nicht dazu da, die Ansprüche
des Verletzten zu befriedigen. Denn die können so oder so
beschaffen sein. Sie können in der Illusion bestehen, das Gerichtsverfahren heile Wunden. Das tut es nicht. Sie können in
dem Wunsch bestehen, das Urteil werde Vergeltungswünsche
befriedigen. Es ist unwahrscheinlich, daß es das tut, und wenn
es das nicht tut, ist das kein Einwand gegen das Urteil. Der
Strafprozeß ist nicht nur nicht dazu da, Vergeltungswünsche
zu befriedigen, das Strafrecht selbst ist nicht dazu da, stell-
vertretend Vergeltung zu üben. Ich betone das, weil der Blick
der Öffentlichkeit auf Strafverfahren und – man kann sagen:
also – auch der Blick des Verletzten anders ist. Es geht dabei
nicht darum, daß Vergeltungswünsche illegitim wären. Das
sind sie nicht. Keine hegen zu können, kann Teil einer Opfer-
pathologie sein. Nur haben diese Wünsche im Strafverfahren
keinen Ort, nicht einmal den, dort angehört zu werden. Diese
Wünsche können nur frustriert werden.

Was ein individuelles Opfer als »gerecht« empfinden mag,
wie seine Wünsche, Ansprüche, daß ihm »Gerechtigkeit«
werde, beschaffen sind, ist nicht auf einen überindividuellen
Nenner zu bringen. Gerade das, worauf es ankommt, ankom-

men muß und nur ankommen kann, wird oft zu dem, was am meisten frustriert. »Verrechtlichung« wird von manchem gerade als der Hohn darauf empfunden, was »Gerechtigkeit« in einem emphatischen Sinne seinem Empfinden nach doch wohl sein müßte. Sehen wir von der Schwierigkeit ab, das zu formulieren. Es bleibt ein diffuses Etwas, zusammengehalten durch starke Affekte. So verständlich diese Affekte sind, sie bleiben etwas, dem man nicht Rechnung tragen kann – nicht im Rahmen des Rechts oder der Rechtsfindung.

Postskriptum: Wir finden im Wikipedia-Eintrag unter »Opferentschädigungsgesetz« als Begründung dafür, daß es hierfür eine gesetzliche Regelung überhaupt gibt, ein Urteil des Bundessozialgerichts aus dem Jahr 1979 zitiert, in dem es unter Bezug auf die damals gültige Fassung des Opferentschädigungsgesetzes heißt, die »Entschädigungspflicht der öffentlichen Hand« sei »damit gerechtfertigt, daß der Staat keinen wirksamen Schutz vor krimineller Handlung gegen Leib oder Leben hatte geben können«.[5] Das ist eine hochproblematische Begründung. Sie impliziert, daß an einer Tat nicht nur der schuldig ist, der sie verübt hat, sondern auch der, der sie nicht verhindert hat. Das mag in diesem oder jenen Fall auch so sein. Und zwar dann, wenn man von einem Dritten zu Recht hätte verlangen können, daß er die Tat verhindert. Vom Staat aber zu verlangen – und dies zu einem Verlangen zu machen, das Rechtsfolgen hat –, daß er schlechthin jede Gewalttat verhindern müsse, und wo ihm das nicht gelinge, er schadenersatzpflichtig sei, ist Unfug. Man denke an das *ultra posse nemo obligatur*. Der Staat ist nicht in der Lage, schlechthin jede Gewalttat zu verhindern. Verlangte man das von ihm, müßte man ihm auch die Mittel zugestehen, diesem Auftrag nachzukommen. Das würde bedeuten, ihm eine universelle Überwachungspflicht nicht nur zuzugestehen, sondern zur Pflicht zu machen, eine universelle Präsenz von Menschen, die in der Lage und bereit wären, stets und überall einzugreifen … – auch in Familien, wo sich ja die meisten Gewalttaten

5  Bundessozialgericht, Urteil vom 7. 11. 1979 – 9 RVg 1/78.

abspielen? Man sieht, daß das Unsinn ist, und fragt sich, wie ein solcher Unsinn in Gesetzes- und Urteiltexte gerät.

Man verstehe das nicht falsch. Selbstverständlich gibt es Fälle, in denen staatliche Organe schuldhaft versagen, und dort ist auch eine Entschädigungspflicht gegeben. Darüber hinaus aber bedeutet »Opferentschädigung« nur eine der vielen selbstauferlegten Fürsorgepflichten eines Gemeinwesens. Daß das durcheinandergerät, ist eine der verwirrenden Folgen der gewachsenen Aufmerksamkeit, die Verbrechensopfer in der Öffentlichkeit erlangt haben. Das Recht des Opfers darauf, daß ihm Recht geschehe, daß Recht gesprochen werde, daß das, was ihm widerfuhr, nicht als schicksalhaft, sondern als Rechtsverletzung angesehen und behandelt werde – gerade nicht allein als Verletzung individueller Belange, sondern als Verletzung einer das Gemeinwesen konstituierenden Norm –, verbiegt sich zu einem unbegründbaren Anspruch auf ein unverletztes Leben. »*Diese* Verletzung durfte nicht geschehen, weil *dieser* Mensch *das* nicht tun durfte«: das ist die Grundlage des Rechts, nicht ein: »Man hat dafür zu sorgen, daß mir nichts geschieht!« Anders gesagt: Man bestraft eine Tat, weil sie rechtswidrig war und getan wurde; es kommt kein Anspruch auf Entschädigung hinzu, der sich aus einer staatlichen Pflicht ableitet, zu verhindern, daß überhaupt derlei geschieht.

Ich habe in Bezug auf die Erwartungen und Hoffnungen, die ein Verbrechensopfer seiner Rolle als Verletzter entgegenbringen mag, von einem »diffusen Etwas, zusammengehalten durch starke Affekte«, gesprochen. Es haben sich die Affekte, die früher Verbrechensopfern entgegengebracht worden sind – Scheu, Abneigung, der Verdacht, am eigenen Schicksal selbst schuld zu sein –, beinahe ins Gegenteil verkehrt. Das zeigt, meine ich, wie schwer es gewesen ist, die alten Affekte gegen das Opfer hinter sich zu lassen. Aber vom gegenteiligen Überschwang haben wir nichts, auch »die Opfer« nicht.

Desillusionierungen sind schmerzhaft, aber sie stehen im Dienste der Realitätstüchtigkeit.

# Herders Problem mit der Geschichte – und das unsere

Spiegel strömt über vor Helligkeit; eine Hummel
ist hereingekommen und stößt an die Decke:
Alles ist, wie es sein sollte, nichts wird sich je
ändern, niemand wird jemals sterben.

Vladimir Nabokov, *Erinnerung, sprich*

Der Altar des jüngeren Cranach in der Herderkirche in Weimar weist ein Detail auf, das Aufmerksamkeit verdient: Links
hinter dem Kreuz im Zentrum des Bildes ist ein entsetzter
Mann zu sehen, der, verfolgt von einem hängebrüstigen bären-
artigen Ungeheuer mit roter Fußklaue, das einen Dornenknüp-
pel schwingt, und einem Gerippe mit spitzem Spieß, einem
Feuerabgrund entgegenläuft. Der Altar ist von 1555; Cranachs
Vater hatte diesen Mann samt seinen Verfolgern schon 1529
gemalt, auf der linken Seite eines Doppelbildes mit dem Titel
»Gesetz und Gnade«. Dort ist dem Flüchtenden keine andere
Hilfe als ein aufgeschlagenes Buch – das Alte Testament, das
»Gesetz«, auf das ein Moses zeigt. Darüber thront der Wel-
tenschöpfer, darunter sehen wir Adam und Eva im Momente
der Apfelübergabe, des Sündenfalls. Kurz, es ist die Darstellung einer nicht oder noch nicht geratenen Schöpfung. Der
Baum, der die beiden Bildteile überspannt, ist auf dieser Seite
verdorrt. Auf der anderen Seite sehen wir Christus am Kreuz
und auferstanden über dem Grab, dessen Stein beiseite gewälzt
ist. Dahinter, parallel gestaltet zum Sündenfall im Paradies
auf der linken Bildhälfte, ein von einer Schlange umwundenes
T-Kreuz in einer Wüstenlandschaft. Was gegen den Sündenfall
aufgeboten werden kann, die Schrift und das Gesetz, retten den
Verdammten nicht, der, schon im Leben geplagt, nichts weiß,
als in den Höllenrachen zu fliehen. Wo Gott zum Heile seiner
Menschengeschöpfe eingreift, kann er es nur punktuell wie in
der Episode aus dem Exodus, wo eine Schlangenplage die in
der Wüste irrenden Israeliten heimsucht und Moses das Bild
einer ehernen Schlange an einem Stab mit Querholz aufrichtet
als Glaube-an-mich-und-du-wirst-gerettet-Bild.

Der jüngere Cranach korrigiert den älteren. Aus dem Vorher-Nachher oder Nicht-so-sondern-so wird ein einheitliches Bild, aus dem Baum in der Mitte der Gekreuzigte, zu seinen Füßen das Lamm, das die Bildteile optisch und in seinem Allegoriewert der Sündenübernahme verbindet, links neben dem Kreuz der auferstandene Christus, rechts im Bild stehen (statt der zu erwartenden Maria) Johannes der Täufer (nicht der Jünger), Luther, der das von ihm übersetzte Neue Testament vorweist, und dazwischen Cranach der Ältere, dem ein aus der geöffneten Seite des Heilands hervorschießender Blutstrahl den Kopf berührt wie eine durch den Sohn ins Bild gesetzte Wiedertaufe: *so geht das!* – Weltenschöpfung und Sündenfall sind verschwunden, rechts findet sich statt dessen die Verkündigung der Geburt des Heilands, geblieben ist nur der gepeinigte Sünder und sein vergeblicher Blick auf die Gesetzesschrift. Die Szene mit der Schlangenplage in der Wüste ist nach rechts gewandert und wird zur Prophezeiung der Welterlösung am Kreuz. Die zeigt sich links durch den unter den Füßen des Auferstandenen röchelnden und karbunkelübersäten Teufel und den Tod dortselbst, ein Gerippe, das unter seinem Fuß knirscht, zermalmt. »Ich bin die Auferstehung und das Leben!« – mit dieser Parole siegte das Christentum.

Der Sündenfall kann ad acta gelegt werden wie der Schöpfungsakt des Vaters, der unvollkommen ist und in der Verkündigung des Sohnes aufgehoben wird. Die Geschichte vor Christus zieht sich zusammen in der Allegorie des wirren Weges durch den Sinai und die Verkündigung des Kreuzes im Schlangenbeschwörungswunder. – Eine merkwürdige Episode, nebenbei. Der Herr, heißt es im 4. Buch Mose, sandte »feurige Schlangen unter das Volk, die bissen das Volk, daß viele aus Israel starben« (21,6). Derlei Schlangenheimsuchungen gibt es in der arabischen Wüste tatsächlich. Lawrence von Arabien berichtet in seinen *Sieben Säulen der Weisheit*: »die Schlangenplage, die uns bereits seit dem Betreten des Sirhan verfolgte, hatte sich nachgerade zu einem wahren Schrecken entwickelt. Für gewöhnlich, sagten die Araber, war es mit den Schlangen im Sirhan nicht schlimmer als an anderen, wasserreicheren Stellen der Wüste; in diesem Jahr jedoch schien das

ganze Tal förmlich zu wimmeln von Hornvipern und Puff-
ottern, Kobras und anderen schwarzen Schlangen. Bei Nacht
war jeder Schritt gefährlich [...] Nach Eintritt der Dunkelheit
konnten wir kaum Wasser holen«.[1] Bei Moses heißt es weiter,
daß er auf Gottes Geheiß eine »eherne Schlange« machte und
sie »hoch auf[richtete]. Und wenn jemanden eine Schlange
biß, so sah er die eherne Schlange an und blieb leben.« (21,9)
Die eherne Schlange erhält sich und wird zu allerlei Götzen-
dienst mißbraucht, so daß sie von Hiskia zerschlagen wird
(2. Könige, 18,4). Nichtsdestoweniger heißt es im Johannes-
brief: »Und wie Mose in der Wüste die Schlange erhöht hat,
so muß der Menschensohn erhöht werden, damit alle, die
an ihn glauben, das ewige Leben haben.« (Johannes, 3,14f.)
Das ist *sehr* merkwürdig, denn es ist ja eigentlich ein Tabu-
Zauber, man bekämpft das Übel mit seinem Abbild, und das
wird nun zum Erlöser von Tod und Sünde – die Cranachs
nahmen es konsequent bildlich, Kreuz (sogenanntes T-Kreuz,
Balken mit Querstange) hier wie da, das Tertium ist das
Leben.

Cranach der Ältere, noch einmal, stellt uns ein Verhältnis
von These und Antithese vor. Bei Cranach dem Jüngeren wird
das dynamisch und zeitlich: vorher/nachher als Frage und
Antwort. Wir stehen davor, aber anders als bei dem Älteren.
Mit der in die Mitte gerückten Darstellung des Gekreuzig-
ten wird eine neue Zeit bezeichnet, auf die aber die Vorzeit
hinführt und die in dieser durch die Prophezeiung und die
Allegorie der Schlangenbeschwörung enthalten ist. Wir sind
Teil des Ganzen, das wir im Blick als *eine* Geschichte er- und
umfassen. Nicht wenn wir wählen, so oder so, gehören wir
dazu, sondern wir gehören dazu, weil wir Teil der Geschichte
sind, als Nachgeborene und als Betrachtende, die sehen, wovon
wir Teil sind. Das Geschehen auf Golgatha ist ein historisches
Ereignis. Wir stehen vor dem Bild, das uns als Teil dieser Geschichte eingemeindet. Das Geschehen ist nicht nur passiert,
das, was vor uns war, ist nicht einfach vergangen, sondern es

1 T. E. Lawrence, Die sieben Säulen der Weisheit, Berlin 2011,
S. 317.

hat Sinn gestiftet, dessen Teil wir sind, und als Betrachter des Bildes sehen wir das ein.

Die Vorstellung, daß das, was in der Zeit auf der Welt passiert, nicht einfach nur ein Nacheinander und, was Sinn und Unsinn dabei ist, kein bloßes Durcheinander sei, mag zwar nicht unsere Meinung sein, ist uns aber so geläufig, daß wir Schwierigkeiten haben, uns in Zeiten und Köpfe hineinzudenken, wo und in denen das ein gänzlich fremder Gedanke gewesen ist. Karl Löwith hat das Christentum mit und seit Augustinus dafür verantwortlich gemacht, daß wir Opfer einer wahren Geschichtsobsession geworden sind, nicht zu unserem Heile. Man sagt, daß es die Eroberung Roms durch Germanen gewesen sei, die Augustinus dazu brachte, eine Antwort auf die Frage zu suchen, wie Gott so etwas hatte zulassen können, und sie sich folgendermaßen dachte: Es gibt nicht eine, sondern zwei Geschichten, eine im Vordergrund, das ist die manifeste, die in Geschichtsbüchern aufgezeichnet wird und von der wir Zeitgenossen als Nachrichten hören. Und es gibt eine zweite, verborgene, aber der Einsicht zugängliche (modern würden wir sagen: intelligible). In der ersten spielt der Fall Roms eine große, sozusagen »welt«geschichtliche Rolle, in der zweiten keine, nämlich keine heilsgeschichtliche. Roms heilsgeschichtliche Rolle war die Eroberung der Welt, damit Geburt und Tod Jesu im römischen Reich stattfinden und die Nachricht davon sich in ihm, das heißt der Welt, verbreiten konnte. Nachdem diese Aufgabe erfüllt war, konnte Rom abtreten. Den Gedanken finden wir, ohne einen Gott im Hintergrund, aber mit durchaus heilsgeschichtlicher Pointierung, wobei hier die Zweiteilung der Geschichte aufgehoben und Geschichte schlechthin zur Heilsgeschichte wird, bei Hegel. Was historisch wird, ist vernünftig und ein vernünftiger Schritt zur Vervollkommnung des Menschen; was, nachdem der Schritt getan ist, aus dem, der ihn historisch tat, wird, spielt keine Rolle mehr. Cäsar starb, weil die Geschichte ihn nicht mehr brauchte.

Der Gedanke, daß Geschichte *als solche* (nicht nur als verborgene heilsgeschichtliche im Hintergrund) einen »Sinn« habe, den man durch intellektuelle oder spirituelle Mühen herausbringen könne, ist neu. Den englischen Historikern des

18. Jahrhunderts, Gibbon (*Untergang des römischen Reiches*) und Hume (*Geschichte Englands*), war er durchaus fern. Mehr als das: Sie hätten ihn ausgesprochen abwegig gefunden. Auch wer Geschichte so schrieb, daß die Gegenwart einen Fortschritt gegenüber der Vergangenheit darstellte, Voltaire etwa, tat das nicht so, daß er die Gegenwart als Ziel der Vergangenheit auffaßte. Es war so gekommen, wir können es gutheißen, aber es war, wie alles Geschichtliche, eben »bloß so« gekommen. Ohne tieferen oder höheren Sinn.

Hegel war nicht der erste, der in die Geschichte der Menschheit einen Sinn hineinlas. Vor ihm war Johann Gottfried Herder, der das früh und mit aller Leidenschaft tat. – Ich möchte mich dabei nur mit einer Schrift befassen, sie heißt *Auch eine Philosophie der Geschichte zur Bildung der Menschheit*, und wie der Titel sagt, ist sie, so heißt der Untertitel, *Beitrag zu den vielen Beiträgen des Jahrhunderts*. Denn darum geht's: Man schrieb allenthalben über Geschichte und, so sieht es Herder mit aller Entschiedenheit, man tut das, ohne wirklichen Sinn dafür zu haben, ohne eigentlich »historisch« zu denken.

Für Herder gibt es zwei Arten, unhistorisch zu denken, beide ärgern ihn zutiefst, gegen beide schreibt er, beide spornen ihn an zu schreiben. Die eine Art ist, die eigene Zeit, die Gegenwart, in der man lebt, in ihrem Wert zu überschätzen. Das ist für Herder das intellektuelle Laster seiner Zeit, die sich »aufgeklärt« nennt, sein Repräsentant ist Voltaire. Man könnte die eitle Selbstüberschätzung der Zeit mit den Worten des Famulus Wagner aus *Faust I* charakterisieren – »es ist ein groß Ergetzen, sich in den Geist der Zeiten zu versetzen; zu schauen, wie vor uns ein weiser Mann gedacht, und wie wir's dann zuletzt so herrlich weit gebracht.« Ähnliche Sarkasmen durchziehen Herders Schrift. Die andere Art ist, den Wald vor Bäumen nicht zu sehen, über dem Detail, dem oft unleugbar furchtbaren, Gewalt, Verblendung, Unordnung und Unsinn, das Große/Ganze der Entwicklung nicht zu sehen – der Entwicklung zum Besseren?: Würde Herder dann nicht etwas einräumen müssen, das er zuvor vehement als Verblendung und Zeiteitelkeit kritisiert hat? Wir werden sehen, wie er sich das zurechtdenkt. Zunächst zum Gang der Schrift.

Vergessen wir nicht, daß Herder Theologe war, vor allem aber vergessen wir nicht, daß Herder Prediger war. Und wie es den guten Prediger auszeichnet, aus einem kleinen Textstück – das, was nach dem Kalender grade dran ist – ein Panorama der Welt, der Seele, der Moral herauszudenken und auszumalen, so spinnt Herder sein Predigtgewebe aus einem kleinen Textstück, das er gar nicht zitiert, aber auslegt – es ist, versteht sich, der Anfang aller Anfänge, die Genesis. Der erste Satz seiner Schrift:

> Je weiter hin es sich in Untersuchung der ältesten Weltgeschichte, ihrer Völkerwanderungen, Sprachen, Sitten, Erfindungen und Traditionen aufklärt: desto wahrscheinlicher wird mit jeder neuen Entdeckung auch der Ursprung des ganzen Geschlechts von Einem. Man nähert sich immer mehr dem glücklichen Klima, wo Ein Menschenpaar

– Adam und Eva werden nicht genannt, wie sie auch auf dem Altarbild nicht vorkommen, aber man versteht schon –

> unter den mildesten Einflüssen der schaffenden Vorsehung, unter Beistande der erleichternden Fügungen rings um sich her,

– nichts von Schweiß und Schmerz –

> den Faden anspann, der sich nachher mit solchen Wirrungen weit und lange fortgezogen:[2]

Dort begann also alles, was mit uns sehr wohl nicht endet, aber was wir von uns aus überschauen können. – Am Ende wird Herder vom Baum, vom Keim, vom Stamm, von den Ästen, Blättern und, ja, Früchten sprechen.

2  Johann Gottfried Herder, »Auch eine Philosophie der Geschichte zu Bildung der Menschheit. Beitrag zu vielen Beiträgen des Jahrhunderts«, in: ders., Werke in zehn Bänden, Bd. 4, hg. von Jürgen Brummack und Martin Bollacher, Frankfurt am Main 1994, S. 11 (weitere Seitenzahlen im Text).

Und wo war es, daß alles anfing? – wie es sich gehört im fernen Morgenland. »Patriarchenluft«, wie Goethe später und über spätere Zeit im *Westöstlichen Divan* sagt, so schrieb man im dichterisch gesonnenen Europa über den mittleren und vorderen Orient:

für alle Jahrhunderte der Menschenbildung die ewige Grundlage: *Weisheit* statt Wissenschaft, *Gottesfurcht* statt Weisheit, *Eltern-Gatten-Kindesliebe* statt Artigkeit und Ausschweifung, *Ordnung des Lebens, Herrschaft und Gottregentschaft eines Hauses*, das Urbild aller bürgerlichen Ordnung und Einrichtung – in diesem allen der *einfachste Genuß* der Menschheit, aber zugleich der *tiefste* – wie [sollte] das alles, ich will nicht fragen, erbildet, nur angebildet, fortgebildet werden, als – durch jene *stille ewige Macht des Vorbilds*. (12f.)

So fing alles an, einfach gesetzt, kraftvoll vorbildhaft, vorausweisend heißt es schon »bürgerliche Ordnung«, ist Familie, patriarchalische, ordentlich gefügte, Beginn der Gattungsgeschichte, ist schon das immerwährende Urbild des Beginns jeder einzelnen Entwicklung (wie sie sein soll), man tritt aus solchen Verhältnissen heraus, wenn die Zeit da ist, man tut das kraftvoll, wenn man unter solchen Umständen gekräftigt ist, und dann wird es schon werden und geraten mit dem Jünglingsleben und mit der Weltgeschichte auch, versteht sich. Das ist der Ton, den Herder anschlägt, und so klingt es fort, und wenn wir jetzt gleich mit unseren trainierten Ohren die Mißtöne hören, ja nur *den* Mißton schlechthin vernehmen, den unsere Zeit nun einmal hören muß, dann können wir uns nicht viel darauf einbilden, weder auf unser ausgebildetes Ohr noch auf das, was wir damit anfangen – anders gesagt: »Patriarchenluft! Ich bitt' Sie!« – nur: das ist es dann schon auch.

Also das fügte sich alles unter günstigen Klimaten und der gleichfalls günstigen Lebensform des Hirtendaseins –

Dies das unausgezwungene Ideal einer *Patriarchenwelt*

– »unausgezwungen«: man lasse sich solche Wörter gefallen –

… das unausgezwungene Ideal einer *Patriarchenwelt*, auf welches alles in der Natur trieb: außer ihm kein Zweck des Lebens, kein Moment Behaglichkeit oder Kraftanwendung zu denken –

– man hatte zu tun, aber man mußte sich nicht mühen, das Leben lief fort, große Projekte standen noch nicht an –

– Gott!

– ja, wo kommt jetzt der her? Wo ein Patriarch ist, wird Feuerbach später sagen, denkt man sich drüber auch gleich einen Gott, die Linie muß nach oben verlängert werden, daraus entsteht Legitimation wie Legitimationsnötigung – Herder sagt so nicht, einstweilen tut er ja auch so, als wäre es nur ein Ausruf kindlich-freudigen Erstaunens:

Gott! welch ein Zustand zu Bildung der Natur in den einfachsten, notwendigsten, angenehmsten Neigungen! – *Mensch, Mann, Weib, Vater, Mutter, Sohn, Erbe, Priester Gottes, Regent* und *Hausvater*, für alle Jahrtausende sollt er da gebildet werden! und ewig wird, außer dem tausendjährigen Reiche und dem Hirngespinste der Dichter, ewig wird *Patriarchengegend* und *Patriarchenzelt* das *goldne Zeitalter der kindlichen Menschheit* bleiben. (14 f.)

So tönt es fort, und dieser schwärmerische Ton ist der der ganzen Schrift. Er mag uns fremd sein (ja, wo haben wir heute und hierzulande noch Prediger), aber kühlen wir es runter aufs ästhetische Urteil: Der Herderschen Eloquenz verdanken wir einige der schönsten Passagen der deutschen Literatur. Das sei nur angemerkt, damit man es mithört.

Natürlich kann man es auch anders sehen, nicht so idyllisch, man kann statt »patriarchalisch« auch »despotisch« sagen, statt »einfach« auch »roh und ungebildet« und so fort. Herder räumt das ein, aber so sei es nun einmal gewesen und hätte nicht anders sein können: am Anfang. Differenzierung kommt später, würden wir heute sagen, Herder wählt das viel implizierende Wort von der »Kindheit der Menschheit«. Das Kind braucht Begrenzung, braucht »Vaterregierung«, alles um es her kostet es als »Muttermilch und väterliche[n] Wein« (17), und kindliche Religiosität stellt sich in so beschaffenem Ambiente von selbst ein. Beharrten wir darauf, das anders zu sehen, dann mäßen wir mit unseren Maßstäben, und wenn wir das tun, verstehen wir unsere eigene Geschichte nicht, denn diese Maßstäbe sind erst Ergebnis einer Geschichte, die nach solchen nicht gebildet ward. Das ist kein schlechtes Argument, jedenfalls eines, das uns davon abhalten sollte, voreilig zu sein.

Herder sagt, daß es so angefangen habe, weil es anders nicht habe anfangen können, und daß jede Zeit nach dem beurteilt werden müsse, was sie in sich selbst gewesen sei (was sie habe sein können und sein müssen) – und was sie als Vorstufe zu einer nächsten Zeit gewesen sei. Das verstehe man nicht falsch. »Vorstufe« heißt eben nicht »*nur* Vorstufe«, noch einmal: eigenes Recht, eigene Würde, eigene Maßstäbe. Diese Art, Geschichte zu sehen, ist für das Verständnis von Literatur ausgesprochen folgenreich gewesen. Nicht zuletzt Herder ist es gewesen, der lehrte, die »Poesie der Völker« und anderer Zeiten nach ihren immanenten ästhetischen Maßstäben zu lesen und zu würdigen – Spruch, Märchen, Sage, Lied, Epos – und nicht abzutun als unausgebildete Form dessen, was später einmal Weimarer Klassik zu werden bestimmt war, die sich dann dieser Formen gleichsam leutselig und mit einem Lächeln bediente.

Kindheit also, aber die dauert, und einförmig ist sie nicht, man kann unterschiedlich heranwachsen, wenn der Grund gut gelegt ist.

Die Vorsehung leitete den Faden der Entwicklung weiter – vom *Euphrat, Oxus und Ganges* herab, *zum* Nil und an die *phönicischen* Küsten – große Schritte! (19)

Herder verbindet seine Gleichnisrede vom Heranwachsen mit Geographie. Kein Hirtenleben am Nil, Schlamm und Acker-bau, zentrales Regiment der Bewässerungswirtschaft, »*Lan-*

dessicherheit, *Pflege der Gerechtigkeit, Ordnung, Polizei*«, ergo »*Ordnung, Fleiß, Bürgersitten*« (20), und der marxistische Geschichtstheoretiker würde zu Recht hinzufügen: Mehrprodukt, Vorrat, zentrale Verwaltung, ergo Überschuß, Architektur, Kunst.

> Aegypten *hatte keine Weiden* – der Einwohner mußte also Ackerbau *wohl lernen*, wie sehr erleichterte [die Vorsehung] ihm dies schwere Lernen durch den *fruchtbringenden Nil*. Aegypten hatte *kein Holz*: man mußte mit Stein bauen lernen: *Steingruben gnug da*: der *Nil bequem da*, sie fortzubringen – wie hoch ist die Kunst gestiegen! wie viel entwickelte sie andre Künste! (21 f.)

Und, sicher doch, aufgeklärte Zeiten sind das nicht, noch lange nicht:

> Die Entwicklung geschah aus Orient und der Kindheit herüber – natürlich mußte also noch immer *Religion, Furcht, Autorität, Despotismus* das *Vehikulum der Bildung* werden: denn auch mit dem Knaben von sieben Jahren läßt sich noch nicht, wie mit Greis und Manne *vernünfteln*. (22)

Doch was soll's, darauf herumzureiten, daß die Ägypter – ihre politische Verfassung, ihre Kunst und Literatur, ihre Religion – noch nicht so waren wie das, was wir dann an den Griechen so mögen (Herder lebte in gräkophilen Tagen), alles ist, was es ist zu seiner eigenen Zeit, das ist die Melodie, auf die alles geht. Es ist »Torheit«, die Eigenart aus »dem Knabenalter des menschlichen Geistes herauszureißen, und mit dem *Maßstabe einer andern Zeit* zu messen!« (22)

So ausführlich kann ich nicht fortfahren. Neben den Ägyptern die Phönizier, das heißt Küste, Handel, Seefahrt, Münzwesen, Alphabet. Es folgt das Jünglingsalter, Griechenland, versteht sich, alles wird neu und adoleszent, »*Jünglingstraum* und *Mädchensage*!« – aber immer auf dem je geographischen determinierenden Boden – determinierend, das heißt: Neues erzwingend und Neues ermöglichend:

Griechenland rückte weiter: ägyptische *Industrie* und *Polizei* konnte ihnen nicht helfen, weil sie kein *Aegypten* und keinen *Nil* – *phönicische* Handelsklugheit nicht helfen, weil sie keinen *Libanus* und kein *Indien* im Rücken hatten [als Quelle für Handelsgüter]: zur *orientalischen* Erziehung war die Zeit vorbei – gnug! es ward, was es war – *Griechenland*! Urbild und Vorbild aller Schöne, Grazie und Einfalt! Jugendblüte des menschlichen Geschlechts – o hätte sie ewig dauern können. (29)

Wie Mutter Kempowski am Weihnachtsabend sagt: O, warum kann es nun nicht immer so sein!

Kann es nicht, auf Jugend folgt, naja: »Mannesalter«, Rom ist's, die Tugenden sind, wir werden uns nicht wundern, »*Römertugend! Römersinn! Römerstolz!*« (30) Und Herder nimmt den Gedanken des Augustinus auf: Rom schafft eine zusammenhängende Welt, in der, was an einem unbedeutenden Ort geschieht, die Chance hat, sich überallhin zu verbreiten. Doch den Gedanken eines heimlichen Zwecks (wie bei Augustinus), überhaupt jeglichen Zwecks eines historischen Geschehens läßt er gar nicht erst aufkommen: »Auf keine Weise […] von Vorteil oder Nachteil geredet, allein von *Würkung*.« (32) Es geht Herder darum, daß das eine das andere bewirkt, daß aus dem einen das andere folgt, daß das eine zum andern hinzutritt, daß stets Neues kommt, aber das Alte in sich aufnimmt, fortsetzt – »aufhebt«, wird Hegel wortspielerisch sagen –, der Sinn des Ganzen ist nichts anderes als die Bewegung, eben daß es weitergeht.

Gegen zwei andere Ideen wendet sich Herder dabei, wir hatten es schon erwähnt: »Wer bisher unternommen, den *Fortgang der Jahrhunderte* zu entwickeln, hat meistens die Lieblingsidee auf der Fahrt: Fortgang zu *mehrerer Tugend* und *Glückseligkeit*« (40), Abwertung vergangener Zeiten, Aufwertung der eigenen: Das ist Eitelkeit, Selbstüberhebung und, nebenbei, Geschichtsklitterung. Die andere Idee ist, Geschichte als einen geschichtlichen Gang zu leugnen. Wer die eitle Idee der Geschichte als Fortschritt zu uns selbst nicht plausibel fand, aber nichts Besseres gewußt habe, der sei versucht gewesen, gleich jeden Sinn, jede Ordnung zu leugnen, sah menschliche Sitten und Neigungen, wie *Blätter des Schicksals* fliegen, sich umschlagen – *kein Plan! kein Fortgang! ewige Revolution* – *Weben* und *Aufreißen!* – *penelopische Arbeit!* – Sie fielen in einen *Strudel*, Skeptizismus an aller Tugend, Glückseligkeit und Bestimmung des Menschen […] – der neueste Modeton der neuesten, insonderheit *französischen Philosophen*, ist Zweifel! (40f.)

Ja, er meint sie alle, mit Montaigne fing es an, Bayle folgte, und nun haben wir Voltaire, Hume, Diderot. Nicht die Schlechtesten, wenn Sie mich fragen, und ich frage meinerseits: Wo ist der Einwand? Man sagt doch, wenn etwas watschle wie eine Ente, quake wie eine Ente, aussehe wie eine Ente, dann dürfe man annehmen, es sei eine Ente.

Wenn sich etwas darbietet wie die menschliche Geschichte, dann … – dann kommt uns Herder mit dem Gleichnis vom menschlichen Wachstum, aber das ist natürlich problematisch geworden, denn was folgt auf das »Mannestum« – nun, vielleicht ein zweites, reiferes. Aber wenn wir in der Gegenwart angekommen sind?: Siechtum und Tod. Drum ändert Herder das Gleichnis in den wachsenden Baum, der sich aus dem Stamm verzweigt … aber dann? müßte man nachfragen … und wenn er vom Wasser redet, vom Bach, vom Strom, seinen Windungen und Strudeln, allein am Ende mündet er ins Meer … – was wo? was was wäre? Am Ende der Zeiten werden wir's sehen? Das Problem, das jeder hat, der über Geschichte als einen Prozeß und nicht als chaotisches Hin und Her und mal so und mal so und drüber und drunter sprechen will, kann das nicht mit verdeckten Karten tun, sondern muß sagen, in welcher Hinsicht es dies Chaos *nicht* ist, und er darf das nicht so tun, wie Charlie Chaplin seine Koffer packt: Was raushängt, wird abgeschnitten. Und wer anstelle des Augenscheins ein Gleichnis setzt (»Sieh, was du siehst, *so* an, dann fügt es sich«), wird feststellen, daß er das Problem in sein Gleichnis einbaut oder es aufgeben muß, weil es hinten und vorne nicht stimmt. Herder kann seine Gleichnisse durchhalten, weil er einen so wunderbaren Stil schreibt, daß man ihn nicht unterbrechen möchte mit solchen Einwänden, weil die wie Mäkeleien klingen, sondern lieber weiter zuhören. Aber was dann?

Sein Blick, versichert er uns, sei »weiter als jene Philosophie, die [...] alles zum Ameisenspiele, zum Gestrebe einzelner Neigungen und Kräfte ohne Zweck, zum Chaos« mache, »in dem man an Tugend, Zweck und Gottheit verzweifelt«. Und, Prediger Herder, wenn man's täte? Wenn man, vielleicht nicht an Tugend, die man doch auch üben kann, wenn's drunter und drüber geht, wohl aber an »Zweck« und »Gottheit« – ja, vielleicht gar nicht verzweifelte, sondern solche Obsessionen gar nicht brauchte, weil, nunja, weil man sie eben nicht braucht? Dann, antwortet der Prediger, wirst du aus deinen Depressionen nicht hinausfinden. Mag sein, aber hast du ein Remedium? Ja, antwortet Herder, meine Sicht auf die Geschichte ist eben dies, und dies muß mir gelingen:

> Wenns mir gelänge, die disparatesten Szenen zu binden, ohne sie zu verwirren, – zu zeigen, wie sie sich aufeinander beziehen, aus einander erwachsen [...] alle im Einzelnen nur Momente, durch den Fortgang allein Mittel zu Zwecken – welch ein Anblick! [...] welche Aufmunterung zu hoffen, zu handeln, zu glauben

– und ruhig sagt der Prediger Herder:

> Ich fahre fort – – (42)

Es folgt das, was wir Mittelalter nennen und Herder natürlich nicht so nennt, das Römische Reich, das seine historische Rolle ausgespielt hat, darf, kann, muß gehen (so sah es auch Augustinus), ein neuer Schauplatz – »*Norden* wars«, aber bleibt es nicht, »welche *neue nordsüdliche Welt*!« (42f.), deren Panorama Herder sehr detailliert entwirft – jetzt kommt auch das Christentum ins Spiel, das auf so erweitertem Terrain werden kann, was es, so Herder, von Gründungszeiten her gewesen, die »*Religion der alten Welt*« (45), die »*eigentliche Religion der Menschheit, Trieb der Liebe*, und *Band aller Nationen zu einem Bruderheere*« (46), »*lauterste Philosophie der Sitten-*

*lehre*, die *reinste Theorie* der *Wahrheiten* und *Pflichten*, von allen Gesetzen und [...] Landesverfassungen *unabhängig*, kurz wenn man will, der *menschenliebendste Deismus*« (47). Man denke:»Deismus« – da landet der Pastor dort, wo Lessing in seiner Auseinandersetzung mit dem Hamburger Pastor Goeze auch gelandet war (der Preis war ein Publikationsverbot), nämlich bei einem Christentum als universalisierbarer Sittenlehre, notabene: ohne Bibel, ohne Gott, beides braucht's nicht, allenfalls colorandi causa zur Ausmalung des Hirtenzustands der frühen Menschheit. Ja, Wieland und Goethe wußten sehr wohl, wen sie in dieser Hinsicht in Weimar haben wollten.

Herder malt ein großes Panorama des sich bildenden mittelalterlichen (noch einmal: nicht sein Begriff!) Europa, geht sehr wohl darauf ein, daß diese Zeit, was ihre Bewertung angeht, in seiner Zeit nicht eben hoch im Kurse steht (»*Aberglauben* und *Dummheit, Mangel der Sitten* und *Abgeschmacktheit*«), doch:»All das ist wahr und nicht wahr« (51), aber eben doch, wir kennen jetzt die Melodie, notwendig, damit es weitergehe mit der lieben Menschheit. Niemand, der Kind einer Zeit ist, schmähe die vergangene, ist er doch ihr Erbe!

Ich will nichts weniger, als die ewigen Völkerzüge und Verwüstungen, Vasallenkriege und Befehdungen, Mönchsheere, Wallfahrten, Kreuzzüge verteidigen: nur erklären möchte ich sie: wie in allem doch Geist haucht! [notabene: »Geist«, nicht »Gott«] Gärung *menschlicher Kräfte. Große Kur* der ganzen Gattung durch *gewaltsame Bewegung*, und wenn ich so kühn reden darf,

– Sie dürfen, Prediger Herder, ist die Kanzel nicht die Ihre? –

das Schicksal zog, (allerdings mit großen Getöse [...]) *die große abgelaufne Uhr auf*! da rasselten also die Räder! (53)

Ja, da mag sich dann der Feingeist unserer Zeit die Ohren zuhalten – wie lächerlich!

Alles Mittel zum Zweck, »aber kein Ding im ganzen Reiche Gottes [...] ist *allein* Mittel – alles *Mittel* und *Zweck* zugleich«

(54), und nun kommt das Gleichnis vom Baum, an dem ja alles Baum ist und nicht nur Trägerkonstruktion für die Birne, die vielleicht daran hängt, denn der Stamm, fest und solide, kann sich nun verzweigen – wir würden heute sagen: differenzieren, in allerlei Unterschiedlichkeiten, vor allem nationale, französisch ist etwas anderes als englisch oder spanisch, und »deutsch« gibt es sowieso erst als Thüringen, Sachsen, Frankfurt, Schwaben und so fort: »so viele *Brüdernationen* und *keine Monarchie* auf der Erde« (56), soll heißen: kein europäischer Zentralismus, der diese Differenzierung erstickt hätte – gut, daß die Habsburger Ambitionen mißrieten, und auch Gustav Adolf mußte fallen.

Und wieder eine neue Zeit, die Zeit Herders, aber auch die kam nicht fein und friedlich. Reformation ist Revolution, wie auch anders, und es brauchte grobe Werkzeuge dazu. Alles fängt klein an, so auch die Reformation, Unbehagen hier, Weiterdenken da, »Mensch, du warst nur immer, fast wider deinen Willen, ein kleines *blindes Werkzeug*.« Aber nicht nur: »was *Luther* sagte, hatte man lange gewußt, aber dann sagte es *Luther*!« (59), denn die einzelnen braucht's auch für die Entwicklung, damit die nicht immer schleiche, gar nicht so sehr die »großen« als vielmehr die brachialen einzelnen, Luther, Cromwell, Robespierre, Lenin – ja, die beiden letzteren kannte Herder nicht (Robespierre, da er in Bückeburg dies schrieb, noch nicht), und wir sind, Anfang des 21. Jahrhunderts, doch empfindlich geworden gegenüber diesem Brachialismus des »Wo gehobelt wird, fallen eben Späne« – aber was soll aus der Geschichtsschreibung werden, wenn sie aus Verzweiflung über die unendlichen Mengen an Spänen das brutale Hobelwerk einfach nur abscheulich findet und den Bettel irgendwann hinschmeißt, wie Wieland empfahl: Das Buch der Geschichte wirklich zu lesen, sei eine Strafe, der kaum die schlimmsten Verbrecher unterworfen werden dürften – wer das nicht will, und Herder wollte sichtlich nicht, der muß über die Späne hinwegpredigen und – »ich fahre fort« – eben fortfahren, wie die Geschichte fortfährt, ohne, wie man so treffend sagt, Rücksicht auf Verluste.

Was seine Gegenwart angeht, ist Herder empfindlicher. Er will seiner Gegenwart ja die Hoffart des »wie wir's so herrlich weit gebracht« austreiben, und das ist dann eine andere Art von Predigt. Was wir »Staatskunst« nennen und »neue philosophische Regierungsart« – was ist's, wenn man hinsieht?: »*Trommeln, Fahnen, Kugeln* und *immerfertige Soldatenmützen*« (61), »die ganze einzige Triebfeder unsrer Staaten, *Furcht* und *Geld*« (71). Herder mustert im Geschwindschritt alles, worauf das Zeitalter stolz ist, und tut's beiseite: achwas!, zum Exempel die Öffnung der Welt durch freien Handel: »›System des Handels‹ – Das Große und Einzige der Anlage ist offenbar! *Drei Weltteile* durch uns *verwüstet*« (74). Und es bleibt nicht bei solchen polemischen Spitzen; er analysiert, was seine Zeit ausmacht: Mechanik. Mechanik in den technischen Neuerungen, Mechanik im Denken und Schreiben – dagegen: Herders Predigtton! –, in allem kruder Bastelsinn, Staat, Verfassung wachsen nicht, sondern müssen gebaut werden, denkt jedenfalls der mechanische, der Bastelsinn; gelernt wird nicht mehr aus Erfahrung, sondern aus Büchern (und was für schwachbrüstigen!), man fängt sogar an, aus der Natur Gärten – »*Architektur auf der Fläche*« (77) – zu machen. – Herders historisches Denken, die Apologie des Wachstums, die emphatische Beschreibung der Geschichte als etwas Nicht-Gemachtes, nicht Ausgedachtes, aber sehr wohl im Ganzen Geratenes ist der emphatische Protest gegen solches Denken, solche Gegenwart. Und er geht weit damit – sehr weit und eindrucksvoll:

»Wir haben keine *Straßenräuber*, keine *Bürgerkriege*, keine *Untaten* mehr« – aber *wo? wie?* und *warum* sollten wir sie haben? Unsere Länder sind so wohl *polizíert*, mit Landstraßen verhauen, mit Besatzungen *verpfropft*, Äcker *weislich* verteilt, die *weise* Justiz so wachsam – *wo* soll der arme Spitzbube, *wenn er auch* Mut und Kraft zu dem rauhen Handwerke hätte, es treiben? *warum* es aber auch treiben? Er kann ja nach den Sitten unsers Jahrhunderts auf eine weit *bequemere*, gar *ehrwürdige* und *glorreiche* Weise *Haus-Kammer-* und *Betträuber* werden – in diesen Bedienungen vom Staate *besoldet* werden, – warum sich nicht lieber besolden lassen? (79)

Warum, fährt Brecht fort, eine Bank berauben, wenn man auch eine gründen kann?

Es ist keine Jeremiade. Er weiß ja nicht nur, daß er recht *hat* gegen seine Gegenwart, er weiß doch auch, daß er recht *behalten* wird, geht es doch immer weiter, und was ist, geht vorbei, geht unter. Und dann? Nichts *bleibt* in der Geschichte, jedenfalls nicht, was es ist, alles *wird*, und was ist, ist Werden – nun, gewiß, aber *was* wird werden? Was wird werden aus seiner Zeit? Wir wissen um mehr als zwei Jahrhunderte auf diese Schrift folgendes Werden, und, sicher doch, hinterher ist man immer klüger – wenigstens das! Wir wollen ihm die Frage nicht unter die Nase reiben, wie er wohl die Blutbäder des 20. Jahrhunderts in seine Philosophie der Geschichte eingefügt hätte. Hätte er noch einmal das Bild vom lautstarken Aufziehen der Uhr – gewiß, *laut* hat es da gerasselt! – bemüht? Und wenn, wäre uns da nicht aufgefallen, daß ein Schema, so exzessiv bemüht, sehr nach dem aussieht, was er so verabscheut: Mechanik? Ja, Natur und Geschichte, das bildet sich und wuchert und so fort, aber Ordnung, die muß man erfinden, dann heißt man Linné zum Beispiel oder eben Herder oder später Marx. Mechanik eben, kein Wunder, daß ihm das Uhrwerk einfällt.

Aber wenn alles ein Werden ist, noch einmal: *was wird werden*? Was wir *aus uns* werden? *Was wird aus uns?* Er weiß es nicht. Wie sollte er. Er wußte es nicht 1773 in Bückeburg, er wußte es nicht später in Weimar, er wüßte es auch heute nicht. So ist das mit den großen Orchestern der Geschichtsphilosophie. Wenn die Musik bis zum Satz gespielt hat, der die Gegenwart besingt, geht den Posaunen die Puste aus, und den Violinistinnen und dem Mann an der Pauke werden die Arme schwer. (Und, erlauben Sie mir den Einwurf, seien Sie froh! Wenn der eine oder andere die Paradiese der Zukunft herbeimusizieren will, vielleicht heißt er Fourier oder Trotzki, dann klingt es abscheulich, bestenfalls wie Blaskapelle auf dem Jahrmarkt, meistens wie Marschmusik.)

Herder hatte das Gleichnis vom Baume gewählt, also Wurzel, Stamm, Krone, Verwipfelung in Zweige – der Spott für seine Zeit lag in der Konsequenz des Gleichnisses: Da waren nur noch die Zweiglein, die Spitzen übrig und das Laub, das im Winde lispelt – unser Denken, unsere Philosophie nur noch kraftarmes leises Bewegtwerden, »ja, wir sind dort oben die *dünnen, luftigen Zweige*, freilich bebend, und *flisternd* bei jedem Winde; aber …« – aber nie Resultat nur, auch Zweck in sich, etwas, das so nie war, auch das Spätzeitliche, Kraftarme, schön doch auch und so nie zuvor gewesen:

> aber spielt doch der *Sonnenstrahl* so schön durch uns! stehn über Ast, Stamm und Wurzel *so hoch, sehen so weit* und – ja nicht vergessen, können *so weit* und so *schön flistern*! (78 f.)

Ganz ohne Spott kann das der nicht sagen, der eben nie flüstert, wenn er predigt. Aber nun: Blatt, und was dann? Soll sich die Menschheit sagen, was derjenige sagte, der sein eigenes Denkmal sah: Da haben die Vögel was zum Draufsitzen?

Nein, liebe Philosophenkollegen, sagt Herder, natürlich ist mit uns die Geschichte nicht an ein Ende gekommen! Mach dann andere Gleichnisse, möchten wir ihm vorhalten, aber damit wäre nichts gewonnen. Denn das Gleichnis sagt uns, daß weniger die Geschichte als die Weisheit dessen, der über die Geschichte predigt, an ein Ende gekommen ist. Er hat uns nichts mehr zu sagen. Und was, nächster Vorhalt, nützt uns dann dieser Aufwand, diese ganze Predigt?

Ja, geistesgeschichtlich, wie man so sagt, können wir das einordnen in die Geschichtsemphase, mit Herder, just mit diesem Text fing es an, gleich darauf schreibt Lessing seine *Erziehung des Menschengeschlechts*, dann kommt Hegel mit der *Phänomenologie des Geistes*, dann ging es weiter mit Marx (die Franzosen und vor allem die Engländer blieben von dieser Emphase eher unangesteckt). Lessing war übrigens derjenige, der mitten im Text, buchstäblich in der Mitte, innehielt und sich fragte, ob das, was er da schreibe, nicht pure Phantasterei sei – wechselte für ein paar Zeilen das Genre und betete: Mach, Gott, daß mich *diese* Zweifel nicht übermannen! Die Argumente, die guten Gründe waren ihm ausgegangen. Und am Ende fragte er: Wozu das Ganze? Haben wir etwas davon, so zu denken? Vielleicht geht es gut weiter nach uns, vielleicht

blüht uns eine Zukunft, die wir heute allenfalls erhoffen kön-
nen, eine, in der die Religion einer wahrhaft menschenfreund-
lichen Moral Platz macht, in deren Geist alle zwanglos leben,
Bergpredigt nicht als Maximenrede, sondern als unauffälliger
Alltag – aber was habe ich, heute, davon? Mag sein, es kommt.
Ich bin dann tot. Ergo: Wenn es mir heute Vergnügen machen
soll, so zu denken, dann *darf* ich doch dann nicht tot sein.
Ergo, Palmström, *werde* ich's nicht sein. Seelenwanderung.
Ich bin schon dagewesen, und ich werde wieder da sein. Ich
selbst habe den ganzen Kursus schon durchlaufen und werde
weiter mitgezogen, und am Ende werde ich Glücklicher unter
Glücklichen sein. Ja, so Lessing, und übrigens so auch Ernst
Bloch. Dessen *Prinzip Hoffnung* wäre ihm bloßes Gerede ge-
wesen, hätte er nicht an ein persönliches Ticket in die schöne
Zukunft geglaubt, seelenwanderungsgläubig auch er.

Nein, Seelenwanderung finden wir nicht bei Herder, aber
Trost braucht auch er, und er weiß, daß er seine Gemeinde
ohne jedenfalls etwas Ähnliches wie Trost nicht aus der Kirche lassen kann. Aber woher nehmen? »Die Menschen«, sagt
Camus, und mehr sei nicht zu sagen, »sterben und sind nicht
glücklich.« Und wenn man ihnen von der Geschichte predigt,
vom Werden und Vergehen und wieder Werden, von all dem
Aufwand – sie sterben und sind nicht glücklich. Ob wir Äst-
chen sind oder ob wir Teil des Stammes waren – wir sterben
und sind nicht glücklich. Und der Christ fügt hinzu: Warum
hast du aufgehört, von Gott zu predigen, Prediger Herder,
und predigst statt dessen von der Geschichte, machst sie zum
Götzen? War da nicht vor Zeiten etwas mit einem goldenen
Kalb? Wohin verirrst du dich, Priester, in der Wüste unserer
Zeit? Wenn wir gleich singen: »Befiehl du deine Wege und
führe mich«, sollen wir dann denken: ja, Palästina, Ägypten,
Athen, Rom, Worms und dann Straßburg und nun Paris oder
meinethalben Weimar – und nun? welche Wege? Nein, wenn
du uns so kommst, gehen wir nicht mit. Ich könnt's ihm nicht
verdenken, dem Christen, daß er nicht mitwill, sondern weg-
geht. Und erst wieder kommt in seine Kirche, wenn *dieser*
Prediger gegangen ist.

Die Unentschiedenen werden vielleicht bleiben – aber nun?:

geht die Predigt ein wenig weiter noch, nein, diese unsere Zeit ist nicht, was bleiben kann, nicht, worauf die Geschichte hinauswollte: »*Freiheit, Geselligkeit* und *Gleichheit*, wie sie jetzt überall *aufkeimen* – sie haben in tausend *Mißbräuchen* Übels gestiftet und werdens stiften« (98) – 1773. Aber lauft nicht weg, sagt er zu denen, die noch zuhören, laßt dem Baum mit seinen Zweigen und Blättern – und Blüten! doch Zeit ... »auch selbst auf diesem *giftigen ausschweifenden* Baume sprossen gute *Früchte*!« Wer weiß, eines Tages, eines Tages wird auch aus dem größten Unfug aus ärgerlichster Misere – ja, noch einmal, was?

> Der Witz, [...] die *Freiheit zu denken*, war gewiß zu diesem neuen Throne [auf dem die Menschheit dereinst sitzen mag, JPR], nur wider Wissen und Willen *Gerüst* [...] Ohne Zweifel rede ich noch von *fernen* Zeiten! (100f.)

Ohne Zweifel – (die Gemeinde, die noch ausgeharrt hat und auf eine befriedigende und möglichst tröstliche Pointe hofft, scharrt mit den Füßen) – und wir?

> Lasset uns, meine Brüder, mit mutigem, fröhlichem Herzen auch *mitten unter der Wolke* arbeiten: denn wir arbeiten zu *einer großen Zukunft.* (101)

Ja, auch wenn Sie vielleicht nicht so atemlos gespannt gewesen sind wie meine imaginierten Zuhörer des Predigers Herder, die doch nun den ganzen weltgeschichtlichen Kursus durchschmarutzt haben und auf etwas mehr gehofft haben denn heiße Luft, Sie fragen mich: war das alles? Und Sie? und ich? Ja, ich muß wohl einräumen, daß viel mehr nicht kommen wird, nur was bei Predigten, die eben doch nur Worte bieten, allenfalls geboten werden *kann*: ein amüsanter Trick.

Sie erinnern sich an den Film *Ist das Leben nicht schön?* mit James Stewart? Da ist einer, George Bailey heißt er, der ein braves Leben geführt hat, nicht glücklich. Kein Traum wahrgeworden, das Leben schäbig, das Geschäft vor dem Bankrott, die Nerven aufgebraucht, und er mag nicht mehr. Er steht auf der Brücke und will runterspringen. Da kommt ein Engel vom Himmel, packt ihn am Portepee und sagt, er wolle ihm die Welt zeigen, wie sie wäre, wenn er nicht geboren worden wäre. Und siehe, seine kleine Stadt, nicht schön, bißchen schäbig, bißchen nett (aber er wollte immer auf große Reisen gehen), seine kleine Stadt, die er auf dem Weg ins weihnachtlich kalte Wasser verlassen will, wäre ohne ihn, das zeigt ihm der Engel, ein scheußlicher Ort. Die nette Kneipe eine Spelunke, der freundliche Herr, an den er sich erinnert, wer war es doch gleich, ein verwahrloster Trinker und Ex-Sträfling. Den, sagt der Engel, hast du als Junge, du warst Aushelfer in seiner Apotheke, vor einem Fehler bewahrt, er hätte nämlich beinahe zwei Medikamente verwechselt. Ohne dich *hat* er sie verwechselt, daran ist ein Kind gestorben, der Mann ist ins Gefängnis geworfen worden und hat nie wieder Fuß gefaßt. Und so geht es fort. Und unser Mann erkennt: Nichts wäre, wie es ist (sondern alles schlechter), wenn er nicht geboren worden wäre und sein unspektakuläres Leben gelebt hätte.

»Lasset uns, meine Brüder, mit mutigem, fröhlichem Herzen ...« – ja, nehmt euch ein Beispiel an George Bailey! Eure Enttäuschungen, ihr Lieben, euer Kummer, liebe Brüder, euer Leid, liebe Schwestern – äh, ja, was soll ich sagen?: »wer weiß, wozu es gut ist?« Ja, *dieser* Spruch, meine Damen und Herren, *dieser Spruch*, ja, es ist eine Frechheit. Aber Herder sagt das alles doch so schön und hat auch flugs ein neues Gleichnis:

> das Ganze ist ein Meer, wo Wellen und Wogen, die wohin? aber wie gewaltsam! rauschen – weiß ich, wohin ich mit meiner *kleinen Woge* komme? (102)

Ja, wäre das nicht vermessen, das wissen zu wollen? Wer sind wir denn, »wer sind wir denn vor Gottes Thron und vor seinem Ratschluß«, hätte ein anderer Prediger gesagt, Herder sagt: wer sind wir denn, daß wir den Überblick hätten und wüßten, worauf und wohin das alles hinaussoll? Vermessen wir uns nicht, besinnen wir uns: wie klein müßte die Welt sein, wie »elend *klein* [...] wenn ich, *Fliege*, es übersehen könnte! [...] wer bin *ich*« (106).

So schließt die Predigt, so schließt manche Predigt. Der Prediger schweigt, die Kirche ist aus, die Menschen gehen nach Haus' und sind nicht glücklich. Vielleicht macht's der Mittagsbraten für ein Stündlein gut, und wir schauen über die Zeiten hin, wie sie der Stadtprediger Herder vor uns hingestellt hat, und sagen: »Segne, was du uns bescheret hast, amen.«

Mokieren wir uns nicht. Es ist doch ein eindrucksvoller Versuch gewesen und so eindrucksvoll vorgetragen, daß so mancher hätte darauf wetten mögen, hier sei der Knoten durchtrennt, die Frage, wie Gott diese Welt hat schaffen und diese Welt-Geschichte hat zulassen können, endlich beantwortet: das *ewige Werden* ist's. Die Menschen sterben und sind nicht glücklich? Wer weiß, wozu es gut ist! Nein, verzeihen Sie, ich spotte schon wieder, man kann ja nicht vergessen, was man weiß, und man kann die Naivität, mit der diese Botschaft daherkommt, wie andere Botschaften auch, die so schön, so erhaben klingen, wenn ein Prediger sein Geschäft versteht – »eben das ist *Kreditiv seines Berufs*« (59) –, nicht nachstellen, ohne zur Parodie versucht zu werden. Parodie und Spott, der dann, am Ende der Zeiten oder auch mittendrin, nicht mehr der Weisheit letzter Schluß, sondern Panazee ist, und dann sagt man eben, ich zitiere einen großen Autor des 20. Jahrhunderts: »des Menschen Leben währet siebzig Jahre und wenn es hoch kommt, oft kommt es einem hoch! war nur dreimal Krieg und zweimal Inflation«.

Aber warum funktioniert das – oder, wo nicht, warum sind wir versucht zu sagen, es funktioniert leider nicht? Oder wie Martin Walser, wie uns berichtet wird, recht schön sagt: Wenn es schon keinen Gott gebe, so dürfe man doch bedauern, daß nicht. Transzendentale Obdachlosigkeit nannte der frühe Georg Lukács unsere modernen Befindlichkeiten, und wer empfände diese greller, als wenn er im Geschichtsbuch blätterte oder bloß im Fernsehen am Sonntagabend den *Weltspiegel* sich ansähe? Da sieht man die Obdachlosen der Welt, denen es schnuppe ist, daß ihnen der Philosoph noch kreditiert, sie seien zudem auch noch transzendental obdachlos, und die Toten, die bloß gern ein wenig weniger grausam gestorben wären, die sich nicht gefragt haben, ob der Tod wirklich das

Ende sein müsse, die *gehofft* haben, er sei es unwiderruflich. Nichts davon bestreitet, bestritte Herder, und doch hält er an der Möglichkeit, man könne Trost finden in der Anschauung des Ganzen, fest. Was daran Argument ist, ist lächerlich. Der Ton ist's, der Ton der Predigt, solange sie dauert. Der Mensch hat seine Heimat verloren, das Paradies war einmal, er ist in die Geschichte entlassen, heimatlos, aber Herder predigt vom »Menschenpaar unter mildesten Einflüssen der schaffenden Vorsehung«, das »den Faden anspann«, an dem wir noch alle weiterspinnen oder hangen, je nach dem, und da wir heimatlos nicht sein sollen, sollen wir uns denn die Geschichte selbst als neue Heimat ansinnen, wie es in ihr auch zugehe, eine andere haben wir ja nicht, und solange die Predigt geht, mögen wir, nicht weil der Gedanke schön wäre, sondern weil die Predigt so schön klingt, ein wenig so fühlen, als sei es so. Danach gehen wir eben nach Hause. Ein Junkie sagte mir einmal, im Entzug verliere man mit der Droge auch seine Heimat. Man müsse eben lernen, heimatlos zu leben.

Blicken wir noch einmal auf das Altarbild in der Herderkirche in Weimar, auf den Menschen, der, Erlösung hin oder her, immer noch vor dem Monstrum und dem unbesiegten Tod fortläuft dorthin, wo es nur noch schlimmer ist – ja, der jüngere Cranach hat ihn vom älteren in das revidierte Bild übernommen, weil der, der die Geschichte als Heilsgeschichte leugnet, immer noch heimgesucht wird und werden soll, und wir, die wir nach der Predigt spüren, daß die Geschichte als Heilsgeschichte allenfalls dauert, solange die Predigt währt, könnten beim Hinausgehen in einem letzten Blick über die Schulter meinen, wir seien gemeint.

# Nachweise

Die Essays wurden für diesen Sammelband geringfügig über-arbeitet. • *»Mother don't go!« Der Held, das Ich und das Wir*: Vortrag im Rahmen der Tagung des Einstein Forums »Verdammte Helden – Heroism Reconsidered«, Berlin, 11.6.–14.6.2009, abgedruckt in: Mittelweg 36. Zeitschrift des Hamburger Instituts für Sozialforschung, 18. Jg. (2009), Heft 4, S. 41–64. • *Dietrichs mißlungene Brautwerbung. Über Heldengeschichten*: Vortrag an der Universität Freiburg im Rahmen der Tagung »Gewalt und Heldentum« des Sonder-forschungsbereichs »Helden – Heroisierungen – Heroismen«, 29.11.–1.12.2018, Tagungsband in Vorbereitung. • *Untergang. Eine Fußnote zu Felix Dahns* Ein Kampf um Rom: Vortrag an der Universität Regensburg im Rahmen der Tagung »Trans-kulturelle Kriege vom Mittelalter bis zum 21. Jahrhundert« der DFG-Forschungsgruppe »Formen und Funktionen des Krieges im Mittelalter« und des Hamburger Instituts für Sozialforschung, 31.3–2.4.2004, abgedruckt in: Rechtsgeschichte. Zeitschrift des Max-Planck-Instituts für europäische Rechtsge-schichte, 5 (2004), S. 76–106. • *»Alles bekommt man ja einmal satt«. Kämpfe, Gleichnisse und Friedensschlüsse in der* Ilias: abgedruckt in: Homer, Ilias, aus dem Griechischen übersetzt und kommentiert von Kurt Steinmann, Nachwort von Jan Philipp Reemtsma, München: Manesse Verlag 2017, S. 477–494. • *Gewalt – der blinde Fleck der Moderne*: Vortrag im Rahmen der Tagung »Gebrochene Versprechen. Modernität/ Moderne als historische Erfahrung« des Hamburger Instituts für Sozialforschung und der Stiftung Gedenkstätten Buchen-wald und Mittelbau-Dora, Weimar, 4.12.–6.12.2019, abge-druckt in: Mittelweg 36. Zeitschrift des Hamburger Instituts für Sozialforschung, 29. Jg. (2020), Heft 2, S. 5–21. • *Gewalt als attraktive Lebensform betrachtet*: Abschiedsvortrag am Ham-burger Institut für Sozialforschung, abgedruckt in: Mittelweg 36. Zeitschrift des Hamburger Instituts für Sozialforschung, 24. Jg. (2015), Heft 4, S. 4–16. • *Einige Fragezeichen bei Walter Kempowski*: Vortrag gehalten unter dem Titel »›Alles um-

sonst?‹. Indirekte Darstellungsweisen bei Walter Kempowski«
auf den »Kempowski-Tagen 2019«, Rostock, 26.4.–29.4.2019,
Erstdruck. • »*Was hast du?« Sophokles über den Schmerz*: Vortrag zur Eröffnung des Deutschen Schmerzkongresses 2014
am 23.10.2014 im Kongreßzentrum Hamburg, Erstdruck. •
»*Dattelbäume« –? Stefan George läßt seine Aras träumen*:
Erstdruck. • »*Gewalt gegen Tiere« – was sagt man, wenn
man das sagt?*: Vortrag im Rahmen der Tagung »Animal
Politics. Politische Theorie des Mensch-Tier-Verhältnisses«,
Universität Hamburg, 12.3.–14.3.2014, abgedruckt unter dem
Titel »›Fleisch in Fleisch begraben‹. Was macht ›Gewalt gegen
Tiere‹ moralisch anstößig?« in: Mittelweg 36. Zeitschrift des
Hamburger Instituts für Sozialforschung, 23. Jg. (2014), Heft
5, S. 74–94. • *Das Scheinproblem »Willensfreiheit«. Ein Plädoyer für das Ende einer überflüssigen Debatte*: abgedruckt in:
Merkur. Deutsche Zeitung für europäisches Denken, 60. Jg.,
Heft 683 (März 2006), S. 193–206, sowie als Band 20 der Reihe
»Jacob Burckhardt-Gespräche auf Castelen«, Basel: Schwabe
Verlag 2008. • *Täterstrafrecht und der Anspruch des Opfers auf
Beachtung*: Eröffnungsvortrag des »7. Symposiums des Jungen
Strafrechts« mit dem Thema »Verletzte im Strafrecht«, Universität Hamburg und Bucerius Law School, 28.3.–30.3.2019,
abgedruckt in: Verletzte im Strafrecht, hg. von Markus
Abraham/Ian Christoph Bublitz u.a., Baden-Baden: Nomos
2020, S. 11–30. • *Herders Problem mit der Geschichte – und
das unsere*: Vortrag am 24.8.2018 anläßlich des Geburtstags
von Johann Gottfried Herder in der Stadtkirche St. Peter und
Paul in Weimar, Erstdruck.

Bibliografische Information der Deutschen Nationalbibliothek
Die Deutsche Nationalbibliothek verzeichnet diese Publikation
in der Deutschen Nationalbibliografie; detaillierte
bibliografische Daten sind im Internet über
http://dnb.d-nb.de abrufbar.


© Wallstein Verlag, Göttingen 2020
www.wallstein-verlag.de
Vom Verlag gesetzt aus der Stempel Garamond
Druck und Verarbeitung: Hubert & Co, Göttingen

978-3-8353-3832-6